Bauwelt Fundamente 175

T0355607

Herausgegeben von

Elisabeth Blum
Jesko Fezer
Günther Fischer
Angelika Schnell

Wolfgang Thöner, Florian Strob,
Andreas Schätzke (Hrsg.)

Linke Waffe Kunst
Die Kommunistische Studentenfraktion
am Bauhaus

Bauverlag   Birkhäuser
Gütersloh · Berlin   Basel

Die Reihe Bauwelt Fundamente wurde von Ulrich Conrads 1963 gegründet und seit Anfang der 1980er Jahre gemeinsam mit Peter Neitzke herausgegeben. Verantwortlicher Herausgeber für diesen Band: Jesko Fezer

Gestaltung der Reihe seit 2017 von Matthias Görlich unter Verwendung eines Entwurfs von Helmuth Lortz, 1963

Vordere Umschlagseite: Leser der Zeitschrift der Kommunistischen Studentenfraktion am Bauhaus, 1930
Hintere Umschlagseite: Karikatur aus der Zeitschrift der Kommunistischen Studentenfraktion am Bauhaus, Ausgabe 8, 1931

Library of Congress Control Number: 2022942306

Bibliografische Information der Deutschen National-bibliothek
Die Deutsche Nationalbibliothek verzeichnet diese Publikation in der Deutschen Nationalbibliografie; detaillierte bibliografische Daten sind im Internet über http://dnb.dnb.de abrufbar.

Dieses Buch ist auch als E-Book (ISBN 978-3-0356-2489-2) und E-PUB (ISBN 978-3-0356-2490-8) erschienen

Der Vertrieb über den Buchhandel erfolgt ausschließlich über den Birkhäuser Verlag.
© 2022 Birkhäuser Verlag GmbH, Basel, Postfach 44, 4009 Basel, Schweiz, ein Unternehmen von Walter de Gruyter GmbH, Berlin/Boston; und Bauverlag BV GmbH, Gütersloh, Berlin

bau| | |**verlag**

Printed in Germany

ISBN 978-3-0356-2488-5

9 8 7 6 5 4 3 2 1

www.birkhauser.com

Edition Bauhaus 60

Herausgegeben für die Stiftung Bauhaus Dessau von Wolfgang Thöner, Florian Strob und Andreas Schätzke

Stiftung Bauhaus Dessau
Direktorin und Vorstand Barbara Steiner
Gropiusallee 38
06846 Dessau-Roßlau

Die Stiftung Bauhaus Dessau ist eine gemeinnützige Stiftung öffentlichen Rechts. Sie wird institutionell gefördert durch die Beauftragte der Bundesregierung für Kultur und Medien, das Land Sachsen-Anhalt und die Stadt Dessau-Roßlau.

Die Publikation *Linke Waffe Kunst. Die Kommunistische Studentenfraktion am Bauhaus* ist Teil des Forschungsprojekts *Bauhaus im Text / Bauhaus Written Heritage* (2020–2022), gefördert durch das Ministerium für Wissenschaft, Energie, Klimaschutz und Umwelt des Landes Sachsen-Anhalt.

SACHSEN-ANHALT
Ministerium für
Wissenschaft, Energie,
Klimaschutz und Umwelt

Inhalt

Einleitung

Wolfgang Thöner, Florian Strob, Andreas Schätzke

Am Bauhaus waren von Beginn an auch linke Positionen des politischen Spektrums vertreten. Ihre Anhänger fanden sich nicht ausschließlich, aber vor allem unter den Studierenden, von denen anfangs nur wenige der 1918 gegründeten Kommunistischen Partei Deutschlands angehörten. Als die KPD sich bemühte, auch an den Hochschulen an Einfluss zu gewinnen, und sich im März 1922 eine reichsweite Kommunistische Studentenfraktion (Kostufra) organisierte, waren Vertreter des Bauhauses noch nicht beteiligt. Kommunistische Studierende, so das Ziel, sollten an jeder Hochschule im Deutschen Reich eine solche Gruppe bilden.

Erst einige Jahre später, um 1928, wurde am Bauhaus Dessau eine Kommunistische Studentenfraktion gegründet. Sie war eng mit der Ortsgruppe der KPD verbunden und gab, auch mit deren Unterstützung, von 1930 bis 1932 unter dem Titel *bauhaus* eine hektografierte Zeitschrift heraus, von der 16 Ausgaben bekannt sind. Die kommunistische Gruppe bezeichnete ihr Blatt, das eher den Charakter eines Zirkulars besaß,[1] mit einem bisweilen leicht variierten Untertitel als „sprachrohr der studierenden. organ der kostufra". Es war neben der studentischen Publikation *Der Austausch*, die nur während des Sommersemesters 1919 existierte, und der Zeitschrift *bauhaus*, die von Ende 1926 bis Ende 1929 und dann nochmals 1931 als Organ der Hochschule erschien, das dritte von Bauhaus-Angehörigen veröffentlichte Periodikum. Anders als die ersten beiden wurde es jedoch nicht von der Hochschule verantwortet und konnte als Instrument der kommunistischen Agitation keineswegs für das Bauhaus als Ganzes sprechen. In ihrer Zeitschrift nahm die Kostufra, weitgehend die Sichtweise der KPD wiedergebend, polemisch zu Ereignissen und Entwicklungen am Bauhaus sowie in Politik und Gesellschaft Stellung.

Die ersten Reaktionen in der lokalen Presse auf die Existenz einer „kommunistischen Zelle" an der Hochschule gab es nach einem Eklat auf dem

bauhaus, Zeitschrift der
Kommunistischen Studen-
tenfraktion, Titelblatt der
Ausgabe 2, Juni 1930

nummer	2
jahrgang	1
preis	10

bauhaus

juni 1930

organ der kommunistischen studierenden am bau haus
monatsschrift für alle bauhausfragen

2

inhalt:

1, die faschisierung der hochschulen
   und die letzten ereignisse am bauhaus

2. welche teilforderungen stellen die
   minderbemittelten und werktätigen
   studierenden am bauhaus auf.

3, die ausstellung von röseler und lux

4 der austromarxismus und neurath

5. glossen und anderes

Faschingsfest des Bauhauses am 1. März 1930. Als der Direktor Hannes Meyer
danach auf Druck der Landespolitik die Kostufra am Bauhaus verbot und
einen Studenten exmatrikulierte, der auf dem Fest unter anderem mit kommunistischen Liedern provoziert hatte, reagierte die Kostufra: Am 1. Mai
veröffentlichte sie unter dem Motto „schlicht und freudig" die erste Ausgabe
einer eigenen Zeitschrift. Über sie schrieb der konservative *Anhalter Anzeiger* wenige Tage später: „Sie entspricht hinsichtlich ihrer Aufmachung und

Ausgestaltung durchaus den üblichen Bauhauserzeugnissen und unterscheidet sich inhaltlich in Nichts von einem kommunistischen Hetzblatt übelster Sorte. Nach einem in diesem Sinne aufgezogenen Aufruf zum 1. Mai folgen in der Schrift die bekannten Angriffe auf die Sozialdemokratie, denen [sic] man als den Gönnern und Freunden des Bauhauses doch besonders dankbar sein sollte, und dann *scharfe Ausfälle* gegen das *Bauhauskuratorium* und den *Meisterrat*, dem auf Grund des Verrats des Bauhausgedankens an die Bourgeoisie schärfster Kampf angesagt wird."[2] Die „Bolschewisierung des Dessauer Bauhauses" mache Fortschritte, warnte die *Anhalter Woche* Ende Juni 1930 nach Erscheinen des zweiten Heftes: „Wenn diese Gesellschaft, die durch Heinz Allner, als verantw. Redakteur, ihre Anklagen gegen Meisterrat und Magistrat in herausfordernder Weise vertritt, nicht bald mundtot gemacht wird, können wir noch etwas erleben."[3] So sollte es kommen, und sowohl die rechtsgerichtete Presse als auch die Zeitungen der Sozialdemokraten forderten ein Ende der Kostufra, die als verlängerter Arm der KPD verstanden werden konnte. „Ist das Bauhaus kommunistenrein?", fragte angesichts der zurückliegenden „kommunistischen Umtriebe" der *Anhalter Anzeiger* mit einer gewissen Hoffnung im Februar 1931.[4]

Nach der Schließung des Bauhauses in Dessau 1932 und der endgültigen Auflösung der Schule 1933 in Berlin gerieten diese Debatten in Vergessenheit. Bis in die 1960er-Jahre hinein wurde die Kostufra in der Literatur über das Bauhaus nicht einmal erwähnt. In der 1962 erschienenen einflussreichen Monografie von Hans Maria Wingler war dann erstmals ein Titelblatt der Zeitschrift der Kostufra (Nummer 3 vom August 1930) abgebildet. Wingler nennt die Zeitschrift ein „illegales Hetzblatt linksradikaler Studierender".[5] Als in der DDR zur selben Zeit eine Neubewertung des Bauhauses als ein für die sozialistische Gesellschaft bedeutsames „schöpferisches Erbe" begann, manifestierte sich dies unter anderem in einer schmalen Publikation des Instituts für angewandte Kunst in Berlin. In dieser 1963 erschienenen Übersetzung eines Zeitschriftenbeitrags des sowjetischen Autors Leonid Pazitnov wird auch die „kommunistische Zelle" an der Hochschule erwähnt, „die bestrebt war, den Radikalismus und das Rebellentum, wie sie dem Bauhaus eigen waren, in eine proletarische Richtung zu lenken".[6]

bauhäusler und bauhäuslerinnen !

50 millionen arbeitslose,hungernde menschenmassen,brotberaubte arbeiter-
familien.eine ausweglose wirtschaftliche krise in allen imperialis-
tischen ländern,das sind die ergebnisse eines kapitalistischen profit-
systens,das ist das resumé am tage des 1. mai 1931.
der faschismus,das neue mittel der kapitalisten,statt des nicht mehr
ausreichenden " demokratischen " staates,imperialistische. rüstungen
zum neuen völkerkrieg und zu interventionen gegen die räterepublik,
das sind die letzetn bemühungen des zusammenstürzenden systems um sein
ende auf einige zeit zu verschieben.
aufbau des sozialistischen staates in der u.d.s.s.r. wachsende revolutionäre welle,in allen ländern ein erbitterter klassenkampf,das ist die
wirklichkeit dieser zeit.
von dieser wirklichkeit will man euch entfernen. in einer falschen,
"objektiven" atmosphäre will man euch erziehen,um euch zu zahmen
dienern einer ideelosen niedergehenden gesellschaftsordnung zu machen.

bauhäusler und bauhäuslerinnen!
nicht das " formale" und das " funktionelle",nicht das " moderne" und
das " neue" sind die probleme der zeit. das kernproblem der zeit,das
alle gebiete des menschlichen handelns und schaffens umfasst ist die
soziale revoluiton !
das kapitalistische system nahert sich seinem ende,es bricht unter
der eigenen last zusammen,das revolutionäre proletariat erringt mit
seinem blute ein neues system,eine neue gesellschaftsordnung.in einer
front mit ihm müsst ihr stehen,wenn ihr ernst und ehrlich über euren
platz und eure aufgaben in der menschlichen gesellschaft nachdenkt.
nur in der sozialistischen gesellschaft liegt die zukunft eures
schaffens,eures bauens und eurer freiheit.
bauhäusler! lasst euch nicht täuschen durch die illusion,dass das
bauhaus fortgeschrittner ist als die anderen hochschulen.die faschistische welle die alle hochschulen überflutet beherrscht auch das
bauhaus.so wie die anderen schulen ist es ein instrument in den händen
von faschistischenbehörden,nationalsozialistischer abgeordneter und
sogenannter liberaler meister.

man verbietet euch frei zu sprechen! man verbietet euch frei zu handeln!
man verbietet euch mit denen zu gehen,die den wirklichen fortschritt
wollen!
den proletn ist der zutritt im bauhaus,wie in anderen schulen verschlossen,
die produktive arbeit in den werkstätten ist abgeschafft,die stipendian
unters minimum herabgesetzt,die schulgebühren erhöht(ausländergebühr),
die selbsthilfe auf philantrpphie angewiesen.
das bauhaus ist richtungslos weil es unpolitisch sein will.das bauhaus
ist ideelos - weil es von behördenbeamten geleitet wird.das bauhaus
ist faschistisch - weil es die studierenden von den wichtigsten prob-
lemen der welt entfernt.
bauhäusler ! am 1. mai manifestiert euren freien willen !
geschlossen und mit anstrengung aller kräfte kämpft seite an seite mit
dem revolutionären proletariat ! schult euch zu kämpfern einer revolutionären wirklichkeit und zu schöpfern eines besseren morgen.
zum 1. mai fordern wir euch auf eure solidarität mit dem proletariat,
euren willen zum kampf gegen die kapitalistische reaktion in allen
ihren formen zu demonstrieren.

es lebe der 1.mai der kampftag des internationalen proletariats !
es lebe das bündnid der revolutionären studenten mit der revolutionären arbeiterschaft aller länder !

demonstriert mit der KPD am 1. mai 10 uhr askanischer platz.

verantwortlich: kniec,dessau   k.p.d. ortsgruppe dessau

Flugblatt der KPD-Ortsgruppe Dessau mit einem Aufruf an
die Bauhäusler und Bauhäuslerinnen zum 1. Mai 1931

Die gleiche Abbildung der Kostufra-Zeitschrift wie bei Wingler findet sich in Lothar Langs Buch zur Geschichte des Bauhauses von 1965, der ersten in der DDR erschienenen Gesamtdarstellung der Hochschule.[7] Die Existenz der Kostufra am Bauhaus wurde in der DDR selbstverständlich als ein positives historisches Faktum angesehen. Und während Wingler noch eine enge Verbundenheit zwischen der Kostufra und Hannes Meyer behauptet, wird Lang konkreter: „Um größeren Schwierigkeiten aus dem Wege zu gehen, ließ sich Meyer zu einer eigenartigen Inkonsequenz verleiten: er löste im März 1930 die Kommunistische Studentenzelle am Bauhaus auf."[8] Deren Zeitschrift erwähnt Lang mehrmals und nennt auch den korrekten Namen der „Kommunistischen Studentenfraktion".[9] Eine tiefergehende Auseinandersetzung mit den Inhalten der Zeitschrift unterblieb aber auch in dieser Publikation.

Beginnend in den 1970er-Jahren, erschienen vorwiegend in der DDR autobiografische Zeugnisse von ehemaligen Studierenden, unter ihnen Max Gebhard, Hajo Rose und Selman Selmanagić, in denen die Kostufra am Bauhaus – meist als „kommunistische Zelle" bezeichnet – Erwähnung findet.[10] Etwa zur gleichen Zeit setzte in der DDR, im Zuge einer zunehmenden wissenschaftlichen Beschäftigung mit dem Bauhaus, die Erforschung der Kostufra an der Hochschule ein. Einen grundlegenden Beitrag leistete 1976 Michael Siebenbrodt mit einem knappen Abriss zur Rolle der Kommunisten am Bauhaus, der zwar die politisch-ideologischen Bedingungen zur Zeit seiner Entstehung deutlich widerspiegelt, aber zahlreiche zuvor unbekannte Fakten mitteilt. Der Aufsatz entstand auf Grundlage eines studentischen Forschungsprojekts, das von 1974 bis 1976 an der Hochschule für Architektur und Bauwesen Weimar durchgeführt wurde.[11] Er nennt Studierende, die der Kostufra angehörten oder ihrem Umkreis zugerechnet werden können, wie Waldemar Alder, Albert Buske, Annemarie Lange, Albert Mentzel, Ernst Mittag, Béla Scheffler und Selman Selmanagić, sowie die beteiligten KPD-Funktionäre Richard Krauthause und Paul Kmiec. Siebenbrodt schildert verschiedene politische Aktionen der Kostufra und nennt den Erscheinungsverlauf und wesentliche Inhalte ihrer Zeitschrift, die in den Räumen der Dessauer KPD hergestellt worden sei. Allerdings führt der Beitrag, der auf Befragungen ehemaliger Bauhaus-Angehöriger basiert, außer der Kostufra-Zeitschrift und einigen Zeitungen keinerlei

Quellen an, die als Belege dienen können. Daher lassen sich viele der nur in diesem Aufsatz genannten Sachverhalte, so die Gründung der Kostufra am Bauhaus im Sommer 1927 durch Béla Scheffler und der Umstand, dass Albert Mentzel der erste Redakteur ihrer Zeitschrift gewesen sei, nicht überprüfen.

In den 1970er- und 1980er-Jahren widmeten sich vor allem Wolfgang Paul und Gerhard Franke einzelnen Aspekten des Themas, besonders – allerdings mit einigen sachlichen Fehlern – der Kostufra-Zeitschrift[12] und den Biografien weiterer Bauhäusler wie August Agatz, Waldemar Alder, Willi Jungmittag und Hermann Werner Kubsch, die in der Kostufra und ihrem Umkreis aktiv waren.[13] Zwei häufig wiederkehrende Themen der Zeitschrift der Kostufra blieben in der DDR allerdings unerwähnt: die Angriffe auf die SPD gemäß der Sozialfaschismusthese der KPD und der Kampf gegen die abstrakte Kunst, besonders gegen Wassily Kandinsky und Josef Albers, dessen Vorkurs nach Meinung der Kostufra abgeschafft und durch Unterricht in Marxismus ersetzt werden sollte. Daher überrascht es, dass sowohl Selman Selmanagić als auch Max Gebhard in ihren Rückblicken, die 1979 im zweiten Bauhaus-Themenheft der Zeitschrift *Form + Zweck* erschienen, geradezu begeistert die Lehre und die Arbeiten von Albers, Kandinsky und Paul Klee schildern.[14] Mit dem Umschlag dieser Ausgabe brachte die Redaktion dieses verborgene Paradox, sicherlich ohne Kenntnis und insofern unbeabsichtigt, auf den Punkt: Auf der Vorderseite befindet sich eine vom Zwei- ins Dreidimensionale ausklappbare Reproduktion einer Studie aus dem Vorkurs von Albers, auf der Rückseite die bekannte Fotografie der jungen Leute, die das dritte Heft der Kostufra-Zeitschrift betrachten (siehe die Abbildung auf dem Umschlag dieses Bandes).

Vielfältige Informationen über die Kommunistische Studentenfraktion, einschließlich mehrerer Faksimile-Abbildungen ihrer Zeitschrift, finden sich in der 1985 vom Bauhaus-Archiv herausgegebenen Dokumentation *Bauhaus Berlin*. Erstmals wird die Zeitschrift mit kommentierten Zitaten in den Kontext der Institutionsgeschichte von 1930 bis 1933 gestellt.[15] Eine zwar knappe, aber die bis dahin differenzierteste Darstellung des Wirkens der Kostufra lieferte dann Magdalena Droste 1990 in ihrer Monografie über das Bauhaus.[16] In jüngerer Zeit hat das „rote Bauhaus" einschließlich der Kostufra als Thema der Forschung einige Aufmerksamkeit gefunden und ist mit unterschiedlichen methodischen Zugängen untersucht worden.[17] Der vorliegende Band setzt sich mit der Kommunistischen Studentenfraktion am Bauhaus und ihrer Zeitschrift nun erstmals eingehend und aus der Perspektive verschiedener Disziplinen auseinander. Die Beiträge ermöglichen es, das Geschehen am Bauhaus vor einem weiten historischen Hintergrund zu verstehen, und untersuchen Themenfelder, denen die Kostufra – wie sich vor allem anhand ihrer Zeitschrift nachvollziehen lässt – besondere Aufmerksamkeit widmete. Zudem werden biografische Aspekte von Bauhaus-Angehörigen, die in der Kostufra aktiv waren oder ihr nahestanden, in den Blick genommen. Der Titel des Bandes – *Linke Waffe Kunst* – nimmt auf die Beanspruchung der Künste als Mittel der Agitation im politischen Kampf der Kommunisten Bezug.

Kunst hatte nach kommunistischer Lesart die Aufgabe, Klassengegensätze aufzudecken und zu bekämpfen. Kunst, die nicht dieser Doktrin verpflichtet war, also nicht zum Klassenkampf beitrug, wurde als bürgerlich und dekadent abgelehnt. Man agierte in der Annahme, dass ästhetische und politische Avantgarde identisch sein müssten. Dies war jedoch eine Annahme, die auch von den Gegnern des Bauhauses als Vorwurf formuliert wurde. Mit dem Titel ist also ein historisch relevantes Spannungsverhältnis benannt, das auch in der Gegenwart in anderen, sich als dezidiert links und emanzipatorisch verstehenden Gruppen und Kontexten weiterwirkt.

Die Aufsätze basieren überwiegend auf Beiträgen für die Konferenz *Zwischen ästhetischer und politischer Avantgarde: Die Zeitschrift der Kommunistischen Studentenfraktion am Bauhaus Dessau und Berlin 1930–1932*, die am 10. und 11. Februar 2022 von der Stiftung Bauhaus Dessau veranstaltet wurde. Die Herausgeber danken herzlich allen Kolleginnen und Kollegen, die sich mit ihren Vorträgen und Aufsätzen an der Konferenz und an diesem Buch beteiligt haben. Anne-Zora Westphal sei für das Projektmanagement sowie Caroline Jansky und Ulrich Thöner für die Unterstützung bei der Redaktion des Bandes gedankt. Ebenso gilt unser Dank dem Birkhäuser Verlag für die engagierte Realisierung dieser Publikation.

Die Herausgeber danken dem Ministerium für Wissenschaft, Energie, Klimaschutz und Umwelt des Landes Sachsen-Anhalt für die Förderung im Rahmen des Forschungsprojekts *Bauhaus im Text* (2020–2022) an der Stiftung Bauhaus Dessau. Zum Gelingen dieses Projekts, das auch eine kritische Edition der Zeitschrift der Kommunistischen Studentenfraktion einschließt,[18] hat die Kooperation mit diversen Archiven wesentlich beigetragen. Zu nennen sind besonders das Stadtarchiv Dessau-Roßlau, das Archiv der Zürcher Hochschule der Künste, die Kunstbibliothek der Staatlichen Museen zu Berlin und das Archiv der Moderne an der Bauhaus-Universität Weimar. Auch ihnen und ihren Mitarbeiterinnen und Mitarbeitern sei herzlich gedankt.

Anmerkungen

1 Siehe den Beitrag von Patrick Rössler in diesem Band. Da die Bezeichnung Zeitschrift für das Zirkular der Kostufra am Bauhaus aber bereits in der Forschung eingeführt ist, bleiben wir im Folgenden bei dieser Begrifflichkeit.

2 –e–: Neues von der „Kommunistischen Zelle" im Bauhaus. Eine kommunistische Monatsschrift. In: Anhalter Anzeiger. 7. Mai 1930 (Hervorhebungen im Original).

3 Die Bolschewisierung des Dessauer Bauhauses. In: Anhalter Woche. 29. Juni 1930.

4 Ist das Bauhaus kommunistenrein? In: Anhalter Anzeiger. 17. Februar 1931.

5 Hans M. Wingler: Das Bauhaus. 1919–1933 Weimar Dessau Berlin. Bramsche 1962, S. 175. In seiner Bibliografie nennt Wingler elf in den Jahren 1930 und 1931 erschienene Ausgaben der Zeitschrift, siehe S. 539.

6 L[eonid] Pazitnov: Das schöpferische Erbe des Bauhauses, 1919–1933. Berlin (Ost) 1963 (Studienreihe angewandte Kunst – Neuzeit. 1), S. 31.

7 Lothar Lang: Das Bauhaus 1919–1933. Idee und Wirklichkeit. Berlin (Ost) 1965 (Studienreihe angewandte Kunst – Neuzeit. 2), S. 240.

8 Ebenda, S. 39

9 Ebenda, S. 137

10 Siehe unter anderem Hajo Rose/Selman Selmanagić: Erinnerungen an das Bauhaus. In: Dessauer Kalender. 18 (1974), S. 56–58; Max Gebhard: Kommunistische Ideen im Bauhaus. In: bauhaus 3. Leipzig 1978 (Galerie am Sachsenplatz Leipzig. Katalog 9), S. 10–12.

11 Michael Siebenbrodt: Zur Rolle der Kommunisten und anderer fortschrittlicher Kräfte am Bauhaus. In: Wissenschaftliche Zeitschrift der Hochschule für Architektur und Bauwesen Weimar. 23 (1976), H. 5/6, S. 481–485.

12 Siehe unter anderem Wolfgang Paul: Die politische und ideologische Lage am Bauhaus in den Jahren 1930/31 im Spiegel der kommunistischen Hochschulzeitschrift „bauhaus". In: Wissenschaftliche Zeitschrift der Hochschule für Architektur und Bauwesen Weimar. 21 (1974), H. 1, S. 1–11; ders.: Die kommunistische Hochschulzeitschrift „bauhaus"

über den sozialistischen Aufbau in der Sowjetunion. In: Dessauer Kalender. 21 (1977), S. 27–33.

13 Siehe unter anderem Gerhard Franke: Zwei Bauhäusler im Kampf gegen Faschismus und Krieg. In: Wissenschaftliche Zeitschrift der Hochschule für Architektur und Bauwesen Weimar. 26 (1979), H. 4/5, S. 313–316; ders.: Kommunistische und sozialdemokratische Bauhäusler für ein gemeinsames Ziel: Vernichtung der faschistischen Diktatur in Deutschland. In: Wissenschaftliche Zeitschrift der Hochschule für Architektur und Bauwesen Weimar. 33 (1987), H. 4/5/6, S. 325–327.

14 Selman Selmanagić über das Bauhaus. Aufzeichnung eines Gesprächs, 1979. In: Form + Zweck. Fachzeitschrift für industrielle Formgestaltung. 11 (1979), H. 3, S. 67 f.; Max Gebhard: Arbeit in der Reklamewerkstatt. Ebenda, S. 72–74.

15 Bauhaus Berlin. Auflösung Dessau 1932. Schließung Berlin 1933. Bauhäusler und Drittes Reich. Eine Dokumentation, zusammengestellt vom Bauhaus-Archiv, Berlin. Hrsg. von Peter Hahn. Weingarten 1985, S. 13, 43 f., 48, 51 f. und 109–112.

16 Magdalena Droste: Bauhaus. 1919–1933. Hrsg. vom Bauhaus-Archiv, Museum für Gestaltung. Köln 1990, S. 196–200 und 204–208. Siehe auch dies.: Unterrichtsstruktur und Werkstattarbeit am Bauhaus unter Hannes Meyer. In: Hannes Meyer. 1889–1954. Architekt, Urbanist, Lehrer. Hrsg. vom Bauhaus-Archiv, Berlin, und vom Deutschen Architekturmuseum, Frankfurt am Main, in Verbindung mit dem Institut für Geschichte und Theorie der Architektur an der ETH Zürich. Berlin (West) 1989, S. 134–165, bes. S. 140 f. und 161 f.

17 Siehe unter anderem Daniel Talesnik: The Itinerant Red Bauhaus, or the Third Emigration. Diss. Columbia University, New York 2016; Elizabeth Otto: Haunted Bauhaus. Occult Spirituality, Gender Fluidity, Queer Identities, and Radical Politics. Cambridge/Mass., London 2019, bes. S. 171–201. Ebenfalls mit dieser Thematik, allerdings nur am Rand mit der Kostufra, befasst sich das erzählende Sachbuch von Ursula Muscheler: Das rote Bauhaus. Eine Geschichte von Hoffnung und Scheitern. Berlin 2016.

18 Siehe dazu auch den Beitrag von Karoline Lemke in diesem Band.

Streik-Demonstration der KPD in Dessau, 1930. Fotografie von Hajo Rose

1 Die Kommunistische Studentenfraktion und ihre Zeitschrift am Bauhaus

Zwischen Intersozialismus und Sozialfaschismus. Kommunistische Studentenfraktionen in der Weimarer Republik

Marcel Bois

„Der Abbruch des Bauhauses ist sofort in die Wege zu leiten."[1] Die Dessauer NSDAP machte während des Kommunalwahlkampfes im Herbst 1931 keinen Hehl daraus, wo sie den Feind sah. Als sie wenige Wochen später zur stärksten Fraktion im Gemeinderat der anhaltischen Stadt gewählt wurde, hatte dies auch damit zu tun, dass sie ihre Kampagne zu einem Kampf gegen das „bolschewistische" Bauhaus stilisiert hatte. Diese Vorwürfe gegen die Hochschule für Gestaltung waren keineswegs neu. Schon 1930 war Hannes Meyer als Direktor entlassen worden, weil er „kommunistischen Machenschaften" angeblich nicht ausreichend Einhalt geboten hatte.[2]

Selbstverständlich zielten diese Anschuldigungen auf das Bauhaus als Ganzes und waren in diesem Sinne überzogen. Gleichwohl gab es mit der Kommunistischen Studentenfraktion (Kostufra) tatsächlich eine engagierte Gruppe linksgerichteter Studierender. Sie entfaltete vor allem nach der Entlassung Meyers umfangreiche Aktivitäten, die sie zu einer wichtigen Akteurin an der Hochschule werden ließen. Nach eigenen Angaben stellte sie Ende des Jahres 1931 „infolge unseres starken Einflusses" die gesamte Studierendenvertretung.[3] Ihr Aufstieg hatte erst um 1930 begonnen, seitdem veröffentlichte sie auch die Zeitschrift *bauhaus*. Mit ihrem Namen „Kostufra" lehnte sie sich allerdings an eine Tradition von kommunistischen Studierendengruppen an, die bereits seit der frühen Weimarer Republik an verschiedenen Hochschulen des Landes existiert hatten. Doch anders als über die Kostufra am Bauhaus wissen wir über diese Hochschulgruppen bislang nur wenig.

Wie war es um den kommunistischen Einfluss an anderen Universitäten bestellt? Wo hatten die linken Studierenden ihre Hochburgen? Wie gestalteten sich ihre Aktivitäten? Während die Geschichtswissenschaft die Mutterpartei KPD in den vergangenen Jahrzehnten ausführlich erforscht hat, sind all diese Fragen bislang kaum untersucht worden. Die wenigen Arbeiten, die es zur Kostufra gibt, sind in der DDR erschienen und behandeln entweder einzelne Hochschulen oder begrenzte Zeitabschnitte.[4] Eine Studie, in der die reichsweite Entwicklung der Kostufra für die gesamte Weimarer Republik systematisch aufgearbeitet wird, existiert nicht. Selbst in Barbara Kösters umfangreicher Arbeit zum Kommunistischen Jugendverband taucht die Studierendenorganisation nicht auf, obwohl sie diesem formal zugeordnet war.[5] Möglicherweise hängt die weitgehende Ignoranz seitens der Forschung damit zusammen, dass Studierende gewissermaßen Exoten in der KPD waren. Nicht einmal 1 % der Mitglieder der Arbeiterpartei hatte einen Hochschulabschluss.[6] Ihr Einfluss auf die Geschicke der KPD war also überschaubar.

Ein weiterer Grund für die Nichtbeachtung der Kostufra könnte in der schlechten Quellenlage zu suchen sein. Vieles, was wir über den Verband wissen, ist von ehemaligen Mitgliedern überliefert. Zu ihnen gehörten beispielsweise der Politologe Richard Löwenthal und zwei seiner Freunde: der Historiker Franz Borkenau und der Politikwissenschaftler Wolfgang Abendroth. Ferner ist der Sinologe und Soziologe Karl August Wittfogel zu nennen. Auch die Literaturagentin Ruth Liepman (geb. Lilienstein), der undogmatische Sozialist Heinz Brandt, der spätere sowjetische Agent Richard Sorge und das Dresdener Künstlerpaar Hans und Lea Grundig waren einst Mitglieder der Kostufra. Einige der Genannten haben (autobiografische) Texte hinterlassen, in denen sie – meist kurz – über diese Zeit berichten.[7] Auf diese Dokumente stützt sich weitgehend die überschaubare Forschungsliteratur.[8] All diese Texte geben schlaglichtartige Einblicke in das Agieren der Kostufra an einzelnen Hochschulen. Der vorliegende Beitrag soll dagegen erstmals einen Abriss über die Entwicklung des gesamten Verbandes in der Weimarer Republik liefern. Er rekonstruiert die Entstehung der Kommunistischen Studentenfraktionen, zeichnet ihre organisatorische und politische Entwicklung nach und stellt die hochschulpolitischen Praktiken ihrer Mitglieder dar. Dabei stützt er sich auf die wenigen noch vorhandenen Ausgaben der lokalen und reichsweiten Kostufra-Zeitschriften und auf Quellenmaterial aus dem Bundesarchiv in Berlin. Es handelt sich vor allem um Dokumente aus den

Beständen der KPD und des Frankfurter Instituts für Sozialforschung. Allerdings ist diese Überlieferung lückenhaft. Gut belegt sind die Jahre 1922, 1925 und die frühen 1930er-Jahre. Zudem liegt der Schwerpunkt der Dokumente auf den Gruppen in Berlin und Frankfurt am Main. Dieses Ungleichgewicht wird sich auch im vorliegenden Beitrag widerspiegeln.

Die Entstehung der Kostufra

Wie schon im Kaiserreich war es auch in der Weimarer Republik nur einer Minderheit der jungen Erwachsenen vorbehalten, ein Studium aufzunehmen. Meist handelte es sich um die Kinder von Beamten, von Unternehmern, selbstständigen Gewerbetreibenden und freiberuflichen Akademikern. Der Anteil von Studierenden aus Arbeiterfamilien war hingegen gering und lag bei lediglich 2 %.[9] Diese soziale Zusammensetzung spiegelte sich auch in der politischen Gesinnung der Studierendenschaft wider: In ihrer großen Mehrheit vertrat sie konservative, monarchistische oder später auch nationalsozialistische Einstellungen. Die mitgliederstärksten studentischen Organisationen waren die Burschenschaften und Verbindungen. 1929 existierten 1300 Korporationen, in denen 71000 Studenten organisiert waren.[10] Liberale, sozialistische und kommunistische Studentinnen und Studenten stellten hingegen „eine Quantité négligeable" dar, schreibt Michael Grüttner. Schon vor 1933 konnten sie „an einer Reihe von Universitäten kaum noch öffentlich auftreten, weil sie, etwa bei der Verteilung von Flugblättern, stets mit gewalttätigen Übergriffen von rechts rechnen mußten".[11] Dieses politische Klima führte zu einer bemerkenswerten Konstellation: Sozialdemokratische und kommunistische Studierende organisierten sich vielerorts in gemeinsamen Hochschulgruppen. Schon während der Revolution von 1918/1919 waren derartige überparteiliche Organisationen entstanden, spontan und unabhängig voneinander. In dieser Zeit existierte „eine schwer zu entwirrende Vielfalt von sozialistischen Studentengruppen, die schnell und enthusiastisch gegründet, nicht selten aber kurz danach schon wieder desillusioniert und enttäuscht aufgegeben wurden", schreibt der

Parteienforscher Franz Walter.[12] Den entsprechenden Gruppen gehörten oftmals Mitglieder der drei großen linken Parteien SPD, USPD und KPD an, weshalb sie zeitgenössisch als „intersozialistisch" bezeichnet wurden. Ende 1919 gründeten sie mit dem Sozialistischen Studentenbund Deutschlands und Österreichs einen Dachverband, dem allerdings nur eine kurze Lebensdauer beschieden war.[13] Im Jahr 1922 erlebte der Intersozialismus dann „ein fast nicht mehr für möglich gehaltenes ‚Frühlingserwachen'".[14] Auf Betreiben der weiterhin parteiübergreifend zusammengesetzten Hochschulgruppe aus Leipzig fand vom 15. bis 17. März 1922 eine Konferenz linker Studierendengruppen statt. Im Volkshaus der sächsischen Stadt gründeten sie einen neuen Dachverband, den Verbund der sozialistischen und kommunistischen Studentenvereinigungen Deutschlands und Österreichs. Vertreterinnen und Vertreter der verschiedenen Parteien traten hier gleichberechtigt auf, auch die bei dieser Gelegenheit gewählte Führung war nahezu paritätisch besetzt.[15] Von kommunistischer Seite gehörten dem geschäftsführenden Vorstand die beiden Leipziger Karl August Wittfogel und Paul Reimann an, dem erweiterten Vorstand zudem zwei Genossen aus Berlin und jeweils einer aus Wien und Leipzig.[16] Zugleich organisierten sich die kommunistischen Studierenden aber auch noch eigenständig. Bereits in den Tagen vor der intersozialistischen Versammlung hatten sie ebenfalls in Leipzig eine Konferenz mit Vertreterinnen und Vertretern aus Deutschland, Österreich und der Tschechoslowakei abgehalten. Hier besprachen sie sich nicht nur vor, sondern unternahmen auch Schritte zur überregionalen Vernetzung. Zu diesem Zweck wählten sie eine eigene fünfköpfige Reichsleitung und richteten eine Internationale Vermittlungsstelle ein. Geleitet wurde Letztere von dem Berliner Fritz Weiß, der auch dem Exekutivkomitee der Kommunistischen Jugendinternationale (KJI) angehörte.[17] Aus der gesonderten Organisierung rührte auch der Name „Kommunistische Studentenfraktion", kurz „Kostufra", her. „Die kommunistischen Studenten an jeder Hochschule bilden eine Fraktion (Kostufra). Die Kostufra ist die Zusammenfassung aller organisierten Kommunisten an den Hochschulen", hieß es in den Richtlinien zur Arbeit der Gruppen.[18]

Organisatorische Entwicklung

Schon im Gründungjahr 1922 existierten 19 kommunistische Fraktionen: 15 in Deutschland, zwei in Österreich und zwei in der Tschechoslowakei. Zu diesem Zeitpunkt war die Kostufra in fünf Kreise unterteilt, mit den Hauptorten Leipzig, Heidelberg, Hamburg, Bonn und Wien. Die Reichsleitung hatte ihren Sitz in Berlin und war der Agitprop-Abteilung im Zentralkomitee der KPD unterstellt.[19] Sie hielt den Kontakt zu den Ortsgruppen, verschickte regelmäßige Rundschreiben und gab Flugblätter und Zeitungen heraus. Beispielsweise brachte sie seit dem Sommer 1924 *Die Rote Studenten-Fahne. Organ der Kommunistischen Studentengruppen* heraus. Das vierte Heft erschien 1925 in einer Auflage von 3000 Stück, davon wurden allein in Berlin knapp 800 Exemplare vertrieben.[20] Seit etwa 1928 publizierte die Kostufra dann *Student im Klassenkampf. Zentralorgan der Kommunistischen Studentengruppen Deutschlands.*

Daneben brachten einzelne lokale Gruppen auch eigene Publikationen heraus. Die größte Strahlkraft besaß zweifellos *bauhaus*, die Zeitschrift der Kostufra an der Dessauer Hochschule für Gestaltung. Sie werde sogar in Berlin gelesen, hieß es 1931. Auch „aus westdeutschland, aus sachsen, prag und moskau wird unsere zeitung angefordert".[21] Als weiteres lokales Periodikum ist *Stoss von links. Universitätsblatt der Studentengruppe der KPD Frankfurt am Main* zu nennen. Auch an der Berliner Universität veröffentlichte die Kostufra zeitweilig eine eigene Zeitschrift.[22] Das ist wenig verwunderlich, denn genau in diesen Städten hatte die Kostufra ihre Hochburgen. Laut einer Übersicht aus dem Dezember 1931 gehörten ihr in der Hauptstadt 120 Studierende an, in Frankfurt hatte sie 60 Mitglieder. Am Bauhaus in Dessau waren es 22 Mitglieder, was angesichts einer Gesamtzahl von etwa 170 Studierenden einem bemerkenswert hohen Anteil entsprach. Republikweit gehörten der Kostufra zu diesem Zeitpunkt etwa 360 Studierende an.[23] Wolfgang Abendroth führt die Stärke der Linken in Berlin und Frankfurt unter anderem darauf zurück, dass es an den dortigen Hochschulen vergleichsweise viele jüdische Studierende gegeben habe. Für diese seien die antisemitischen Gruppierungen der politischen Rechten keine Option gewesen,

Mitteilungsblatt der Roten Studentengruppe, Berlin,
Titelblatt der Ausgabe 1, Januar 1932

Der kommunistische Student, vermutlich Berlin, Titelblatt der
Ausgabe 2, um 1930

daher hätten sie sich häufiger sozialistischen und kommunistischen Gruppen angeschlossen.[24]

Für die Zeit vor 1931 liegen leider keine reichsweiten Mitgliederzahlen vor, sondern nur gelegentliche Angaben aus einzelnen Städten. Reimann berichtete beispielsweise, dass die kommunistische Fraktion an der Universität Leipzig binnen einer Dekade deutlich geschrumpft sei. 1921/1922 verfügte sie noch über 25 bis 30 Mitglieder, zehn Jahre später waren es nur noch zehn.[25] Gegenteilig verhielt es sich in Berlin. Hier gehörten im Jahr 1925 lediglich 17 Kommunistinnen und Kommunisten der „Zelle Universität" an, darunter auch Einzelmitglieder der Technischen Hochschule und der Hochschule für Musik. Die „Zelle Handelsschule" zählte weitere zehn Mitglieder.[26] 1931 hatte sich die Zahl kommunistischer Studierender in der Hauptstadt dann mehr als

Uebersicht über den Stand der Organisation der "Kommunistischen Studenten" und der "Roten Studenten", 15.XII.1931.

Orte:	Mitgliederzahl der Kostufra:	Name der RSG: RSG:	Dutab:	Akademische Vereinigung, Russland.
1.) Berlin:	120	330 RSG	?	besteht.
2.) Braunschweig:	1	nichts ----	---	-----
3.) Breslau:	8-9	? Freie Vereinigt sozialist. Stud.	---	------
4.) Bonn:	4	26 RSG	--	------
5.) Danzig:	6	26 ---	----	------
6.) Darmstadt:	4	12 Marxistische Arbeitsgem.	in Gründung.	-----
7.) Dresden:	5^^	ca. 10^^ verboten	verboten	------
8.) Frankfurt:	60	120 RSG	----	besteht
9.) Freiburg:	19^^	30^?	(142 Stimmen bei Astawahl)	
10.) Göttingen:	5	? RSG		14
11.) Greifswald:	1	nichts ---	---- ---	--- -
12.) Halle:	5	7 RSG	---	----
13.) Hamburg:	10^^	30^^ "	---	besteht
14.) Heidelberg:	5^^	12 RSG	----	besteht
15.) Kiel:	18	14 "	----	----
16.) Köln:	9	12 RSG	----	---
17.) Königsberg:	20^?	41^^ RSG	----	-----
18.) Leipzig:	10 ^^	22^^ RSG	(60 Stimmen bei Astawahl)	
19.) Marburg:	1	8 RSG		
20.) München:	10 (?)	45 Marxist. Stud. bund.	---	------
21.) Rostock:	----	10 RSG	-----	----
22.) Stuttgart:	7	25 RSG	--- --	-----
23.) Tübingen:	1	--- ----	----- ----	-----
24.) Würzburg:	5 ^^	12 ^^ RSG		
25.) Weimar:	------	5 ----	in-Gründung	-----
26.) Münster:	10̃	nichts ---	--- --	------
27.) Dessau:	22	in Gründung ---	45	

vv = ... der letzten Semester

vervierfacht. Soweit es sich nachvollziehen lässt, fand diese Entwicklung auch an anderen Hochschulen statt. Vor dem Hintergrund der Weltwirtschaftskrise von 1929 kam es zu einer Radikalisierung der Studierendenschaft, von der teilweise auch die kommunistische Strömung profitierte.[27]

Hochschulpolitische Praktiken

Im November 1925 kamen Delegierte verschiedener kommunistischer Studierendengruppen in Berlin zu einer Arbeitstagung zusammen. Bei dem Treffen habe sich gezeigt, hieß es anschließend in einem Zeitungsbericht, dass „die kommunistische Studentenfraktion eine viel größere innere Geschlossenheit, eine bedeutend engere Verbindung mit der Partei und einen viel größeren Aktionsradius auf den Hochschulen besitzt, als wir selber vor der Tagung wußten". Dieser Text ist wahrscheinlich in einem Blatt der KPD erschienen. Indirekt verdeutlicht er, dass man in der Parteizentrale den Studierenden nur bedingt traute. So wurde dort darauf hingewiesen, dass sich Kostufra-Mitglieder neben der politischen Arbeit an den Hochschulen auch in die Aktivitäten der KPD an ihrem Wohnort einbringen müssten. Dort könnten sie lernen, „sich der proletarischen Parteibewegung einzuordnen. Jede intellektuelle Sonderbündelei wird damit unmöglich gemacht."[28]

Hintergrund für derartige Aussagen waren heftige Auseinandersetzungen, die in dieser Zeit innerhalb der KPD geführt wurden. Gerade zwei Monate zuvor hatte sich die moskauhörige Fraktion durchsetzen können, und ihr prominentester Vertreter Ernst Thälmann war Parteivorsitzender geworden. Die bisherige Parteiführung um Ruth Fischer, Arkadi Maslow und Werner Scholem diffamierte der ehemalige Hamburger Hafenarbeiter nun als „kleinbürgerliche Intellektuelle". Zugleich deutet der Text an, dass die Studierendengruppen trotz der um 1924 einsetzenden „Bolschewisierung", also der zunehmenden Zentralisierung der KPD, eine relative Autonomie besaßen. Das zeigen auch die Quellen, die zu den Aktivitäten der lokalen Kostufra-Gruppen vorliegen. Demnach war die jeweilige Praxis oft stärker von den politischen Bedingungen an einer Universität geprägt als von den Vorgaben aus der Berliner Zentrale. Wie später noch zu zeigen ist, galt dies beispielsweise für den Umgang mit sozialdemokratischen Studierenden. Auch waren die Aktivitäten einer Gruppe davon beeinflusst, wie frei sie an einer Hochschule auftreten durfte. In Berlin beispielsweise musste die Kostufra 1922 illegal agieren. Sie war verboten worden, „weil sie die akademische Disziplin gefährdet".[29] Auch an der Deutschen Universität in Prag hatten die Behörden

die Kostufra aufgelöst.[30] Ebenfalls konspirativ arbeiten musste die kommunistische Gruppe an der Dresdener Kunstakademie. Hier beschränkten sich
die Mitglieder weitgehend darauf, Lesekreise und Diskussionsrunden durchzuführen.[31]

Dort, wo die kommunistischen Studierenden offen agieren konnten, setzten sie sich unter anderem für hochschulpolitische Belange ein. So forderten sie etwa die Aufhebung aller bestehenden Zulassungsbedingungen und
eine soziale Staffelung der Hochschulgebühren, ferner die Aufhebung der
theologischen Fakultäten und die „Entfernung aller Dozenten, die ihr Amt
zu faschistischer und monarchistischer Propaganda gebrauchen".[32] Um ihre
Positionen zu präsentieren, organisierten sie Veranstaltungen und Seminar-
reihen. Hierzu luden sie oft prominente kommunistische Redner wie Karl
Korsch oder Paul Frölich ein. Auch internationale Themen spielten eine Rolle.
Die Frankfurter Gruppe organisierte beispielsweise im Januar 1928 eine Dis-
kussionsrunde zur Frage „Braucht Deutschland Kolonien?".[33] Im Juni 1925 lud
sie zur Veranstaltung „Der Befreiungskampf Chinas", bei der „auch Vertreter
der revolutionären chinesischen Studenten" sprachen.[34]

Ohnehin begeisterte zu dieser Zeit die chinesische Revolution linke Aktivis-
tinnen und Aktivisten im ganzen Land.[35] So organisierten auch in Berlin
kommunistische und sozialistische Studierende eine Veranstaltung mit dem
Titel „Studenten auf den Barrikaden", bei der Karl August Wittfogel und der
Reichstagsabgeordnete Walter Stoecker referierten. Nach Angaben der *Roten
Studenten-Fahne* nahmen eintausend Studierende teil: „Chinesen, Inder, Tür-
ken, Aegypter, Marrokaner, Bulgaren, Georgier, Armenier, Russen und Deutsche, vereint unter der internationalen roten Fahne, bereit, Kopf und Herz
einzusetzen für die nationale Befreiung der unterdrückten Völker im unversöhnlichen Kampfe gegen die eigene und die internationale Bourgeoisie.
Eine machtvolle Kundgebung, wie sie in dieser Art Berlin noch nicht gesehen
hatte."[36] Nicht nur hier zeigte sich, dass die kommunistischen Studierenden
keinerlei Berührungsängste gegenüber Kommilitoninnen und Kommilitonen
aus dem Ausland hatten – im Gegenteil: Diese in die eigenen Aktivitäten ein-
zubinden, entsprach ihrem internationalistischen Ansatz. Hier unterschieden sie sich deutlich von anderen politischen Gruppen an den Hochschulen,

wie sie auch selbst betonten: „Die deutsche Studentenschaft hat, ihrem starr-reaktionären Charakter entsprechend, nicht verstanden, an die ausländi-schen Studenten – an die ‚Fremdlinge‘ – heranzutreten."[37] Nicht zuletzt bewarb die Kostufra den sozialistischen Aufbauversuch in der Sowjetunion. So initiierte sie 1922 in Berlin ein „akademisches Hilfskomitee" für Russland, „das sich aus Kommunisten, Sozialisten und Pazifisten zusam-mensetzt". Unter anderem referierte der Nobelpreisträger Albert Einstein in diesem Rahmen. Derweil organisierte die Freiburger Gruppe einen Vortrag und ein Konzert, bei dem Spenden in Höhe von 8000 Mark zusammenkamen. Und in Leipzig fand „trotz Sabotage und Bekämpfung der bürgerlichen Stu-denten" ein Dostojewski-Abend „mit gutem Erfolg" statt.[38] Ohnehin standen Kulturveranstaltungen bei den kommunistischen Studierenden hoch im Kurs. Im Februar 1931 luden sie zu einer Matinee „gegen die Kulturrevolution" in Berlin, bei der Erich Weinert, Egon Erwin Kisch und Bertolt Brecht auftraten und an der 1200 Personen teilgenommen haben sollen.[39]

Dort, wo es möglich war, traten die kommunistischen Studierendengruppen auch bei Hochschulwahlen an. In Berlin konnten sie 1925 drei Vertreter in die Studierendenvertretung entsenden,[40] während in Freiburg 1931 ein Kommu-nist dem Allgemeinen Studentenausschuss (AStA) angehörte. Zu dieser Zeit verzichtete die Kostufra in Preußen bereits auf die Teilnahme an den AStA-Wahlen, da die Studierendenvertretungen „offen faschistische Vereinigungen" geworden seien. In München durften kommunistische Gruppen gar nicht erst antreten. Ihr starker Einfluss am Bauhaus stellte zu dieser Zeit also eher eine Ausnahme dar.

Politische Entwicklung

Der Zusammenschluss sozialdemokratischer und kommunistischer Studie-render zu einem gemeinsamen Hochschulverband war, wie eingangs geschil-dert, der besonderen politischen Situation an den Universitäten geschuldet. Im Jahr 1922 entsprach er aber auch der politischen Linie der KPD und der Komintern. In dieser Zeit hatte die kommunistische Bewegung, maßgeblich beeinflusst vom damaligen KPD-Vorsitzenden Ernst Meyer, die Einheitsfrontpolitik entwickelt.[41] Hierbei handelte es sich um eine Bündnispolitik, die auf außerparlamentarische Kooperationen mit sozialdemokratischen Parteien und anderen Massenorganisationen der Arbeiterbewegung setzte. Sie diente dazu, materielle Interessen der Arbeiterschaft gemeinsam zu erkämpfen oder auch demokratische Errungenschaften gegen faschistische oder reaktionäre Kräfte zu verteidigen. Grundlage der Einheitsfront war die programmatische und organisatorische Eigenständigkeit der beteiligten Akteurinnen und Akteure. Durch die fraktionelle Organisierung der kommunistischen Studierenden war diese auch im Verbund der sozialistischen und kommunistischen Studentenvereinigungen gewährleistet.

Im Jahr 1924 gab die KPD die Einheitsfrontpolitik auf. Sie kehrte zwar während der Kampagne zum Volksentscheid zur Fürstenenteignung (1926) noch einmal kurzeitig zu dieser Politik zurück. Spätestens aber mit ihrer „ultralinken Wende" der Jahre 1928/1929 verweigerte sie jede Zusammenarbeit mit der SPD – selbst gegen die immer stärker werdende nationalsozialistische Bewegung. Zwar zeigte das von dem ehemaligen Bauhaus-Schüler Max Gebhard entwickelte Logo der Antifaschistischen Aktion zwei rote Fahnen, die SPD und KPD symbolisieren sollten.[42] Doch die Praxis der KPD sah völlig anders aus. Entsprechend einer aus Moskau vorgegebenen Linie erklärte sie die Sozialdemokratie zum „Hauptfeind" und diffamierte sie als „sozialfaschistisch".

Zumindest bis Ende der 1920er-Jahre verlief die Entwicklung der Kostufra nicht vollkommen parallel zu jener der KPD. Vielmehr schien hier der Umgang mit sozialdemokratischen Studierenden stark von lokalen Spezifika abzuhängen. In Heidelberg beispielsweise kam es bereits 1922 zur „fraktionsmäßigen Scheidung", während sich in Leipzig eine „gute Zusammenarbeit" zwischen Studierenden beider Parteien entwickelte.[43] Auch noch 1925 plädierte die Kostufra „Für die Einheitsfront aller ehrlich gegen die Reaktion kämpfenden Studenten!".[44] Es kam also in einer Zeit zu gemeinsamen Aktivitäten mit demokratischen und pazifistischen Gruppen, als dies nicht gerade der Parteilinie entsprach. Auch das spricht für die These, dass die Studierenden über eine relative Unabhängigkeit gegenüber der KPD verfügten.

Um 1928/1929 änderte sich das. Nun vertrat auch die Kostufra die Sozialfaschismusthese. In einem streng vertraulichen Rundschreiben hieß es: „jede kostufra ist verpflichtet, gegenarbeit gegen sozialdemokraten und nationalsozialisten zu machen."[45] Spätestens jetzt endete also die intersozialistische Zusammenarbeit. Lediglich rhetorisch blieben die kommunistischen Studierenden diesem Gedanken treu, als sie Vorfeldorganisationen wie den Reichsverband Freisozialistischer Studenten oder die Roten Studentengruppen gründeten. Formal waren diese überparteilich, de facto aber von der KPD dominiert. Theoretisch durften hier also auch Sozialdemokratinnen und Sozialdemokraten mitmachen – allerdings nur, wenn sie bereit waren, sich gegen ihre eigene Führung zu stellen. Diese Herangehensweise entsprach dem wenig erfolgreichen Konzept der „Einheitsfront von unten", das auch die KPD zeitweilig vertrat.

Neben der Adaption der Generallinie spiegelte sich am Ende der Weimarer Republik in den Studierendengruppen eine zweite Entwicklung der KPD wider, nämlich die Entstehung einer Opposition gegen diesen Kurs. Offenkundig wurde dies an der Universität Frankfurt, wo eine kommunistische Studentengruppe nun mit dem Namenszusatz „KPD-Opposition" auftrat, was auf eine Verbindung mit den sogenannten Partei-„Rechten" um Heinrich Brandler hindeutet.[46] Laut Abendroth bildete sie eine Fraktion in der Roten

Studentengruppe.[47] Im Jahr 1930 organisierte die Strömung eine Veranstaltungsreihe mit Referenten aus Frankreich, Italien und Schweden, die alle im Vorjahr aus ihren jeweiligen Kommunistischen Parteien ausgeschlossen worden waren.[48] Auch die Heidelberger Gruppe, so klagte die Reichsleitung im Mai 1931, stand unter dem „Einfluss der Rechten" und verfolgte eine „nicht einwandfreie Einheitsfrontpolitik".[49] Gemeint war: Sie verweigerte sich der Sozialfaschismusthese. Dies ließ sich auch in Leipzig beobachten, wo bereits 1928 ehemalige Kostufra-Mitglieder um den späteren Medizinhistoriker Erwin Heinz Ackerknecht die linksoppositionelle Gruppe Bolschewistische Einheit gegründet hatten.[50]

Ohnehin fällt auf, dass viele ehemalige Kostufra-Mitglieder später zu dissidenten Kommunistinnen und Kommunisten wurden. Abendroth, Borkenau und Löwenthal schlossen sich der Kommunistischen Partei-Opposition (KPO) an, und Heinz Brandt zählte sich der Strömung der „Versöhnler" zugehörig. Die ehemals verantwortlichen Redakteure der *Roten Studenten-Fahne* Fritz Belleville und Hans Bohla gingen derweil zur linken Opposition über. So gehörte Belleville zeitweilig der Reichsleitung des Leninbundes an, während Bohla Mitglied der Reichstagsfraktion der Linken Kommunisten wurde. Über die Gründe kann nur spekuliert werden. Zum einen mag gerade denjenigen, die studiert hatten, die intellektuelle Degenerierung der KPD missfallen haben. Zum anderen könnten die langjährigen Erfahrungen der Zusammenarbeit mit sozialdemokratischen Studierenden zur Ablehnung der Sozialfaschismusthese beigetragen haben.

Fazit

Nach der Gründung der Kostufra im Jahr 1922 konnten sich kommunistische Gruppen im Laufe der folgenden Dekade an mehr als zwanzig Hochschulen etablieren. Sie setzten sich für hochschulpolitische Belange ein, führten Schulungen durch und versuchten auch ausländische Studierende zu integrieren. Dabei waren sie fast überall mit einer Dominanz von Ideen und Strömungen aus dem konservativem, völkischen und nationalsozialistischen

Spektrum konfrontiert. Diese besondere politische Konstellation führte dazu, dass die Kostufra an traditionsreichen Universitäten wie Greifswald, Marburg und Tübingen kaum Fuß fassen konnte. Andernorts hatte es zur Folge, dass kommunistische Studentinnen und Studenten lange im Rahmen intersozialistischer Zusammenhänge agierten, also mit anderen linken Studierenden zusammenarbeiteten – selbst noch zu Zeiten, als die Mutterpartei KPD längst alle Brücken zu Akteurinnen und Akteuren aus dem sozialdemokratischen Spektrum abgebrochen hatte.

Nur an wenigen Universitäten wie Berlin oder Frankfurt am Main wurde die Kostufra hingegen zu einem politischen Faktor und konnte diese zu Hochburgen mit mehreren Dutzend Mitgliedern ausbauen. Hier wuchs sie vor allem in den frühen 1930er-Jahren vor dem Hintergrund der Weltwirtschaftskrise und des Aufstiegs der NSDAP. So stark, dass sie zeitweilig die studentischen Gremien dominieren konnte, war sie aber nur an einer Hochschule: am Bauhaus. Es stellte damit eine absolute Ausnahme in der Hochschullandschaft der Weimarer Republik dar.

Anmerkungen

1 NSDAP: Wahlaufruf zur Gemeinderatswahl in Dessau. Flugblatt zum 25. Oktober 1931. In: Bauhaus Berlin. Auflösung Dessau 1932. Schließung Berlin 1933. Bauhäusler und Drittes Reich. Eine Dokumentation, zusammengestellt vom Bauhaus-Archiv, Berlin. Hrsg. von Peter Hahn. Weingarten 1985, S. 41.

2 Siehe hierzu Philipp Oswalt: Die verschwiegenen Bauhaus-Krisen. In: Hannes Meyer und das Bauhaus. Im Streit der Deutungen. Hrsg. von Thomas Flierl und Philipp Oswalt. Leipzig 2018, S. 247–276, v. a. S. 254–260; Lars Breuer: Das Bauhaus Dessau 1926–1932 und der Kulturkampf von rechts. In: 100 Jahre Bauhaus. Vielfalt, Konflikt und Wirkung. Hrsg. von Bernd Hüttner und Georg Leidenberger. Berlin 2019, S. 87–101.

3 Bericht der Reichsfraktionsleitung der Kostufra an das ZK, 15. 12. 1931, Stiftung Archiv der Parteien und Massenorganisationen der DDR im Bundesarchiv Berlin (SAPMO-BArch), RY 1/3306, Bl. 63–69, hier Bl. 66.

4 Siehe Karl-Heinz Riemann: Der Kampf der revolutionären Studenten unter Führung der KPD gegen die Militarisierung und Faschisierung des deutschen Hochschulwesens in der Zeit der Weltwirtschaftskrise und in den ersten Jahren der faschistischen Diktatur. Diss. A, Pädagogische Hochschule Potsdam 1971; Jürgen John: Zum Wirken kommunistischer Studenten in Jena 1922/23. Die kommunistische Studentengruppe an der Universität Jena und das Kartell der Deutschen Republikanischen Studentenschaft. In: Zeitschrift für Geschichtswissenschaft. 31 (1983), H. 7, S. 607–625; Carmen Winter: Rote Studenten. Zum Beispiel Franz Leschnitzer. In: Wissenschaftliche Zeitschrift der Humboldt-Universität zu Berlin. Reihe Gesellschaftswissenschaften. 38 (1989), H. 6, S. 674–697. Kurz vor Drucklegung dieses Buches ist folgender Beitrag erschienen, der aber leider nicht mehr einbezogen werden konnte: Marion Keller: Rote Studentengruppe(n). Antifaschistische Organisierung an Universitäten in Deutschland, 1930 bis 1933. In: Arbeit – Bewegung – Geschichte. Zeitschrift für historische Studien. 21 (2022), H. 2, S. 46–72.

5 Siehe Barbara Köster: „Die junge Garde des Proletariats". Untersuchungen zum Kommunistischen Jugendverband Deutschlands in der Weimarer Republik. Diss., Universität Bielefeld 2005.

6 Siehe Klaus-Michael Mallmann: Kommunisten in der Weimarer Republik. Sozialgeschichte einer revolutionären Bewegung. Darmstadt 1996, S. 101.

7 Beispielsweise Wolfgang Abendroth: Ein Leben in der Arbeiterbewegung. Gespräche, aufgezeichnet und hrsg. von Barbara Dietrich und Joachim Perels. 2. Auflage Frankfurt am Main 1977; Richard Löwenthal (1979). In: Frank Borkenau: Ende und Anfang. Von den Generationen der Hochkulturen und von der Entstehung des Abendlandes. Hrsg. und eingeführt von Richard Löwenthal. Stuttgart 1984, S. 7–10; Ruth Liepman: Vielleicht ist Glück nicht nur Zufall. Erzählte Erinnerungen. Neuausgabe Gräfelfing 2011, S. 39 f. Eine Ausnahme stellen die Grundigs dar, die die Kostufra in ihren Memoiren nicht erwähnen. Entsprechende Informationen stammen stattdessen aus dem überlieferten Briefwechsel des Paares. Siehe hierzu Marcel Bois: „Vorgestern Abend war wieder Fraktionssitzung". Zur Politisierung von Hans und Lea Grundig im kommunistischen Milieu Dresdens (1926/27). In: „schreibe mir nur immer viel!" – Der Briefwechsel zwischen Hans und Lea Grundig. Ein Werkstattbericht. Hrsg. von Kathleen Krenzlin. Berlin (erscheint voraussichtlich im Oktober 2022).

8 Siehe Andreas Diers: Arbeiterbewegung – Demokratie – Staat. Wolfgang Abendroth. Leben und Werk 1906–1948. Hamburg 2006, S. 156–162; Knud Andresen: Widerspruch als Lebensprinzip. Der undogmatische Sozialist Heinz Brandt (1909–1986). Bonn 2007, S. 62–68; Oliver Schmidt: „Meine Heimat ist – die deutsche Arbeiterbewegung". Biographische Studien zu Richard Löwenthal im Übergang vom Exil zur frühen Bundesrepublik. Frankfurt am Main 2007, S. 54–63; Mario Keßler: Kommunismuskritik im westlichen Nachkriegsdeutschland. Franz Borkenau. Richard Löwenthal. Ossip Flechtheim. Berlin 2011, S. 15, 76 und 138.

9 Siehe Ursula Büttner: Weimar. Die überforderte Republik 1918–1933. Leistungen und Versagen in Staat, Gesellschaft, Wirtschaft und Kultur. Bonn 2010, S. 251 und 588.

10 Siehe Michael Grüttner: Studenten im Dritten Reich. Paderborn 1995, S. 31.

11 Ebenda, S. 41.

12 Franz Walter: Sozialistische Akademiker- und Intellektuellenorganisationen in der Weimarer Republik. Bonn 1990, S. 27.

13 Siehe Walter Kraus: Reorganisation des intersozialistischen Studentenbundes an den deutschen Hochschulen. In: Die Neue Zeit. Wochenschrift der Deutschen Sozialdemokratie. 9. Juni 1922, S. 256–258. Siehe auch Walter 1990 (wie Anm. 12), S. 28 f.

14 Walter 1990 (wie Anm. 12), S. 29.

15 Siehe Kraus 1922 (wie Anm. 13), S. 257; Auszug aus dem Protokoll der Konferenz der soz.-komm. Studentengruppen Deutschlands und Oesterreichs, Leipzig, den 15.–17. März 1922, SAPMO-BArch, RY 22/136.

16 Siehe Auszug aus dem Protokoll der Konferenz der Kommunistischen Studentenfraktionen Deutschlands, Österreichs und der Tschechoslowakei, Leipzig, 13. bis 15. März 1922, Bl. 14, SAPMO-BArch, RY 22/136.

17 Siehe Auszug aus dem Protokoll der Konferenz der soz.-komm. Studentengruppen Deutschlands und Oesterreichs, Leipzig, den 13.–15. März 1922, Bl. 20 (und auch das folgende Blatt mit Fehlerberichtigungen), SAPMO-BArch, RY 22/136. Siehe auch Auszug aus dem Protokoll der Konferenz der Kommunistischen Studentenfraktionen Deutschlands, Österreichs und der Tschechoslowakei, Leipzig, 13. bis 15. März 1922, Bl. 14, SAPMO-BArch, RY 22/136.

18 Richtlinien für die Arbeit der Kommunistischen Studentenfraktion, 1925, SAPMO-BArch, RY 1/841, Bl. 27–29, hier Bl. 27.

19 Siehe ebenda, Bl. 28.

20 Siehe Zentrale der kommunistischen Studentenfraktion Deutschlands, Magdeburg, an die Org.-Abteilung des Ekki, Moskau, 3. 10. 1925, SAPMO-BArch, RY 1/841, Bl. 22 f., hier Bl. 23.

21 aufgaben einer zeitung am bauhaus. In: bauhaus. sprachrohr der studierenden. organ der kostufra. 1 (1930), H. 4, ohne Seitenzählung [S. 2–5, hier S. 2].

22 1930 trug diese ebenfalls den Titel *Student im Klassenkampf*. Damals ermittelte der preußische Generalstaatsanwalt gegen die Zeitschrift, weil sie die demokratische Staatsform als „Geldsackrepublik" diffamiert habe. Siehe das Schreiben des Generalstaatsanwalts beim Landgericht I an den Preußischen Justizminister vom 1. August 1930,

Geheimes Staatsarchiv Preußischer Kulturbesitz, Berlin, I. HA, Rep. 84 a, Nr. 58683, Bl. 1 f.

23 Siehe Uebersicht über den Stand der Organisation der „Kommunistischen Studenten" und der „Roten Studenten", 15. 12. 1931, SAPMO-BArch, RY 1/3306, Bl. 70. Siehe auch den Bericht der Reichsleitung der Kostufra an das ZK, 15. 12. 1931, SAPMO-BArch, RY 1/3306, Bl. 63. Hiernach lag die Mitgliederzahl bei 370.

24 Siehe Abendroth 1977 (wie Anm. 7), S. 47.

25 Siehe Paul Reimann: Über die Kommunistische Studentenfraktion in der Universität Leipzig 1921/1923, SAPMO-BArch, SGY 30/56, Bl. 5; Uebersicht über den Stand der Organisation der „Kommunistischen Studenten" und der „Roten Studenten", 15. 12. 1931, SAPMO-BArch, RY 1/3306, Bl. 70.

26 Siehe Zentrale der kommunistischen Studentenfraktion Deutschlands, Magdeburg, an die Org.-Abteilung des Ekki, Moskau, 3. 10. 1925, SAPMO-BArch, RY 1/841, Bl. 22.

27 Siehe Abendroth 1977 (wie Anm. 7), S. 48.

28 Reichstagung der kommunistischen Studenten Deutschlands [Zeitungsartikel unbekannter Herkunft vom November 1925], SAPMO-BArch, RY 1/841, Bl. 26. Dies berichtete auch Paul Reimann: Über die Kommunistische Studentenfraktion in der Universität Leipzig 1921/1923, SAPMO-BArch, SGY 30/56, Bl. 4 f. Es sollte verhindern, dass die Studierenden „in separaten Organisationen von der Bewegung der Arbeiterklasse loslösten".

29 Auszug aus dem Protokoll der Konferenz der soz.-komm. Studentengruppen Deutschlands und Oesterreichs, Leipzig, den 13.–15. März 1922, Bl. 1, SAPMO-BArch, RY 22/136.

30 Siehe Für die Freiheit der Wissenschaft! Eine Kundgebung der sozialistischen Hochschüler. In: Sozialdemokrat. Zentralorgan der Deutschen Sozialdemokratischen Arbeiterpartei in der tschechoslowakischen Republik. Nr. 265. 12. 11. 1924, S. 4.

31 Siehe Bois 2022 (wie Anm. 7).

32 Hochschulprogramm der Kommunistischen Partei Deutschlands. Beschlossen auf der III. Reichskonferenz der Kommunistischen Studentengruppen, Pfingsten 1927 in Berlin. In: Student im Klassenkampf. Zentralorgan der Kommunistisch. Studentengruppen Deutschlands. Nr. 1. Januar 1928, ohne Seitenzählung [S. 3–5].

33 Siehe die entsprechenden Werbeplakate und Flug-
zettel in der Akte SAPMO-BArch, RY 22/136.

34 Flugblatt der kommunistischen Studenten an der
Universität Frankfurt a. M. [Juni 1925], SAPMO-
BArch, RY 22/136.

35 Siehe hierzu Brigitte Studer: Reisende der Weltrevo-
lution. Eine Globalgeschichte der Kommunistischen
Internationale. Berlin 2020, S. 254–262.

36 Von den Hochschulen. In: Die Rote Studenten-
Fahne. Organ der Kommunistischen Studentengruppen. Nr. 4, Sommersemester 1925, S. 6–8, hier S. 8.

37 Leben der ausländischen Studenten in Deutschland.
In: Die Rote Studenten-Fahne. Organ der Kommunistischen Studentengruppen. Nr. 5, Wintersemester 1925/1926, S. 8.

38 Auszug aus dem Protokoll der Konferenz der soz.-
komm. Studentengruppen Deutschlands und Oesterreichs, Leipzig, den 13.–15. März 1922, SAPMO-
BArch, RY 22/136.

39 Siehe Winter 1989 (wie Anm. 4), S. 6 7 6.

40 Siehe Zentrale der kommunistischen Studentenfraktion Deutschlands, Magdeburg, an die Org.-Abtei-
lung des Ekki, Moskau, 3. 10. 1925, SAPMO-
BArch, RY 1/841, Bl. 22 f. hier Bl. 23.

41 Siehe Florian Wilde: Revolution als Realpolitik. Ernst
Meyer (1887–1930) – Biographie eines KPD-Vorsitzenden. Konstanz 2018, S. 151–206.

42 Siehe Schroeter & Berger: Max Gebhard. Bauhaus-
Konzepte und Antifaschistische Aktion. In: Hüttner/
Leidenberger 2019 (wie Anm. 2), S. 23–37.

43 Auszug aus dem Protokoll der Konferenz der soz.-
komm. Studentengruppen Deutschlands und Oesterreichs, Leipzig, den 13.–15. März 1922, SAPMO-
BArch, RY 22/136.

44 An alle Studierenden! In: Die Rote Studenten-Fahne.
Organ der Kommunistischen Studentengruppen.
Nr. 5, Wintersemester 1925/1926, S. 1 f. Siehe dort
auch den Beitrag „Einheitliche Linksfront gegen die
Hochschulreaktion!", S. 6 f.

45 Rundschreiben an alle Kostufren. Streng vertraulich!
SAPMO-BArch, RY 1/3306, Bl. 58–61, hier Bl. 58.

46 Siehe Kommunistische Studentengruppe (KPD-
Opposition): Öffentliche Studentenversammlung,
Dienstag, 25. Februar [1930] mit Heinrich Brandler,
SAPMO-BArch, RY 22/136.

47 Siehe Wolfgang Abendroth: Gegen Korporierte und
Privilegierte. Die sozialistischen Studenten. In: Die
junge Garde. Arbeiterjugendbewegung in Frankfurt
am Main 1904–1945. Hrsg. von Franz Neuland und

Albrecht Werner-Cordt. Gießen 1980, S. 185–190,
hier S. 188 f.

48 Siehe Kommunistische Studentengruppe Frankfurt:
Vortragsreihe „Probleme der europäischen
Arbeiter-Bewegung" [1930], SAPMO-BArch, RY
22/136.

49 Reichsleitung der Kostufra: 1. Pol.-Rundschreiben
im S-Semester 1931, Mai 1931, SAPMO-BArch,
RY 1/3306, Bl. 46 f., hier Bl. 46.

50 Siehe Marcel Bois: Kommunisten gegen Hitler und
Stalin. Die linke Opposition der KPD in der Weimarer
Republik. Eine Gesamtdarstellung. Essen 2014,
S. 314–318.

Zwischen Kiosk und Kolporteur.
Das Kostufra-Zirkular *bauhaus* und die linke Illustriertenpresse der Weimarer Republik

Patrick Rössler

Pressesystematische Einordnung

Es bedarf schon einigen guten Willens, jene kargen „Spiritkarbonabzüge" aus einem Matrizendrucker,[1] die zunächst mit dem Untertitel „organ der kommunistischen studierenden am bauhaus" verbreitet wurden, unter den Begriff der „Zeitschrift" zu subsumieren. Die Herausgebenden selbst sprachen zu Beginn noch allgemeiner von einer „monatsschrift für alle bauhausfragen", schon ab der dritten Nummer aber lediglich von einem „sprachrohr der studierenden" – alles eher vage Begriffe, die dem unverbindlichen Charakter des Periodikums und seiner fluiden institutionellen Verankerung gerecht werden. Dennoch hat sich im Duktus der Bauhaus-Forschenden der Gattungsbegriff „Zeitschrift" eingebürgert; schon in den 1970er-Jahren spricht Michael Siebenbrodt von der „Zeitschrift ,bauhaus'", aber genauso von der „kommunistischen Hochschulzeitung", der „Studentenzeitschrift" oder der „Hochschulzeitschrift".[2] Allerdings macht es einen Unterschied, ob von einer Zeitung oder einer Zeitschrift die Rede ist, und ebenso, ob man sie den Studierenden oder der Hochschule zuschreibt. Juliana Raupp schließt sich später dem Begriff der „Studentenzeitschrift" an,[3] und auch die aktuelle Auflage von Magdalena Drostes Standardwerk entscheidet sich für „kommunistische Studierenden-Zeitschrift".[4]

Aus pressesystematischer Sicht definiert sich die Zeitschrift als „Schrift der Zeit" eher in Abgrenzung zur thematisch universellen Tageszeitung.[5] Als zentrale Dimensionen des Mediums Zeitschrift werden dabei meist ihre Periodizität, Aktualität, Publizität und eine diskursive Universalität genannt.[6] Für mindestens drei der vier Punkte sind beim Organ der Kostufra am Bauhaus Abstriche zu machen: Die monatliche Erscheinungsweise konnte nur phasenweise aufrechterhalten werden, trotz einzelner Ausnahmen blieb die Verbreitung auf das lokale Umfeld beschränkt, und der geführte Diskurs konzentrierte sich stark auf die Weltdeutung aus kommunistischer Perspektive.

Tatsächlich weist das Kostufra-*bauhaus*, das 1930 während der Unterbrechung der „offiziellen" Bauhaus-Zeitschrift erstmals erschien, eher einige Merkmale eines Zirkulars (im Sinne eines Rundbriefs oder Umlaufschreibens) auf: etwa seine Vervielfältigung in geringer Auflage, seine Gestalt als Bündel hektografierter Blätter oder seine primäre Verbreitung innerhalb einer klar umrissenen Gefolgschaft (der Kostufra am Bauhaus).[7] Allerdings besteht Konsens, dass analytisch nicht nur das reine mediale Materialobjekt interessieren sollte, auf das der erste Teil dieses Beitrags näher eingeht, sondern das Presseorgan als Formalobjekt – in seiner Funktion, für gesellschaftliche Streitfragen Öffentlichkeit herzustellen (und sei diese auch noch so begrenzt). Das Kostufra-Zirkular *bauhaus* wäre dann einer Mischung aus Bekenntnis- und Initiativpresse zuzuordnen, deren Aufgabenzuweisung jeweils darin besteht, Überzeugungen zu verankern beziehungsweise individuelle Anliegen zu fördern, was auf die Verbreitung einer Weltanschauung und die Vernetzung von Interessen abzielt.[8]

Das Kostufra-Zirkular ist deswegen als Quelle für die und Chronik der kommunistischen Aktivitäten am Bauhaus zweifellos bedeutend – es repräsentierte aber nur ein bescheidenes Element in der ausdifferenzierten linken Presse um das Jahr 1930 im Deutschen Reich. Denn mit direkter oder indirekter Unterstützung der KPD erschien eine Vielzahl von Tages- und Betriebszeitungen, Beilagen, speziellen Zeitschriften für Arbeiter, Kinder und Frauen neben Unterhaltungsmagazinen, Satire- und Kulturblättern.[9] Dieser Beitrag gibt in seinem zweiten Teil einen Überblick insbesondere über die linke Illustriertenpresse der Epoche, der im Zeitalter des „Iconic Turn" eine besondere Wirkmacht zugeschrieben wurde.[10] Das visuelle Repertoire zwischen Arbeiter- und Pressefoto, Karikatur und Fotomontage verdeutlicht das starke Konkurrenzumfeld des Kostufra-Zirkulars am Bauhaus, aber genauso dessen Limitationen in Gestaltung und Layout, die im Folgenden zunächst anhand des theoretischen Konzepts der „kleinen Archive" aus der Zeitschriftenforschung genauer beschrieben werden sollen.[11]

Die Ausgaben von Kostufra-*bauhaus* als „kleine Archive"

Für die Analyse der periodischen Presse hat sich ein theoretisches Konzept als hilfreich erwiesen, das in der Literaturwissenschaft mit dem Prinzip der „Zeitschriften als kleine Archive" entwickelt[12] und etwa auf das Genre Filmpresse in der Zwischenkriegszeit angewendet wurde.[13] In Anlehnung an Michel Foucaults Archivkonzept wären demnach auch die Organe der linken Presse in den 1920er-Jahren als Instanzen zu betrachten, mit denen Wissen in einer eigenen Ordnung produziert und kulturell auf spezifische Weise verhandelt wird: „Klein sind diese ‚Archive', weil ihre Wissensproduktion mit konkret-materiellen, periodisch aufeinander folgenden Heften geschieht, die sich einzeln in die Hand nehmen und durchblättern lassen. Ein eigenes Wissen produzieren sie, indem sie mehr oder weniger heterogenes Material zusammendrucken und zusammenbinden; und dieses Material kreieren sie selbst. Mit diesen mediumspezifischen Elementen wird auf Seiten, Doppelseiten, in Heften und Jahrgängen eine eigenständige Ordnung aufgebaut."[14]

Für die Presse der linken Bewegungen ist festzuhalten, dass diese Ordnung auf mehreren Ebenen zugleich operiert: visuell in der Seiten- und Heftgestaltung, mit elementaren und komplexen Bedeutungsbeziehungen zwischen den jeweiligen Bild- und Texteinheiten, neben der für Zeitschriften allgemein gültigen, periodischen Rhythmisierung in der Erscheinungsweise und den numerischen oder alphabetischen Rubrizierungsverfahren, die die Inhalte strukturieren. „Mit eben dieser Ordnungsform aber halten Zeitschriften Wissen im Fluss: Im Feld der Printmedien besetzen sie eine intermediäre Position zwischen der kurztaktigen Tagesaktualität und Vergänglichkeit der ‚Zeitung' und dem homogenen, dauer- und werkhaften ‚Buch'. Mit kurzen Halbwertszeiten halten sie das vor, was gerade anfällt und weiterem Nachdenken anheimgestellt werden soll."[15]

Die Durchsicht der 16 bekannten Hefte von Kostufra-*bauhaus* lässt dessen mediumspezifische Ordnung, die an dieser Stelle nur skizziert werden kann, klar zutage treten.

- Hervorstechendstes Merkmal des Zirkulars ist seine bewusst unprätentiöse Darreichungsform als von Hand per einseitigem Matrizendruck vervielfältigte Blätter. Die auf einer gebräuchlichen Schreibmaschine erstellten, hektografierten Texte besitzen damit eher Typoskriptcharakter; ihre Anmutung kennzeichnet jenes Vorläufige, das an die schnell verbrauchten Ephemera der Massenkultur (Flugblätter, Wahlaufrufe, Filmprogrammzettel etc.) erinnert.[16] Zentral ist freilich an dieser Beobachtung, dass der Verzicht auf den klassischen Satzvorgang nicht nur die Herstellung weniger aufwendig und günstiger machte, sondern die Herausgeber auch unabhängig von Institutionen wie Druckereien am Bauhaus und anderswo werden ließ, die unter Umständen einen Einfluss auf die zu publizierenden Inhalte hätten nehmen können.

· Die Ordnungsform der Veröffentlichung widersetzt sich in mehrerlei Hinsicht den klassischen Logiken der periodischen Presse. Zunächst ist das „Zusammendrucken" aus dem Ansatz der „kleinen Archive" hier wörtlich zu verstehen, denn Kostufra-*bauhaus* erscheint als lose, kaum strukturierte Abfolge seiner einzelnen Texte, ohne erkennbare Layout-Bemühungen wie bei klassischen Printmedienangeboten; bezeichnend scheint, dass in einer Ausgabe (Nr. 15) ein Text sogar zweimal vorkommt (S. 5 und 7), in minimal abweichendem Schriftbild. Die Beiträge sind mitunter durch simple gestrichelte Querlinien getrennt, und auch die Überschriften und anderen Hervorhebungen sind meist mit den beschränkten Möglichkeiten einer Schreibmaschine (Versalien, Unterstreichung, Sperrung) realisiert. Zusätzliche Elemente, die in separaten Arbeitsschritten hinzugefügt werden mussten, finden sich nur vereinzelt in den ersten Ausgaben (zum Beispiel Nr. 4, Überschrift „Terror!").

· Das besondere Augenmerk der Zeitschriftenforschung gilt stets dem Vorderumschlag (Cover) der Publikation als deren Aushängeschild und Schaufenster des inhaltlichen Angebots.[17] Auffallendstes Element ist bei dem Kostufra-Zirkular der Schriftzug „bauhaus", der sich – durch seine Größe optisch hervorgehoben – an dem Logo der bis 1929 erschienenen „offiziellen" Bauhaus-Zeitschrift orientiert. Die grafische Umsetzung variiert von Ausgabe zu Ausgabe, besonders hervorstechend sind dabei die abweichende Gestaltung von Nr. 13 (reine Versalien) und Nr. 15 (Wiederholung als Muster).[18] Wesenselement der Umschläge ist darüber hinaus eine kurz gehaltene Inhaltsübersicht (Ausnahmen: Nr. 3 und 4, bei denen die Inhalte auf dem Vorderumschlag beginnen).

• In der Detailtypografie seien nur wenige Aspekte hervorgehoben: Zum einen sind die Ausgaben durchweg in der von Herbert Bayer und anderen propagierten Kleinschreibung gehalten, mit der das Bauhaus eine markante Position in den Schriftdiskussionen der Epoche einnahm. Damit reiht sich Kostufra-*bauhaus* auch für Außenstehende explizit in das Bauhaus und den formalen Kanon der sogenannten „Bauhaustypografie" ein.[19] Das präferierte Schriftbild ist dicht und wenig lesefreundlich; die einzeilige, schmucklose Darbietungsform erinnert an das Prinzip „möglichst viele Buchstaben auf möglichst wenig Papier", das der Rowohlt Verlag nach dem Zweiten Weltkrieg propagierte.[20]

• Die Periodizität, die für die Etablierung und Wahrnehmung eines Periodikums ebenso maßgeblich ist wie für die mediumspezifische Ordnung, wurde zunächst durch den ursprünglichen Untertitel („monatsschrift") festgelegt. Dieser ambitionierte Erscheinungsrhythmus ließ sich nicht durchhalten, weshalb die Bezeichnung schon ab dem dritten Heft wieder fallen gelassen wurde. Nach der Auftaktphase 1930 gelang es im Jahr 1931, mit den Nummern 4 bis 8 zu einer relativ regelmäßigen Erscheinungsweise zu kommen, die in einer diskursintensiven Phase 1932 sogar zum monatlichen Takt zurückfand (Nr. 10 bis 14, Februar bis Juni/Juli), bevor eine Ausgabe im November 1932, die bislang als letzte vollständige bekannt ist, nach dem Umzug des Bauhauses nach Berlin zusammengestellt wurde.

Diese bewusst materialorientiert gehaltene Beschreibung des Mediums Kostufra-*bauhaus* wäre freilich unvollständig, überginge man das zweite, auffallende Merkmal, das eher auf eine Fehlstelle hinweist: dass nämlich ein Organ, das an einer der führenden Kunstschulen des Deutschen Reiches produziert wurde, so gut wie vollständig auf die Integration visueller Botschaften verzichtete. Selbst wenn man konzediert, dass es sich um ein Organ der Studierenden handelt und dass die technischen Voraussetzungen beim Matrizendruck stark eingeschränkt sind (zum Beispiel bezüglich der Verwendung von Fotografien), so bleibt die Zahl von insgesamt fünf Illustrationen (jeweils Karikaturen in Nr. 2, 5, 6, 8 und 13 als Strichzeichnung) dennoch verschwindend gering.

Es lässt sich nicht ausschließen, dass hier – trotz der unbestritten visuell-darstellenden Orientierung des Bauhauses, seiner Lehre und seiner Werkstätten – die bekannten Vorbehalte linker Kreise gegenüber einer ausgeprägten Bildkommunikation zum Ausdruck kommen. Bis in die 1920er-Jahre herrschten in weiten Kreisen der Kommunistischen Internationalen, ebenso wie in der KPD, noch deutliche Vorbehalte (bis hin zu regelrechten Aversionen) gegen das Bild vor. Im Widerspruch von Sein und Schein bestand ein tiefes Misstrauen gegenüber „irreführenden Oberflächen"; um zur darunterliegenden Wirklichkeit vorzudringen, dominierte lange eine fast schon irrationale Präferenz für das geschriebene Wort, in dem sich natürlich die Logik und Dialektik der marxistischen Diskurse wesentlich präziser und differenzierter ausführen ließen.[21]

Dem steht allerdings der Anspruch eines an eine breitere Rezipierendenschicht adressierten Massenmediums gegenüber, sich durch eine attraktive Aufmachung gerade diese Kreise zu erschließen – eine Praxis, die in der linken Presselandschaft um 1930 weit verbreitet war und an die Visualisierungsschübe anschloss,[22] die heute aus der Perspektive eines „Iconic Turn" diskutiert werden.[23] Gerade für die proletarische Bewegung war es attraktiv, durch visuelle Mitteilungen selbst illiterate Leserschichten mit ihren Botschaften zu erreichen; außerdem besaßen Bilder in der Zwischenkriegszeit eine wichtige Funktion als Medium zur Welterklärung in der Moderne und verliehen ihren Trägermedien durch die Organisation des illustrativen Materials eine spezifische Ästhetik.

Kostufra-*bauhaus* im medialen Umfeld der linken Presse um 1930

Für die Bewertung der publizistischen Funktion von Kostufra-*bauhaus* erscheint daher dessen Einordnung in das gesamte Spektrum der rund 1200 Titel zählenden linken Presselandschaft[24] unverzichtbar, die im

Studierende auf der Terrasse des Bauhaus-Gebäudes vor der Kantine. In der Mitte Tonja Rapoport bei der Lektüre der *Arbeiter-Illustrierte-Zeitung*, um 1930

Verbreitungsgebiet Dessau ebenso verfügbar war, wie sie von der primären Zielgruppe der Bauhaus-Studierenden wahrgenommen wurde. Die Darstellung folgt dabei einer verbreiteten Genreeinteilung in diesem Mediensegment, von der Tageszeitung über deren illustrierte Beilagen und die Wochen- und Monatszeitschriften bis hin zur Partei-, Satire- und populären Presse für unterschiedliche Zielgruppen.[25] Außerdem existierten im Charakter ähnliche Zirkulare für Stadtteile und Großbetriebe (zum Beispiel die Opel-Werke), die wie das Kostufra-*bauhaus* ebenfalls durch Einschränkungen in der Publizität beziehungsweise in ihrer diskursiven Universalität gekennzeichnet waren und deswegen im Folgenden nicht mehr eingehender betrachtet werden. Hinsichtlich der Verbreitungswege existierten verschiedene Modelle: vom klassischen Abonnementsbezug über den Vertrieb im stationären Handel (Kiosk, Buchladen) bis hin zum Erwerb bei sogenannten „Kolporteuren". Was man heute als Direktmarketing bezeichnen würde – nämlich die Abnahme von lebenden Zeitungsverkäufern, die durch persönliche Ansprache

von Haustür zu Haustür verschiedene Periodika gegen Provision anboten –, war insbesondere bei der linken Presse weit verbreitet; auch Bauhaus-Studierende waren als Kolporteure aktiv (siehe die Abbildung S. 168).

Tageszeitungen

Als Zentralorgan zunächst des Spartakusbundes und später der KPD war die schon am 9. November 1918 gegründete *Rote Fahne* die wichtigste periodische Publikation der politischen Linken und gilt heute als „die bedeutendste gedruckte Quelle für die Geschichte der KPD aus den Jahren 1918 bis 1933".[26] Auf die ersten Schriftleiter Karl Liebknecht und Rosa Luxemburg folgten zahlreiche weitere, die 1932 von einer Berlin- und einer Reichsausgabe über 130 000 Exemplare absetzen konnten. Der Vertrieb erfolgte anfangs vorwiegend durch organisierte Arbeitergruppen im Straßenhandel (Kolporteure), aber bald entstand ein fester Kreis von Abonnenten. *Die Rote Fahne*, die häufig

Die Rote Fahne, Titelseite der Ausgabe 118, Mai 1928. Illustration von John Heartfield

Gegenstand staatlicher Verbots- und Zensurakte war, kostete 1932 60 Pfennig pro Woche und 2,60 Reichsmark pro Monat.[27] Obwohl als typische Tageszeitung normalerweise eher textlastig, erschienen immer wieder Ausgaben mit aufsehenerregenden Titelseiten wie etwa zur Reichstagswahl 1928, als John Heartfield in seinem berüchtigten „Abrechnungs"-Cover sechs Spitzenpolitiker anderer Parteien an der symbolischen „5" für die KPD-Liste aufknüpfte, darunter Adolf Hitler, Außenminister Gustav Stresemann und der amtierende Reichskanzler Wilhelm Marx. Neben der *Roten Fahne* als Flaggschiff erschienen in den Regionen noch weitere Tageszeitungen der KPD.[28]

Zeitungsbeilagen

Da Tageszeitungen in der Zwischenkriegszeit technisch nur in stark eingeschränktem Umfang Abbildungsmaterial drucken konnten, erschienen quasi alle Titel mit einer wöchentlichen Illustriertenbeilage. Meist zum

Wochenende waren hier auf in der Regel acht Bildseiten Einzelfotos und Reportagen zum Geschehen der vergangenen Tage gebündelt. Der von 1924 an zentral produzierte und zahlreichen kommunistischen Tageszeitungen beigelegte *Rote Stern* erreichte so 1932 eine Auflage von mindestens 750 000 Exemplaren und präsentierte seinem Publikum „eine dualistische Weltsicht [...]: auf der einen Seite der dekadente, kriegslüsterne, auf Unterdrückung beruhende Kapitalismus, auf der anderen Seite der die Menschen befreiende Kommunismus".[29] Im Format wechselnd, erschienen gerade 1932 größere Hefte mit zum Teil beeindruckenden Umschlagmotiven, darunter die Leuna-Fotomontage mit ihrer dominanten Gasmaske als damals prominente Chiffre in der linken Presse.[30] Auch die SPD-Tageszeitungen verbreiteten mit *Volk und Zeit* eine auflagenstarke Beilage, die in mehreren unterschiedlichen Regionalausgaben produziert wurde und 1930 auch die vom Bauhaus bekannte Schablonenschrift verwendete.[31]

Aktuelle wöchentliche Illustrierte

Das visuelle Repertoire zwischen Arbeiter- und Pressefoto, Karikatur und Fotomontage kam am deutlichsten in den modernen Publikumszeitschriften jener Epoche zur Geltung. Im Reich existierten seinerzeit mindestens zehn wöchentliche aktuelle Illustrierte mit überregionaler Ausstrahlung, was sich alleine in den Weimarer Jahren zu bald 10 000 Heften summiert, die gemeinsam mit der weiteren Bilderpresse eine Bilderzahl in Millionenhöhe an nahezu die gesamte deutsche Bevölkerung verbreitete.[32] Als Platzhirsch im linken Marktsegment etablierte sich die *Arbeiter-Illustrierte-Zeitung (AIZ)* aus dem Medienkonzern des „roten Pressezaren" Willi Münzenberg: Gegründet 1921 zunächst unter dem Titel *Sowjet-Rußland im Bild*, dann *Sichel und Hammer,* und gegen den Widerstand der Partei, überzeugte der propagandistische Erfolg trotz des innerhalb der Linken weit verbreiteten Misstrauens gegen das Bild (siehe oben).[33] Als 1926 die Auflage bis auf 200 000 Exemplare gestiegen war, stellte der Verlag im November auf ein wöchentliches Erscheinen um, und bis zu ihrem Verbot 1933 erreichte die *AIZ* eine Auflage von über

Illustrierte Rote Post, Titelseite der Ausgabe 4, Januar 1933. Illustration von John Heartfield

eine halbe Million Exemplaren, zu deren Verteilung auch eine eigene Organisation mit 4600 Kolporteuren – überwiegend Arbeitslosen – beitrug.[34] Der Wirkungskreis der Illustrierten kann jedoch als wesentlich größer angenommen werden, da die Ausgaben zumeist weitergegeben und von mehreren Personen gelesen wurden. Von 1930 an erschienen in der *AIZ* die berühmten ganzseitigen Fotomontagen des Kommunisten John Heartfield, in denen er auch immer wieder die Zusammenhänge zwischen der NS-Bewegung und dem Industrie- und Finanzkapital anprangerte.[35]

Weniger bekannt, aber zeitlos aktuell erscheint sein sozialkritisches Blatt aus dem Winter 1932/1933 mit dem Friedenswunsch der einfachen Arbeiter, die sich nur einen kümmerlichen Weihnachtsbaum mit zwei Kerzen leisten können; dazu einfache Geschenke wie die abgetragenen Galoschen von der Winterhilfe, und im Baum hängen ein Fisch und eine Stempelkarte als Verweis auf die Arbeitslosigkeit als Grundübel in den Jahren der Weltwirtschaftskrise.[36] Heartfield entwarf daneben auch wirkungsvolle Titelzeichnungen für die *Illustrierte Rote Post*, die von 1931 an als bildorientiertes Boulevard-Blatt einen leichten Einstieg in die Presse der linken Bewegungen ermöglichen sollte.[37] Dem leisteten plakative Cover wie das für die Lenin-Sonderausgabe Vorschub, das in seiner flächigen Farbigkeit heute fast wie ein Pop-Art-Porträt Andy Warhols avant la lettre anmutet.

Heftmagazine für das Bildungsbürgertum

Ein beliebtes monatliches Zeitschriftenangebot der Zwischenkriegszeit waren die geklebten Magazine im A5-Format – dick wie ein kleines Buch, nur aktueller und in ihrem Revue-Charakter vielfältiger. Diese Nähe zum Medium Buch verkörperten beispielsweise von 1926 an die *Blätter für Alle* (später das *Magazin für Alle*) als Mitgliederblatt des kommunistischen Buchclubs „Universum-Bücherei". Den Vorderumschlag der Februar-Ausgabe 1927 zierte sogar ein Foto des gerade eingeweihten Bauhaus-Gebäudes in Dessau.[38] Allerdings schlugen sich in den überwiegend für ein Bildungsbürgertum konzipierten Heftmagazinen die Meinungskämpfe auf den Straßen und an den Kiosken kaum nieder, und es existierten nur wenige politisch-kritische Organe. Ausnahme ist die von Gert von Gontard herausgegebene *Neue Revue*, die bereits im Herbst 1930 den Reichstag im Schatten der Nationalsozialisten wähnte. Mit seiner denkwürdigen Unterzeile „Sonderbar, auch wo kein Licht ist, ist viel Schatten" repräsentiert es den Idealtyp eines ikonischen Magazins der Epoche: klar in der Positionierung, scharf und unerbittlich in der Aussage, visionär in der Erwartung des Kommenden.

Satireblätter

Die Grenzen dieses Covers zum Bereich des Humors und der Satire erscheinen fließend, und gerade dort tobte um 1930 die Schlacht um die öffentliche Meinung mit besonderer Verve.[39] Das von Heinrich Zille mitbegründete kommunistische Witzblatt *Eulenspiegel* (später *Roter Pfeffer*), Nachfolger des

Knüppel, startete ab Mitte der 1920er-Jahre monatlich scharfe Angriffe auf den politischen Gegner. Die eigene Situation reflektierte die Redaktion in einer Titelzeichnung aus dem September 1931, laut der „[j]eder kommunistische Redakteur […] oben abgebildete Notverordnungsbrille zu tragen" habe, durch die sich fünf Millionen Arbeitslose und prügelnde SA-Horden in eine heile Welt verwandeln. Auch das sozialdemokratische Pendant *Der wahre Jacob*, schon 1879 gegründet, agitierte zweiwöchentlich gegen Hitler und den Faschistenstaat.[40]

Periodika zur Populärkultur

Als zweites großes Medium des „Iconic Turn" war der Film mit rund zwei Millionen täglicher Kinobesuche in den 1920er-Jahren selbst Gegenstand einer umfangreichen Publikumspresse.[41] Das Monatsheft *Film und Volk* berichtete kritisch über die Kinoszene und präsentierte auch den proletarischen

Film, wie er beispielsweise von Münzenbergs Verleih- und Produktionsfirma Prometheus vertreten wurde, mit der er einen horizontal und vertikal integrierten Medienkonzern nach dem Vorbild der Ufa schaffen wollte.[42] Die Zeitschrift wurde 1930 mit der *Arbeiterbühne* zu *Arbeiterbühne und Film* vereinigt. Andere linke Medien zur Populärkultur waren beispielsweise die Radio-Programmzeitschrift *Volksfunk – Arbeiterfunk*, *Der Arbeiter-Fotograf* oder *Das neue Bild* als offizielles Organ des Arbeiter-Lichtbild-Bundes. Als Mitteilungsblatt des Arbeiterbildungsinstituts in Leipzig vermittelte der gewerkschaftsorientierte, weit verbreitete *Kulturwille* das gesamte Spektrum kultureller Ausdrucksformen. Auch dessen Vorderumschläge zierten häufiger Fotomontagen, für die unter anderen die Bauhaus-Schüler Walter Allner, Erich Mende und Hermann Trinkaus verantwortlich zeichneten.[43]

Die Kämpferin, Titelseite der Ausgabe 13/14, 1931. Illustration von Max Gebhard und Albert Mentzel

Zielgruppenpresse

Die Propaganda von KPD, Internationaler Arbeiterhilfe und anderen kommunistischen Organisationen folgte in mancherlei Hinsicht einer Zielgruppenorientierung (ähnlich der Kostufra-*bauhaus* als Studierendenblatt). Wichtige Adressatinnen waren beispielweise die werktätigen Frauen, für die zwischen 1926 und 1933 *Die Kämpferin* erschien. Im Wahljahr 1930 fand sich das von den Bauhäuslern Albert Mentzel und Max Gebhard geschaffene Wahlplakat mit ihrer Kommilitonin Bella Broner in klassenkämpferischer Pose auf dem Umschlag des Blattes. Als kommunistische Frauenzeitschrift für eine eher unpolitische Leserin lagen dem *Weg der Frau* (1931 bis 1933) die aus der bürgerlichen Modepresse bekannten Schnittmusterbogen bei.

Eine zweite wichtige Zielgruppe war der Parteinachwuchs, weshalb selbstverständlich auch die Jugendorganisationen aller politischen Lager publizistisch tätig waren; als Zentralorgan des Kommunistischen Jugendverbands Deutschlands fungierte beispielsweise *Die junge Garde*. Bezeichnenderweise

warb auch die SPD-nahe *Arbeiter-Jugend* mit wirkungsvollen Fotomontagen, darunter noch im März 1933, als eines der letzten linken Medien vor der „Gleichschaltung", mit einem Aufmacher zu „Marx und die Gegenwart". Jeweils eigene Periodika unterhielten mehrere andere linke Organisationen wie etwa die von Heinrich Vogeler gegründete und von Wilhelm Pieck und später Clara Zetkin geleitete Rote Hilfe zur Unterstützung der inhaftierten Kommunisten und ihrer Angehörigen. *Der rote Helfer* versprach Unterstützung bei rechtlichen Auseinandersetzungen und klärte über juristische Streitfragen auf, verstörte aber durch teilweise drastische Umschläge. Für den Nachfolger *Tribunal* entwarf dann der Bauhäusler Peter Pewas ein Basisdesign der Titelseite, in das Fotoelemente variabel integriert werden konnten. Auch die von Münzenberg geleitete KPD-nahe Internationale Arbeiterhilfe verfügte mit dem *Mahnruf* über ein eigenes Mitteilungsblatt, das Arbeiterinnen und Arbeiter unter dem Slogan der Internationalen zu vereinen trachtete. Schließlich sei erwähnt, dass sogar die spätestens mit der

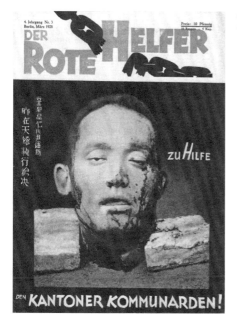

Der rote Helfer, Titelseite
der Ausgabe 3, März 1928

Weltwirtschaftskrise von 1929 rapide anwachsende Gruppe der Arbeitslosen mit einer eigenen Publikation angesprochen wurde – für den Betrag von
10 Pfennigen gab *Der Arbeitslose* praktische Hinweise, versuchte aber zudem,
eine proletarische Einheitsfront mit den Arbeiterinnen und Arbeitern herzustellen.[44]

Schlussbemerkung

Im Gesamtergebnis traf Kostufra-*bauhaus* um 1930 also auf ein in weiten Teilen professionalisiertes, ausdifferenziertes linkes Pressesegment, das sowohl
aktuell-allgemeine als auch spezifische Periodika für viele gesellschaftliche
Bereiche und Interessensgebiete vorhielt. Diese Organe waren Teil eines er-
bitterten öffentlichen Meinungskampfs im Deutschen Reich, der sich am auf-
steigenden Nationalsozialismus abarbeitete, aber durch die Konfrontation

zwischen KPD und SPD auch innerhalb des linken Lagers kontrovers geführt wurde. Neben den hier nur sehr selektiv referierten parteinahen Zeitungen und Zeitschriften darf aber die durchaus namhafte Zahl unabhängiger, linksorientierter Periodika nicht übersehen werden – von der *Schwarzen Fahne* der Anarchisten um Ernst Friedrich über den antifaschistischen *Alarm* bis hin zu *Die Ente* als unabhängigem Satireblatt.

Gemeinsam haben die meisten dieser Periodika, dass sie zumindest ab der zweiten Hälfte der 1920er-Jahre verstärkt visuelle Gestaltungselemente aufgriffen, die als „Bildermagazine" ja auch ein Thema für die Reihe der „Bauhausbücher" werden sollten.[45] Zum Einsatz kamen dabei klassische Illustrationen (wie etwa das Blatt von Käthe Kollwitz zum zehnten Jahrestag der *AIZ* 1931) und Zeichnungen (wie die Karikaturen etwa eines George Grosz), aber vermehrt ebenfalls die Reportagen der Arbeiterfotografen (die in Ausgabe 9 der Kostufra-*bauhaus* direkt angesprochen werden) und die bissigen Collagen und Fotomontagen von John Heartfield und anderen. Diese linke Bildästhetik, die um 1930 weit verbreitet war, lässt die Limitationen des in Gestaltung und Layout bescheidenen Kostufra-Zirkulars am Bauhaus nochmals klar zutage treten.

In seinen Inhalten, die die anderen Beiträge dieses Bandes noch ausführlicher thematisieren, werden neben dem Bauhaus-Geschehen auch die üblichen Narrative der kommunistischen Presse jener Epoche bedient, insbesondere die Orientierung an der Sowjetunion; ein Thema, das am Bauhaus 1930 wegen der Übersiedlung des abgelösten Direktors Hanns Meyer nach Moskau einen wichtigen Referenzpunkt darstellte. Professioneller wurde dies gleichzeitig aber nicht nur von Magazinen wie *Das Neue Rußland* abgehandelt, sondern insbesondere in der ebenfalls 1930 gegründeten, in vier Sprachen verbreiteten Propaganda-Illustrierten *USSR im Bau*. Das opulente Magazin im A3-Format stellt mit seinen großformatigen Fotografien und den spektakulären Layouts von El Lissitzky und Sophie Lissitzky-Küppers oder Alexander Rodtschenko und Warwara Stepanowa den denkbar größten Kontrast zu dem bescheidenen Auftritt des Kostrufra-Zirkulars dar.[46]

Wenig überraschend ist also einerseits zu bilanzieren, dass die bekannten 16 Ausgaben von Kostufra-*bauhaus* aus Sicht der linken Publizistik im Deutschen Reich unbedeutend und im linken Pressekanon kaum vernehmbar waren. Einzig ein doppelseitiger Artikel in Nummer 1/1931 der *AIZ* bildete die Ausgabe 3 ab und griff damit die Debatte um den vermeintlichen Rechtsruck der Schule – „Das Bauhaus auf dem Wege zum Faschismus" – auf (siehe die Abbildung S. 218/219). Ebenso unbestritten bleibt aber die Tatsache, dass das Zirkular als zentrale Quelle für die Bauhaus-Forschung unersetzlich ist, denn obwohl ihre Reichweite begrenzt und ihre Aufmachung eher bescheiden war, ist sie doch angetreten, um im Meinungskampf dieser widersprüchlichen Epoche ihre Stimme inmitten der mächtigen linken Medienchöre zu erheben.

Anmerkungen

1   Siehe Bauhaus. Drucksachen Typografie Reklame.
    Hrsg. von Gerd Fleischmann. Düsseldorf 1984,
    S. 194.

2   Michael Siebenbrodt: Zur Rolle der Kommunisten
    und anderer fortschrittlicher Kräfte am Bauhaus. In:
    Wissenschaftliche Zeitschrift der Hochschule für
    Architektur und Bauwesen Weimar. 23 (1976),
    H. 5/6, S. 481–485, hier S. 483–485.

3   Juliana Raupp: Architektur und Anekdoten. Die
    Zeitschrift „bauhaus" – vom Fachperiodikum zum
    Publicityorgan. In: bauhauskommunikation. Innova-
    tive Strategien im Umgang mit Medien, interner und
    externer Öffentlichkeit. Hrsg. von Patrick Rössler.
    Berlin 2009, S. 297–308, hier S. 304.

4   Magdalena Droste: Bauhaus 1919–1933. Über-
    arbeitete und aktualisierte Neuauflage Köln 2019,
    S. 326.

5   Siehe Rudolf Stöber: Historische Zeitschriftenfor-
    schung heute. In: Publizistik. Sonderheft 3, 2002,
    S. 42–59.

6   Siehe Katja Lüthy: Die Zeitschrift. Zur Phänomeno-
    logie und Geschichte eines Mediums. Konstanz,
    München 2013, S. 29.

7   Siehe Rössler 2009 (wie Anm. 3).

8   Siehe Andreas Vogel: Die populäre Presse in
    Deutschland. Ihre Grundlagen, Strukturen und Stra-
    tegien. München 1998, S. 34.

9   Siehe Aiga Seywald: Die Presse der sozialen Bewe-
    gungen 1918–1933. Essen 1994.

10 Siehe Patrick Rössler: Bildermagazin der Zeit. László
    Moholy-Nagys und Joost Schmidts verlorenes Bau-
    hausbuch – ein Konstruktionsversuch. Berlin 2019.

11 Siehe Gustav Frank: Prolegomena zu einer integra-
    len Zeitschriftenforschung. In: Jahrbuch für Interna-
    tionale Germanistik. 48 (2016), H. 2, S. 101–121.

12 Zuerst vorgestellt von Gustav Frank/Madleen Po-
    dewski/Stefan Scherer: Kultur – Zeit – Schrift. Lite-
    ratur- und Kulturzeitschriften als „kleine Archive".
    In: Internationales Archiv für Sozialgeschichte der
    deutschen Literatur. 34 (2010), H. 2, S. 1–45.

13 Siehe Patrick Rössler: Die Zeitschriften des Stumm-
    films als transmediale „kleine Archive". In: Jahrbuch
    für Internationale Germanistik. 50 (2018), H. 2,
    S. 211–245.

14 Madleen Podewski: „Kleine Archive" in den Digital
    Humanities – Überlegungen zum Forschungsobjekt
    „Zeitschrift". In: Zeitschrift für digitale Geisteswis-
    senschaften. Sonderband 3 (2018), https://zfdg.
    de/sb003_010 (abgerufen 26. März 2022).

15 Ebenda.

16 Siehe Ephemera. Die Gebrauchsgrafik der MAK-
    Bibliothek und Kunstblättersammlung. Hrsg. von
    Christoph Thun-Hohenstein und Kathrin Pokorny-
    Nagel. Wien 2017.

17 Siehe David Crowley: Magazine Covers. London
    2003.

18 Siehe zum Beispiel Patrick Rössler/Mirjam Brod-
    beck: Revolutionäre der Typographie. Göttingen
    2022, S. 134 und 173.

19 Siehe bauhaus.typography. bauhaus.typografie.
    100 Works from the Collection of the Bauhaus-
    Archiv Berlin. 100 Werke aus der Sammlung des
    Bauhaus-Archiv Berlin. Hrsg. von Patrick Rössler.
    Berlin 2017.

20 Siehe Reinhard Klimmt/Patrick Rössler: Reihen-
    weise. Die Taschenbücher der 1950er Jahre und
    ihre Gestalter. Butjadingen, Hamburg, Saarbrücken
    2016, S. 41–53.

21 Siehe Andrés Mario Zervigón/Patrick Rössler: „Die
    AIZ sagt die Wahrheit". Zu den Illustrationsstrate-
    gien einer ‚anderen' deutschen Avantgarde. In:
    Deutsche illustrierte Presse. Journalismus und visu-
    elle Kultur in der Weimarer Republik. Hrsg. von Katja
    Leiskau, Patrick Rössler und Susann Trabert. Ba-
    den-Baden 2016, S. 181–210, hier S. 192–195.

22 Siehe Edzard Schade: Diskontinuierliche Entwick-
    lung der visuellen Massenkommunikation: Visuali-
    sierungsschübe als Etappen der Medialisierung öf-
    fentlicher Informationsvermittlung. In: Historische
    Perspektiven auf den Iconic Turn. Hrsg. von Stepha-
    nie Geise, Thomas Birkner, Klaus Arnold, Maria Löb-
    lich und Katharina Lobinger. Köln 2016, S. 48–77.

23 Siehe Iconic Turn: Die neue Macht der Bilder. Hrsg.
    von Christa Maar und Hubert Burda. Köln 2004;
    „Iconic Turn" und gesellschaftliche Reflexion. Hrsg.
    von Georges Didi-Hubermann und Bernd Stiegler
    (= Trivium. H. 1, 2008), http://trivium.revues.
    org/223 (abgerufen 31. März 2022); Wolfgang
    Hardtwig: Vom Iconic Turn zur Visual History. In:
    Kunstchronik. 67 (2014), H. 7, S. 352–363.

24 Für einen Gesamtüberblick siehe Seywald 1994
    (wie Anm. 9) (das Kostrufra-bauhaus dort nicht
    verzeichnet).

25 Siehe Rössler 2019 (wie Anm. 10), S. 58–115.

26 Barbara Kontny: Die Erscheinungsweise der „Roten Fahne". In: Beiträge zur Geschichte der Arbeiterbewegung. 26 (1984), H. 4, S. 508–511, und 27 (1985), H. 1, S. 77–82, hier S. 508.

27 Siehe Die rote Fahne. Kritik, Theorie, Feuilleton. 1918–1933. Hrsg. von Manfred Brauneck. München 1973.

28 Siehe zusammenfassend Christa Hempel-Küter: Die Tages- und Wochenpresse der KPD im deutschen Reich von 1918 bis 1933. In: Internationale wissenschaftliche Korrespondenz zur Geschichte der deutschen Arbeiterbewegung. 23 (1987), H. 1, S. 27–81.

29 Konrad Dussel: Das Bild der Welt für deutsche Kommunisten. Die illustrierte Zeitungsbeilage Der Rote Stern in der Weimarer Republik. In: Zeitschrift für Geschichtswissenschaft. 68 (2020), H. 7/8, S. 618–631, hier S. 622 und 624 f.

30 Abgebildet in Rössler 2010 (wie Anm. 10), S. 70.

31 Ausgabe M, „SPD baut auf!" (Nr. 35/1930), abgebildet in Rössler 2019 (wie Anm. 10), S. 76. Zur Schrift siehe Das A und O des Bauhauses. Bauhauswerbung, Schriftbilder, Drucksachen, Ausstellungsdesign. Hrsg. von Ute Brüning. Leipzig 1995, S. 181–185.

32 Für plausible Hochrechnungen aufgrund der Auflagenzahlen siehe Harriet Scharnberg: Die „Judenfrage" im Bild. Der Antisemitismus in nationalsozialistischen Fotoreportagen. Hamburg 2018, S. 41–53.

33 Siehe Heinz Willmann: Geschichte der Arbeiter-Illustrierten Zeitung. 1921–1938. Berlin (Ost) 1974.

34 Informationsgrafik „Das Wachstum der AIZ" in: Arbeiter-Illustrierte-Zeitung. Nr. 41, 1931.

35 Siehe zu Heartfield zuletzt John Heartfield. Fotografie plus Dynamit. Hrsg. von Angela Lammert, Rosa von der Schulenburg und Anna Schultz. München 2020.

36 Abgebildet in Patrick Rössler: Illustrierten-Ikonen. Höhepunkte der deutschen Publikumspresse 1918–1945. München 2016, S. 21.

37 Siehe Kontny 1984/1985 (wie Anm. 26), S. 80.

38 Abgebildet bei Patrick Rössler: Das „rechte Licht" in der Öffentlichkeit. Bauhaus-Schwerpunkte in zeitgenössischen Periodika. In: Aus dem Antiquariat. Zeitschrift für Antiquare und Büchersammler. N. F. 7 (2009), H. 3, S. 163–174, hier S. 168.

39 Siehe Klaus Haes/Wolfgang U. Schütte: Frau Republik geht pleite. Deutsche Karikaturen der 20er Jahre. Leipzig 1989.

40 Siehe Ann Robertson: Karikatur im Kontext. Zur Entwicklung der sozialdemokratischen illustrierten satirischen Zeitschrift Der Wahre Jacob zwischen Kaiserreich und Republik. Frankfurt am Main, Bern, New York, Paris 1992. Der wahre Jacob als digitalisierter Volltext unter https://www.ub.uni-heidelberg.de/helios/fachinfo/www/kunst/digilit/artjournals/wahre_jakob.html.

41 Siehe Patrick Rössler: Filmfieber. Deutsche Kinopublizistik 1917–1937. Erfurt 2017.

42 Siehe Die rote Traumfabrik. Meschrabpom-Film und Prometheus 1921–1936. Hrsg. von Günter Agde und Alexander Schwarz. Berlin 2012.

43 Für Beispielabbildungen siehe Rössler 2019 (wie Anm. 10), S. 100 f.

44 Siehe Seywald 1994 (wie Anm. 9), S. 41.

45 Siehe Rössler 2019 (wie Anm. 10), S. 8–12.

46 Siehe Erika Maria Wolf: USSR in Construction: From Avant-garde to Socialist Realist Practice. Diss., University of Michigan 1999.

Form der Form wegen.
Bauhaus-Typografie für Kommunisten und Nationalsozialisten

Ute Brüning

Joost Schmidts abstrakte Formideen in der Typografie prägten auch die Kommunisten unter seinen Schrift- und Reklamestudenten am Bauhaus. Obwohl diese sein Typo-Konzept theoretisch ablehnten, nutzten sie es für die Titelblätter ihrer Zeitschrift. Auch in der weiteren Berufspraxis brachte es ihnen Vorteile, wie das Beispiel des Schmidt-Schülers Albrecht Heubner[1] zeigt – eines bisher wenig bekannten Gebrauchsgrafikers und Typografen, der mit der Kostufra zeit seines Lebens eng verbunden blieb. Heubner ist unter die wenigen Personen zu zählen, deren Aktivitäten im Umkreis der Kostufra belegbar sind. Im Folgenden werden daher zunächst die Gestaltung der Zeitschrift der Kostufra und anschließend die Nachwirkungen von Heubners politischer und typografischer Tätigkeit am Bauhaus betrachtet.

Joost Schmidt und die Gestaltung der Kostufra-Zeitschrift *bauhaus*

Die KPD-Zelle am Bauhaus war kaum verboten, da bewies sie am 1. Mai 1930 ihr Überleben mit einem eigenen Organ, einem Sprachrohr der kommunistischen Studierenden.[2] Wäre es nicht auf so schlechtes Papier, noch dazu ungleichmäßig, schief und violett gedruckt worden, könnte man hinter dem Cover mit dem bekannten Schriftzug *bauhaus* eine Nachfolgerin der alten, erfolgreichen Zeitschrift der Hochschule für Gestaltung vermuten, die seit Oktober 1929 nicht mehr erschienen war. Warum knüpften die Kommunisten an die alte „vierteljahr-zeitschrift für gestaltung" an, statt ihrem Widerstand eine neue Form zu geben? Planten sie nicht eine „zeitung", die „in erster linie ein kampforgan" sein sollte, eine „waffe"? Doch diese Ziele stammen aus einer Art Editorial, das erst Heft 4 liefern sollte.[3]

Das erste uns heute bekannte Heft der Kostufra-Zeitschrift jedenfalls, Nummer 2 vom Juni 1930, das auf den Versuch einer Entpolitisierung des Bauhauses reagierte, lehnte sein Titelblatt an jenes von 1929 an, das Joost Schmidt, der Leiter der Reklameabteilung und Schriftlehrer im Vorkurs, entworfen hatte (siehe die Abbildung S. 8). Gleich der erste Artikel dieser Ausgabe deutet eine Erklärungsmöglichkeit an, warum man auf das alte Layout rekurrierte. „bei diesen massnahmen", nämlich das Bauhaus kommunistenfrei zu machen, „hat auch die dessauer bürgerliche und spd-presse mitgewirkt, die in eine wilde wut durch die erste nummer unserer zeitung geraten ist." Der *Anhalter Anzeiger* habe sogar „die schliessung des bauhauses überhaupt" gefordert – „wegen seiner auffassungen in der gestaltung". Und die Kommunisten kündigten gleich an: „wir aber werden das gestalterisch vorgeschrittene [sic] am bauhaus vor allen provokationen schützen […]."[4]
Joost Schmidts *bauhaus*-Titelblatt also könnte in den Augen der Kostufra zu diesen fortschrittlichen Gestaltungen gehört haben. Vielleicht deshalb, weil es betont rationale Züge hatte – Eigenschaften, die gern einer „wissenschaftlichen" Arbeitsweise zugeschrieben wurden, die die kommunistischen Studierenden bald – gerade nach der Entlassung des Direktors Hannes Meyer – als Besonderheit dieser Ära empfinden und vermissen sollten. Den Titelbestandteilen waren standardisierte Plätze und Größen zugewiesen. Die Maße der Schriftfelder waren aus der Bedeutungshierarchie der Titelangaben abgeleitet und so angeordnet, dass sie asymmetrisch und kontrastreich nebeneinanderlagen. Auch der Schriftzug *bauhaus* war aus einem logischen System hervorgegangen. Wie alle Joost-Schmidt-Schriften war er auf einem Quadratraster entwickelt worden und nur aus Senkrechten und Kreisbogen konstruiert. Im Schmidt-System erzeugte man zunächst serifenlose Lettern, die durch Hinzufügen oder Weglassen von Quadraten gestaucht oder gestreckt wurden und im Verlauf des Unterrichts stilistisch auch zu Antiquaformen werden konnten. Für *bauhaus* hatte Schmidt die Zeichen zu einer schmalfetten Variante abgewandelt und mit Oberlängen versehen, die kaum herausragten. Negativ eingesenkt in einen schwarzen Balken, bot der Schriftzug ein flächiges Gegengewicht zu den Bildmaterialien, für die die Fläche darunter vorgesehen war (siehe die Abbildung S. 159).

Joost Schmidts Layout diente der Kostufra-Zeitschrift nur für Nummer 2 und einen Teil der Auflage von Nummer 3.[5] Fortan verzichtete man auf einen standardisierten Kopf und modifizierte nur die Titelschriftzug. Diese Veränderungen gehen vor allem auf die unsteten, zwangsläufig primitiv gewordenen Produktionsbedingungen zurück: Das „organ der kostufra" musste billig, heimlich, möglicherweise an wechselnden Orten und spontan hergestellt werden. Mitarbeiter der Zeitschrift verließen die Schule, die Leitung der Kostufra wechselte dreimal,[6] und die Verantwortung im Sinne des Presserechts ging von einem ehemaligen Studierenden zur KPD-Ortsleitung über, dann zu einem, der möglicherweise Vertreter der kommunistischen Opposition war, der Linken Kommunisten,[7] und wieder zurück zur KPD. Mitunter fehlte diese Angabe ganz. Die offizielle Bauhaus-Zeitschrift mit ihren vielen Abbildungen war professionell im Buchdruck hergestellt worden. Jetzt hingegen war man auf Wachsmatrizen angewiesen, die nur mit Stift und Schreibmaschine zu beschreiben waren. Korrekturen waren schwierig, und Fotos erübrigten sich. Per Hand wurde jede Seite in einem Abziehapparat vervielfältigt. Bei dieser „Hektografie" pressen Schrift oder Zeichnung Partikel einer Wachsschicht von einer unterlegten Folie auf die Matrizenrückseite. Die eigentliche „Druckform" besteht also nur aus Wachspartikeln auf Papier, welches dann auf die Trommel des Abziehapparates gespannt wird. Die zu bedruckenden Bogen werden leicht mit Alkohol benetzt und – oft genug schief – an die Druckform gedrückt. Dort lösen sie immer ein wenig Wachsfarbe von der Matrize an und nehmen sie, während man die Trommel dreht, auf ihrer Oberfläche mit. Während das Wachs nach etwa 150 bis 200 Umdrucken, gerade eben für alle Bauhäusler ausreichend, langsam verschwindet, werden die Drucke immer blasser. Dass eine bis ins Letzte austarierte Schmidt-Komposition unter diesen Bedingungen nur Schaden nehmen konnte, war bald klar. Ein Standardplatz für Abonnement-Preis und Erscheinungsdatum erwies sich, solange ad hoc produziert wurde, als unnötig und eine schwarze Fläche für den Negativtitel als technisch unmöglich. Typografie ließ sich ohne Typen eben nicht nachahmen. Für Nummer 3, jenes Heft, das auf das nächste einschneidende Ereignis am Bauhaus reagierte, die Entlassung Hannes Meyers als Direktor, wurde zumindest für einige Exemplare ein zweites Titelblatt angefertigt.[8] Diese

Ausgabe sollte in weiteren Kreisen gelesen werden. Das Cover war technisch viel aufwendiger. Ein besonderes Heft also, vielleicht für diejenigen, die die Zeitschrift aus Westdeutschland, Berlin, Sachsen, Prag und Moskau angefordert haben sollen.[9] Jedenfalls bekam Fritz Schiff, ein linksorientierter Kunsthistoriker und -kritiker,[10] ein solches Exemplar in Berlin. Das Cover ist aus dickerem Papier, auf dem der Titelschriftzug gleichmäßig schwarz und positiv erscheint. *bauhaus* und Untertitel sind nun handgesetzt, *bauhaus* mit Holzlettern,[11] der Untertitel mit Gummistempel gedruckt, ergänzt mit der großen Heftnummer 3, die, in Linol geschnitten, separat abgedruckt werden musste. Eine Ziffer solchen Ausmaßes scheint gemacht, um weithin zu verkünden: Jede neue Nummer ein Sieg! Sie sollte künftig auf allen Ausgaben der Dessauer Kostufra-Zeitschrift wiederkehren. Als Type für den Titel ist die *Schmale halbfette Grotesk* der Ludwig Wagner AG Leipzig ausgesucht,[12] die mit ihrer hohen Mittel- und kurzen Oberlänge an den Schmidt-Schriftzug erinnern konnte. Man war offensichtlich um Wiedererkennbarkeit bemüht. Auf den Blättern mit diesem Vordruck wurde nun der Text von der Matrize abgezogen. Das festere Papier erlaubte auch, anschließend darauf in dem Raum, den die Schreibmaschine dafür gelassen hatte, mit der Redisfeder und roter Tusche zu schreiben. Wirksamer und persönlicher konnten „herr kandinsky" und, rhetorisch höchst effektvoll, im selben Wortlaut „herr gropius" kaum des Verrats an Hannes Meyer angeklagt werden (siehe die Abbildung S. 72).

Mit der gleichen aufwendigen Technik setzte man Ende 1930[13] in Nummer 4 den Schriftzug *bauhaus* in Szene. Das Heft nahm den neuen Direktor Ludwig Mies van der Rohe und dessen Satzungen ins Visier, die jetzt Studium und studentisches Leben am Bauhaus in nie gekannter Weise reglementierten. Paragraf 10 der Ergänzung zur Satzung der Hochschule ließ das Publizieren unter dem Namen *bauhaus* genehmigungspflichtig werden und war damit der ohnehin verbotenen Kostufra nun bei Strafe verwehrt.[14] Mit rotem Pinsel brandmarkte man den „Terror" und demonstrierte mit dem gezeichneten Typometer, einem Werkzeug des Schriftsetzers: Nun erst recht – ein Presseprodukt der Kostufra!

Im Jahrgang 1931 war dieser Titelschriftzug mit Ausnahme von Nummer 6 weiter in Gebrauch, nur jetzt vom Satzbild abgepaust. Das konnte – wie viel

Albrecht Heubner, Otti Berger und Albert Kahmke in der Kantine des Bauhauses, 1931. Fotografie von Irena Blühová

einfacher! – auf derselben Matrize geschehen, auf der die Schreibmaschine schrieb. Kopf und Text wurden auf diese Weise endlich linksbündig. Füllte man die umrissenen Lettern noch aus und legte dabei ein Tischtuch unter, drückte sich das Gewebe durch, und man erhielt sogar Frottage-Effekte. Zusätzliche Farbe brauchte es 1931 dank des meist rosa Druckpapiers nicht mehr. Das „rosa blättchen",[15] wie Direktor Mies van der Rohe witzelte, hatte damit zu einer Form gefunden, die zu den einfachen und schnell anwendbaren Techniken der Herstellung passte.

1932 kehrte der Titelschriftzug zu konstruierten geometrischen Formen zurück. Immer wieder neu gezeichnet, aber immer gestreckt, schmal, fett – deutlichen Ursprungs bei Joost Schmidt.[16] Inhaltsverzeichnis und Überschriften waren im üblichen Kommunikationsmodus der Bauhäusler kleinschriftig in jener schmalen, serifenlosen linearen Grotesk ergänzt, die im Vorkurs alle, später nur noch Schüler der Reklameabteilung,[17] seitenweise frei zu schreiben geübt hatten. Eine Schrift, gebaut aus geometrischen Elementen, bedeckte die Cover, unter denen sich bereits ein Widerstand gegen „die form der form wegen" regte, wo also eine Diskussion um „formalismus" begann – einstweilen aber nur unter Architekten.[18] Für das letzte vollständig überlieferte Heft Nummer 15, das nach der Schließung des Bauhauses Dessau entstand, ließ man in Berlin sinngemäß auch den konstruierten Schriftzug fallen und gestaltete mit der Schreibmaschine.

Schmidts Unterricht thematisierte nur am Rand, wie Schriftformen den Ausdruck eines Textes variieren können.[19] Meistens war Schrift nur eines von vielen Gestaltungsmitteln, deren Form-Relationen auf Gesetzmäßigkeiten zu untersuchen waren. Doch gerade solche „objektiven" Gesetze der Gestaltung wurden von der Kostufra bekämpft. „Objektiv", argumentierte man in *bauhaus* Nummer 5, sei gleichbedeutend mit „unpolitisch", ja, in der gegenwärtigen Situation „faschistisch" und mit dem Klassenstandpunkt unvereinbar. Mies van der Rohe, Albers und Kandinsky wurden unter anderem deshalb scharf von ihr angegriffen, denn Gestaltung sahen sie nicht in Abhängigkeit von sozialen Funktionen, die einer Verbesserung der Lebensverhältnisse gedient hätten. Aber „uns", protestierte die Kostufra, „ist es nicht gleichgültig für wen wir bauen, [...] malen, [...] reklame machen".[20] Ein „klassenlose[s]' kunstevangelium", wie man es Kandinsky vorwarf,[21] predigte Schmidt nicht. Er nahm Arbeiten eines Kommunisten wie Albrecht Heubner, der ein „O" mit sowjetischen Schriftstellernamen füllte[22] oder die Wohnung für das Existenzminimum verhöhnte,[23] genau so ernst wie Nivea-Reklame und stand dabei politisch keineswegs links.[24]

Joost Schmidt geriet vielleicht deswegen nie persönlich in die Schusslinie der Kostufra. Im Gegenteil, diese nahm für den Lehrer Partei, als klar wurde, dass Mies van der Rohe ihn und den Kollegen Alfred Arndt in seinem Berliner Institut entgegen allen Versprechungen nicht weiterbeschäftigen wollte.[25] Der Obmann der Reklameabteilung, Hajo Rose,[26] „erhob Einspruch", wurde daraufhin aber sofort vom Direktor relegiert.[27] Es folgten Proteste während einer Studentenversammlung am 9. Dezember 1932, auf der vier Redner auftraten, die „wegen kommunistischer Umtriebe" ebenfalls „mit sofortiger Wirkung" vom Studium ausgeschlossen wurden. Nach Hubert Hoffmanns Erinnerung handelte es sich um Wilhelm Hess, Albrecht Heubner, Albert Kahmke und Hilde Reiss.[28] Unter diesem Eindruck wurde ein Protestschreiben verfasst, das in der unvollständig überlieferten Nummer 16 kurze Zeit nach *bauhaus* Heft 15 erschienen sein muss, mit dem es sich inhaltlich teilweise überschneidet. Die beigegebene Karikatur nämlich, Mies als „glücklicher" Leierkastenmann, dessen Instrument aber ein Hakenkreuz-Rad hat, könnte auf das Vorkursfest hinweisen, das an eben jenem 9. Dezember stattfand, an dem auch

die Versammlung war.[29] Hier trat angeblich statt einer Kapelle ein originaler Drehorgelmann auf.[30] Dem karikierten Mies ist ein bekannter Schlagertext, den die Schauspielerin Renate Müller sang, in den Mund gelegt. Sie war damals der Inbegriff des sauberen jungen Mädchens. Die Assoziation passt, denn Mies' Argument der Sparmaßnahmen hielt die Kostufra für vorgeschoben, um den ungeliebten Kollegen Schmidt auf saubere Weise loszuwerden. Mies' abfällige Bemerkungen über Schmidt, die auf der Rückseite der Karikatur kolportiert sind, sollten eigentlich „in einer anderen nummer" weiter thematisiert werden.[31] Ob das eine Fortsetzung der Kostufra-Zeitschrift gewesen wäre, ist ungewiss. Das Blatt trägt angeblich den Vermerk „A.H. im Namen der Studierenden der Reklame-Abteilung im Bauhaus", nachprüfbar ist das momentan nicht.[32] Für die Auflösung „Albrecht Heubner" spricht, dass es derzeit niemanden sonst mit diesen Initialen am Bauhaus gab.

Heubners Relegierung verlief insofern glimpflich, als er sich genau wie Hajo Rose das laufende Wintersemester 1932/1933 als Außensemester anrechnen lassen durfte, das beide in Berlin im Atelier von László Moholy-Nagy verbrachten.[33] Das ist umso erstaunlicher, als Heubner ja schon früher einmal derartig aufgefallen war, dass die Landesregierung ein Disziplinarverfahren gegen ihn beantragte und er dann bestraft wurde.[34] Beide Studenten erhielten trotz allem ihr Diplom im Fach Reklame.

Karikatur Ludwig Mies
van der Rohes, vermutlich
erschienen in *bauhaus*,
Zeitschrift der Kommunistischen Studentenfraktion,
Ausgabe 16, Ende 1932

Albrecht Heubner: Nachleben der Bauhaus-Typografie und der Kostufra

Im Juli 1933 stand „der Student Heubner" auf der Fahndungsliste der Kri-
minalpolizei Wittenberg: „Heubner ist unterwegs und will mit anderen un-
bekannten Kommunisten die tschechoslowakische Grenze passieren und
Greuelpropaganda verbreiten."[35] Seine Spuren sind undeutlich, weisen aber
am Ende des Jahres wieder nach Berlin zurück, wo bezeugt ist, er habe „oft"
bei Herbert Bayer im Studio Dorland geholfen.[36] 1934 gab er seine Inkognito-
Existenz auf und trat in Berlin als Gebrauchsgrafiker in Erscheinung. Auf
der Arbeitssuche wird er seinem alten Lehrer Joost Schmidt begegnet sein,
der ihm vielleicht jenen Weg wies, den er selbst gerade in der Not beschritten
hatte. Der führte zu einem Bauhäusler, den Schmidt vom frühen Weimarer
Bauhaus kannte, Arnold Hillen Ziegfeld.[37] Dieser hatte sich als Verleger und
Kartenzeichner einen Namen im Literaturbereich „Auslandsdeutschtum" gemacht und konnte Heubner an den Verlag Grenze und Ausland empfehlen, für
den auch er tätig war. Historiker und Volkskundler, Politiker und Auswande-
rer schrieben dort über die Reichweite deutscher Kultur und die daraus abge-
leiteten Stoßrichtungen für Gebietsansprüche des Dritten Reichs.

Zwischen 1934 und 1942 also gab Heubner Büchern der völkisch Gesinn-
ten ein Gesicht – wahrscheinlich zähneknirschend, war doch die Kostufra-
Position gewesen: „uns ist es nicht gleichgültig für wen wir bauen, [...] malen,
[...] reklame machen."[38] Heubner fand einen Modus, diesen Auftraggeber zu
akzeptieren, ihn aber nur oberflächlich zu bedienen. Er rückte zwar Titel-,
Text- und Bildbestandteile so zusammen, dass an ihrer räumlichen Positionierung nichts auszusetzen war. Abstrakt wie einst in Joost Schmidts
Unterricht ließ er ohne Ansehen der Inhalte Form-Beziehungen spielen. So
entstand Dekoration, funktionale Grafik lieferte er nicht. Bei Bedarf ergänzte
er modische Stilmittel wie Symmetrie sowie Fraktur, die er an der Kunstgewerbeschule Burg Giebichenstein in Halle zu kalligrafieren gelernt hatte. Typografische Kontraste gerieten ihm damit noch wirkungsvoller als seinem
Bauhaus-Meister.

Auch wenn die Erforschung von Heubners Werk längst nicht abgeschlossen
ist, lässt sich jetzt schon sagen, dass sich gerade das Formbewusstsein, das
er von Schmidt mitgebracht hatte, „bezahlt" machte.[39] Er konnte damit sehr
unterschiedliche Auftraggeber bedienen und verdiente auf diese Weise gut.
Doch ganz anders als sein Lehrer fand Heubner zu kleinen Äußerungen des

Maria Kahle, *Deutsche Hei-
mat in Brasilien*, Berlin 1937.
Umschlaggestaltung von
Albrecht Heubner

Widerstands. Er entledigte sich nämlich dieser völkischen Aufträge so schnell und ökonomisch wie möglich. Während Schmidt jede kleinste Aufgabe bestmöglich erfüllte,[40] änderte Heubner einen Missgriff in Schriftart oder -größe nicht, wiederholte einmal gezeichnete Bilddetails oder gefundene Druckstöcke, ganz gleich, ob sie in wissenschaftlichen Werken, Reisebänden oder politischen Schulungsheften zum Einsatz kamen. Das geringe Augenmerk, das im Reklameunterricht der Semantik geschenkt worden war, machte es Heubner jetzt leicht, dieselben Motive mit immer neuem Sinn zu unterlegen. Oft sind die Arbeiten wenig qualitätvoll, insbesondere Buchausstattungen. Einmal arbeitete er sogar so schlecht, dass sein Auftraggeber einen Streitfall um überhöhte Honorarforderungen dem Fachverband in der Reichskammer der bildenden Künste, dem Bund Deutscher Gebrauchsgraphiker, zur Klärung übergab. „Es ist dies eine Arbeit", beschwerte der sich, „die ebenso gut einer meiner Herren in meinem Büro hätte machen können, und zwar [...] in besserer und schönerer Schrift."[41]

Ein völlig anderes Bild bieten Heubners Arbeiten für die Berliner Schriftgießerei H. Berthold AG, in die er durch seine Assistenz bei Herbert Bayer hineingewachsen war, der dort seine *Bayer-Type* herausgebracht hatte. Heubner übernahm anschließend die künstlerische Beratung der Firma selbstständig. Hier wird deutlich, dass der Grafiker zwischen gefährlichen und ideologisch unverfänglicheren Aufträgen wie diesen zu unterscheiden wusste. An Berthold-Schriftmusterheften, wo der Gestalter in Form und Inhalt erheblichen Gestaltungsspielraum hatte,[42] erhält man Gewissheit, dass Heubner ein Gefühl für gebotene Freiräume hatte und sie zu nutzen wusste. Er lieferte innovative Typografie, in der kühne Schriftmischung seine Spezialität wurde. In seinen Druckproben vermied er Textbeispiele mit nationalsozialistischem Inhalt, hinterließ mitunter aber kleine Hinweise auf seine Interessen: Das bekannte russische Kabarett Der Blaue Vogel – 1936 längst verschwunden – wurde da lebendig,[43] oder 1942 konnte man gar „Bauhaus" in 84 Punkt kursiv der Schrift *Bodoni* lesen.[44]

Während der gut acht Jahre, die dem Grafiker für seine Arbeit blieben, bis er 1941 eingezogen wurde und 36-jährig unter tragischen Umständen umkam, blieb der Kontakt zu engen Freunden aus der Kostufra bestehen. Denkbar ist, dass Heubner eine ähnliche Doppelexistenz führte wie die, die illegal weiter für die Partei arbeiteten.[45] Von dem Architekten Selman Selmanagić, der die Kostufra zuletzt leitete, weiß man, dass er 1932 bei Heubner wohnte, bis er in Berlin eine eigene Wohnung hatte, und ihn 1933 besuchte.[46] 1938 heiratete Albrecht Heubner die Kostufra- und Fachgenossin Meta Stolp, geb. Kuhr.[47] Als Meta noch mit dem Kommilitonen und Genossen Kurt Stolp verheiratet gewesen war, hatte dieses Grafikerehepaar 1935 in Heubners Wohnung zusammengewohnt.[48] Der Grafiker Max Gebhard, Gründungsmitglied der Kostufra, der mit ihm im Studio Dorland zusammengearbeitet hatte,[49] und seine Frau Margarete, geb. Krebs, waren am Schluss auch diejenigen, die, informiert durch ihre Freundin Meta, einiges über Heubners Lebensende überliefern konnten.[50] Jedoch anders, als man bisher angenommen hatte,[51] war Heubner nicht als Kommunist im Konzentrationslager „inhaftiert".[52] Seine Gesinnung und möglicherweise auch seine illegale Parteitätigkeit hatte er hinter seinem Atelier für „Grafik, Schrift, Layout, Type"[53] so gut abgeschirmt, dass er bis 1945 Offizier bei der Marine blieb. Heubners Erfolgsgeheimnis, die Form der Form wegen zu gestalten und den Inhalt bei Bedarf auszublenden, stammte vom Bauhaus.

Anmerkungen

1 Albrecht Heubner (1908–1945), drei Semester Grafikstudium an der Kunstgewerbeschule Burg Giebichenstein in Halle bei Charles Crodel; vier Monate Werkstudent; Oktober 1930 bis Dezember 1932 Studium am Bauhaus Dessau bei Joost Schmidt. Bis März 1933 Außensemester im Atelier von László Moholy-Nagy in Berlin. 1. April 1933 Bauhaus-Diplom im Fach Reklame. Mitarbeit im Studio Dorland in Berlin. 1934 bis 1941 eigenes Atelier in Berlin, erst für „Werbegrafik", dann für „Grafik, Schrift, Layout, Type". 1938 Heirat mit Meta Stolp, geb. Kuhr, zwei Kinder. 1941 bis 1945 Kriegsdienst bei der Marine. Am 3. Mai 1945 in der Neustädter Bucht auf der *Cap Arcona* ertrunken.

2 Siehe Peter Bernhard: „Mit Hannes Meyer geht es nicht mehr". Ludwig Grotes Rolle bei der Entlassung des zweiten Bauhaus-Direktors. In: Ludwig Grote und die Bauhaus-Idee. Hrsg. von Peter Bernhard und Torsten Blume. Leipzig 2021, S. 78–92, Anm. 11.

3 aufgaben einer zeitung am bauhaus. In: bauhaus. sprachrohr der studierenden. organ der kostufra. 1 (1930), H. 4, ohne Seitenzählung [S. 2–5, hier S. 4].

4 die faschisierung der hochschulen und die letzten ereignisse am bauhaus. In: bauhaus. organ der kommunistischen studierenden am bauhaus. monatsschrift für alle bauhausfragen. 1 (1930), H. 2, ohne Seitenzählung [S. 2 f., hier S. 3].

5 Siehe Bernhard 2021 (wie Anm. 2), Abb. 2 und 3. Bisher bekannt war die aufwendigere Variante, die weiter unten beschrieben wird.

6 Albert Buske (Student, bis Mitte 1930), Richard Krauthause (KPD-Ortsleitung Dessau-Ziebigk, bis Ende 1930), Selman Selmanagić (Student). Siehe Michael Siebenbrodt: Zur Rolle der Kommunisten und anderer fortschrittlicher Kräfte am Bauhaus. In: Wissenschaftliche Zeitschrift der Hochschule für Architektur und Bauwesen Weimar. 23 (1976), H. 5/6, S. 481–485, hier S. 481.

7 Ausgabe 5 und 6: Fritz Gothe, Maurer aus Dessau, kandidierte 1928 für die Linken Kommunisten (Leninbund); siehe Die Wahlen zum Anhaltischen Landtage und zum Deutschen Reichstage am 20. Mai 1928 nebst Zusammenstellungen über die Wahlen zum Anhaltischen Landtage in den Jahren 1924 und 1928. Dessau 1928.

8 Peter Bernhard erwägt: „Mit dem Wechsel des Cover-Designs wollte sich die Kostufra vielleicht von Schmidt distanzieren, nachdem seine Beteiligung an Meyers Entlassung bekannt wurde." Bernhard 2021 (wie Anm. 2), S. 87. Dem widerspricht meine Argumentation im Folgenden.

9 „,bauhaus 3' wurde nicht nur im bauhaus gelesen, sondern in berlin von vielen personen […]. […] aus westdeutschland, aus sachsen, prag und moskau wird unsere zeitung angefordert." aufgaben einer zeitung 1930 (wie Anm. 3), [S. 2].

10 Siehe die Biografie in: Revolution und Realismus. Revolutionäre Kunst in Deutschland 1917 bis 1933. Katalog: Christine Hoffmeister und Christian Suckow. Berlin (Ost) 1978, S. 96.

11 Erkennbar an der ausgebrochenen Stelle des zweiten „a" von *bauhaus*. In Linolschnitt pflegte man in Plakatgrößen fehlende Zeichen zu ergänzen.

12 Siehe Handbuch der Schriftarten. Eine Zusammenfassung der Schriften der Schriftgießereien deutscher Zunge nach Gattungen geordnet. Leipzig 1926, S. 185.

13 Datierung nach der im Text erwähnten Studentenversammlung vom 1. November 1930.

14 bauhaus dessau. hochschule für gestaltung. ergänzung zur satzung für das bauhaus (bestimmungen für die studierenden). Dessau 1930.

15 DER DIREKTOR. In: bauhaus. sprachrohr der studierenden. organ der kostufra. 3 (1932), H. 12, ohne Seitenzählung [S. 4–6, hier S. 4].

16 Heft 13 benutzt zwar Versalien, verleugnet aber nicht die Schmidt-Geometrie.

17 Nachdem der Vorkurs seit September 1930 nicht mehr für alle Studierenden obligatorisch war.

18 1919–1931. In: bauhaus. sprachrohr der studierenden. organ der kostufra. 2 (1931), H. 5, ohne Seitenzählung [S. 3–5, hier S. 3].

19 Siehe Ute Brüning: Joost Schmidt: ein Curriculum für Werbegrafiker. In: bauhauskommunikation. Innovative Strategien im Umgang mit Medien, interner und externer Öffentlichkeit. Hrsg. von Patrick Rössler. Berlin 2009, S. 257–264, hier Abb. 37, S. XI.

20 objektiv – mit welchem recht?! In: bauhaus. sprachrohr der studierenden. organ der kostufra. 2 (1931), H. 5, ohne Seitenzählung [S. 2 f., hier S. 2].

21 Ebenda.

22 Siehe Brüning 2009 (wie Anm. 19), Abb. 8, S. VIII.

23 Albrecht Heubner, *die mindestwohnung*, Collage, 1931/1932, Museum of Modern Art, New York,

https://www.moma.org/collection/works/140 (abgerufen 25. Januar 2022).

24 Siehe dagegen Michael Siebenbrodt/Lutz Schöbe: Bauhaus. 1919–1933 Weimar – Dessau – Berlin. New York 2009, S. 100. Doch die beiden Schmidt-Schüler Gitel und Moshe Bahelfer, gefragt, ob Schmidt kommunistisch gewesen sei, bestätigten: „Schmidtchen war nicht Partei, keineswegs kommunistisch, er war progressiv […].“ Zit. nach Eberhard Steneberg: Bericht über ein Gespräch in Paris, 1968, Bauhaus-Archiv, Berlin, Nachlass Joost Schmidt, Mappe 75.

25 Siehe Skandal im Bauhaus. Schüler werden gemaßregelt – Unerhörtes Verhalten des Leiters. In: Die Welt am Abend. 10. Dezember 1932. Zit. nach Bauhaus Berlin. Auflösung Dessau 1932. Schließung Berlin 1933. Bauhäusler und Drittes Reich. Eine Dokumentation, zusammengestellt vom Bauhaus-Archiv, Berlin. Hrsg. von Peter Hahn. Weingarten 1985, S. 113.

26 Student der Reklame, am 12. April 1932 als Obmann gewählt, siehe Tagebuch des Bauhauses. Sommer-Semester 1932, zit. nach Hahn 1985 (wie Anm. 25), S. 55.

27 Siehe Skandal im Bauhaus 1932 (wie Anm. 25).

28 Hubert Hoffmann erinnerte Anfang der 1980er-Jahre vermutlich an diesen Vorfall: „Hess gehörte zu den 4 Studenten, die Mies wegen ‚kommunistischer Umtriebe‘ (es waren außerdem Heubner, Kamke [sic] und Weiss [sic]) damals opfern musste, damit ihm das Haus nicht geschlossen wurde.“ Hubert Hoffmann: Bauhaus und Bauhäusler 1932 bis 1945, Manuskript, Akademie der Künste, Berlin, Hubert-Hoffmann-Archiv, 197, Bl. 1–17. Kahmke und Reiss waren allerdings laut der Datenbank der Forschungsstelle für Biografien ehemaliger Bauhaus-Angehöriger (BeBA) bereits nicht mehr Studenten und können höchsten Hausverbot bekommen haben; https://bauhaus.community (abgerufen 16. Januar 2022).

29 Siehe den Brief von Hans Keßler an seine Mutter vom 9. Dezember 1932 in: Hahn 1985 (wie Anm. 25), S. 169.

30 Siehe den Brief von Hans Keßler an seine Mutter vom 15. Dezember 1932 in: Hahn 1985 (wie Anm. 25), S. 170.

31 MIT SPECK FÄNGT MAN MÄUSE, Dezember 1932. Insgesamt waren es „mindestens 8 Seiten“, vermutete Hans-Peter Schulz 1976 anhand der

Seitenzahlen 6 und 7. Siehe das bauhaus. Arbeiten der Jahre 1919–33. Leipzig 1976 (Galerie am Sachsenplatz Leipzig. Katalog 3), S. 52 f., Kat.-Nr. 140.

32 Siehe ebenda. Das Exemplar in der Sammlung der Stiftung Bauhaus Dessau, Inv.-Nr. I 758 D, enthält diese Zeile nicht.

33 Siehe Ute Brüning: Die Ateliers des Moholy-Nagy – ein Netzwerk? In: Die bewegten Netze des Bauhauses. Hrsg. von Anke Blümm, Magdalena Droste, Patrick Rössler, Jens Weber und Andreas Wolter. Wien, Köln, Weimar (erscheint voraussichtlich 2022).

34 Siehe Tagebuch des Bauhauses. Sommer-Semester 1932, Einträge vom 10., 12. und 13. Mai 1932, in: Hahn 1985 (wie Anm. 25), S. 56 f.

35 Brandenburgisches Landeshauptarchiv, Rep. 8, Magistrat der Stadt Teupitz, Nr. 87, Nationale Erhebung 1933, Bl. 249.

36 Kurt Kranz: Pädagogik am Bauhaus und danach. In: Bauhaus und Bauhäusler. Bekenntnisse und Erinnerungen. Hrsg. von Eckhard Neumann. Erweiterte Neuausgabe Köln 1985, S. 339–355, hier S. 350.

37 Siehe Ute Brüning: Joost Schmidt im Ringkampf mit sich selbst. In: Blümm/Droste/Rössler/Weber 2022 (wie Anm. 33).

38 objektiv – mit welchem recht?! 1931 (wie Anm. 20), [S. 2].

39 Siehe Brüning, Ateliers 2022 (wie Anm. 33).

40 Siehe Brüning, Joost Schmidt 2022 (wie Anm. 37).

41 Brief von Architekt Dipl.-Ing. Rambald v. Steinbüchel-Rheinwall an die Landesleitung Berlin der Reichskammer der bildenden Künste vom 1. Juli 1940, Landesarchiv Berlin, A Rep 243-04/ Nr. 3428.

42 Siehe den Brief von Albrecht Heubner an Paul Renner vom 2. Dezember 1939, Bayerische Staatsbibliothek, München, Nachlass Paul Renner, Ana 814 B II-III.

43 Siehe Ariston, die extrafette Schönschrift. Schriftprobe Nr. 309, H. Berthold AG. Berlin 1936, Universiteit van Amsterdam, Bibliotheek, Allard Pierson Depot.

44 Siehe Bodoni. Schriftprobe Nr. 355, H. Berthold AG. Berlin, 1942, Universiteit van Amsterdam, Bibliotheek, Allard Pierson Depot.

45 Siehe Aida Abadžić Hodžić: Selman Selmanagić und das Bauhaus. Berlin 2018, S. 146–158.

46 Siehe ebenda, S. 105 und 344.

47 Siehe Die tausend Nachkommen des Johann Carl Friedrich Weymann. Posamentiermeister zu Berlin. „Der Stille im Lande". 1759–1855. Zusammengestellt von Gerhard Mirbek, Zita Mirbek und Fritz Wegener. Berlin (West) 1987, S. 32.

48 Siehe Rundfrage von Walter Gropius an die Bauhäusler, Mai 1935, Bauhaus-Archiv, Berlin, Nachlass Walter Gropius, GS16/123.2.

49 Siehe Max Gebhard: Kommunistische Ideen im Bauhaus. In: bauhaus 3. Leipzig 1978 (Galerie am Sachsenplatz Leipzig. Katalog 9), S. 10–12, hier S. 11.

50 Brief von Max Gebhard an Hannes Meyer vom 17. Mai 1947, Deutsches Architekturmuseum, Frankfurt am Main, Nachlass Hannes Meyer, II 4(6) Gebhard. Siehe dagegen Karsten Ellebrecht: „Ihr habt hier keinen Namen mehr!" Die Geschichte des KZ-Außenlagers Bremen-Blumenthal. Bremen 2020, S. 252.

51 Siehe Hahn 1985 (wie Anm. 25), S. 286.

52 Vielmehr muss er in eine „Marine-Ersatz-Abteilung" zum Wachdienst im Straflager Blumenthal auf der Bahrs Plate bei Kiel abkommandiert worden sein. Ellebrechts Forschungen zeigen, dass in diesem KZ-Außenlager hauptsächlich Ausländer inhaftiert waren, Heubner also nicht zu ihnen gehört haben kann. Siehe Ellebrecht 2020 (wie Anm. 50), S. 43. Es wurden dort jedoch deutsche Angehörige der Kriegsmarine als Kapos zur Bewachung von Häftlingen herangezogen. Margarete Gebhard nannte das „Offizier für besondere Aufträge", siehe den Brief von Margarete Gebhard an Walter Gropius, ohne Datum [um 1946], in: Hahn 1985 (wie Anm. 25), S. 233 f. Aufgrund des Rückzugs der Wehrmacht und des Verlustes von Schiffen wurde manch überflüssiger Marinesoldat zu solchem Landeinsatz bestimmt. Siehe Ellebrecht 2020 (wie Anm. 50), S. 36, 43 und 94. Nach dem Todesmarsch zur Neustädter Bucht auf die Cap Arcona ertrank der Wachmann Heubner zusammen mit den Häftlingen, als das Schiff bombardiert wurde.

53 Siehe den Briefkopf von Albrecht Heubner, Brief an die Landesleitung Berlin der Reichskammer der bildenden Künste vom 3. Juni 1940, Landesarchiv Berlin, A Rep 243-04/Nr. 3428.

Ausdruck und Spiegel ihrer Zeit.
Überlieferung und Quellencharakter
der Kostufra-Zeitschrift *bauhaus*

Karoline Lemke

In einer „Uebersicht über den Stand der Organisation der ‚Kommunistischen Studenten' und der ‚Roten Studenten'" vom 15. Dezember 1931 ist an 27. Stelle der Standort Dessau aufgeführt, für den 22 Kostufra-Mitglieder verzeichnet sind und wo sich ein Ableger der RSG, der „Roten Studenten", „in Gründung" befinde.[1] Das Blatt ist Teil des im Bundesarchiv Berlin verwahrten Schriftguts der KPD, das auch eine Materialsammlung zur Kommunistischen Studentenfraktion umfasst. In den Richtlinien der Reichsleitung der Kostufra und verschiedenen Rundschreiben werden die Studierenden der lokalen Gruppen aufgefordert, eigene Zeitschriften herauszugeben und Belegexemplare einzuschicken.[2] Die wiederholt eingeforderten Belegexemplare sind nicht mit der Materialsammlung überliefert. Bislang ist noch nicht ermittelt, an welchen der mindestens 27 Standorte mit etwa 870 Mitgliedern und Sympathisanten[3] zusätzlich zum *Roten Studenten* eigene Studierendenzeitschriften herausgegeben wurden. Eine erste systematische Übersicht zu Studierendenzeitschriften jener Zeit erstellte Hans Bohrmann 1975. Demnach waren um 1930 deutschlandweit etwa 103 solcher Periodika in Umlauf. 66 erschienen unter Herausgeberschaft von Studierendenverbänden und 37 als allgemeinstudentische Publikationen.[4] Bohrmann nennt politische Zeitschriften wie *Neue Kritik, Neue Linke, Neues Rotes Forum, Rote Blätter, Die Rote Hochschule* und *Der rote Student.*[5] Die Zeitschrift *bauhaus* der Dessauer Kostufra ist jedoch nicht darunter, denn Technische Lehranstalten und Pädagogische Akademien wurden von Bohrmann, wie er in einer Fußnote beiläufig erwähnt, nicht berücksichtigt. Gerade für die genauere Untersuchung und Einordnung der Kostufra-Zeitschrift als Primärquelle ist es jedoch von wesentlicher Bedeutung, welche von Kommunistischen Studentenfraktionen herausgegebene Zeitschriften es an anderen deutschen Hochschulen zu der Zeit gab und wie sie sich von jener am Bauhaus unterschieden – sei es im Titel, im Layout oder im Inhalt.

Während sich die Kostufra-Zeitschrift als Medium zum Zweck der „Agitprop" der KPD zu den Verbandsorganen der Studierenden der 1920er- und 1930er-Jahre zählen lässt, bündelt sie darüber hinaus Informationen über Gepflogenheiten der Gestaltung, Herstellung, Vorstellung von Autorschaft, Sprache und Zielgruppe – oder bricht mit diesen. Um mit dem Editionsphilologen Siegfried Scheibe zu sprechen: Die Kostufra-Zeitschrift ist Ausdruck und Spiegel ihrer Zeit.[6] Ein Leitgedanke, den Scheibe für poetische Texte formuliert hat, der aber auf nicht-fiktionale Texte wie die genannten Periodika übertragen werden kann. Die auf Karl Lachmann zurückgehende kritische Editionsphilologie ist eine vornehmlich in der Literaturwissenschaft und den Geschichtswissenschaften praktizierte Disziplin, deren Methoden der Erschließung und Aufbereitung des im Fokus stehenden Materials auch über Fachgrenzen hinaus fruchtbringend sind.

Zur Kostufra-Zeitschrift *bauhaus* liegt seit Kurzem eine kritische Edition vor, mit der erstmals das gesamte überlieferte Quellenmaterial zugänglich ist.[7] Es sind nachweislich in einem Zeitraum von drei Jahren 16 Nummern der Zeitschrift erschienen. 14 Ausgaben sind vollständig überliefert, während das erste Heft bislang verschollen ist. Die Inhalte dieses ersten Heftes können aber aus der zeitgenössischen Rezeption durch die Lokalpresse rekonstruiert werden. Darüber hinaus hat sich ein Blatt erhalten, das auf eine weitere, 16. Ausgabe mit mindestens sieben Blatt schließen lässt. Insgesamt umfasst das im Rahmen der Edition bearbeitete Textkorpus 144 Blatt. Darüber hinaus ist die Quellengrundlage jedoch schmal. So sind etwa Redaktionsprotokolle und Mitgliederlisten, Textvorlagen und -entwürfe, Korrekturbogen und originale Bildvorlagen, ein Pressearchiv der Dessauer KPD-Ortsgruppe oder Korrespondenz nicht vorhanden.

In den Archiven, die im Besitz von Exemplaren sind, wird die Kostufra-Zeitschrift entweder in Form loser Blätter aufbewahrt oder liegt, wie zum Beispiel in der Kunstbibliothek der Staatlichen Museen zu Berlin, in gebundener Form vor. Die Scanvorlagen für die Digitalisate, die in der digitalen kritischen Edition das Anzeigen der faksimilierten Blätter ermöglichen, konnten aus

bauhaus, Zeitschrift der Kommunistischen Studentenfraktion, Titelblatt der Ausgabe 3, August 1930

bauhaus 3

sprachrohr der studierenden

herr kandinsky, ist es wahr,

dass durch sie oder ihre frau gemahlin nina die nachricht
von der zeichnung hannes meyers für die rote hilfe bei den
zuständigen stellen kolportiert worden ist, sodass sie in d
der presse erschien?

herr kandinsky, ist es ferner wahr, dass sie schon vor ihrer
abreise in die sommerfrische von den dingen gewusst haben
die sich ereignen würden? hatten sie schon vor ihrer abreise mit oberbürgermeister hesse zusammen den nachfolger
bestimmt, oder wie kommt es, dass hesse bei seinem telegramm an die meister sich ausgerechnet auf sie beruft?

herr gropius, ist es wahr,

dass sie im anschluss an den hinauswurf von hannes meyer
herrn oberbürgermeister hesse den vorschlag machten, die
kantine (bis auf die mahlzeiten) und das prellerhaus
ganz zu schliessen? (der versuch, die kantine zu schliessen
ist gemacht worden.)

herr gropius, ist es ferner wahr, dass sie, nachdem der
'ring der architekten' gegen das vorgehen des magistrats
protestiert hatte, fünf minuten später dagegen einspruch
erhoben?

vier Standorten in Deutschland und der Schweiz zusammengetragen werden: dem Stadtarchiv Dessau-Roßlau, der Stiftung Bauhaus Dessau, der Kunstbibliothek Berlin und der Zürcher Hochschule der Künste.[8] Sie gehören zu den insgesamt zehn Standorten, die Hefte der Zeitschrift im Original oder in Kopie besitzen.

Zumeist sind die überlieferten Ausgaben in gutem Zustand. Zu allfälligen Beschädigungen zählen Randläsuren, eingerissene Seiten, fehlende Ecken, verwischte Druckfarbe, beeinträchtigter Druck durch verrutschte Matrizen und Lochungen am linken Seitenrand. Neben der handschriftlichen Paginierung im Kontext der archivalischen Erschließung finden sich auch handschriftliche Notizen, Randmarkierungen, Unterstreichungen und Korrekturen von Übertragungsfehlern fremder Hand, die keiner Person zugeschrieben werden können. Ein besonders markantes Beispiel dafür sind die Blätter 11 und 12 aus Heft 7, an deren linkem Textrand, zum Teil über die gesamte Blattlänge, die nicht oder nur schwach von der Vorlage auf das Papier übertragenen Buchstaben mit einem schwarzen Stift per Hand nachgeschrieben wurden.[9]

Die einzelnen Blätter messen jeweils etwa 31 mal 21 cm. Die Vorlagen wurden im Umdruckverfahren vervielfältigt, die Kopien zumeist an der linken oberen Ecke geheftet. Das verwendete Verfahren heißt Hektografie und bezeichnet einen Spiritusumdruck. Dafür wird der Originaltext durch eine mit einer entsprechenden Lösung benetzte Matrize auf saugfähiges Papier gedruckt. Das Verfahren erlaubt unter Verwendung eines Hektografen oder einer Matrizenpresse zwischen 100 und 200 Abzüge von derselben Vorlage. Die tatsächliche Auflagenhöhe, in der die Kostufra-Zeitschrift hergestellt wurde, ist jedoch nicht bekannt. Der Umfang der einzelnen Ausgaben variiert zwischen fünf bis 17 Blättern. Der Erscheinungsrhythmus schwankt zwischen einem bis sieben Monaten. Für die Jahre 1930 und 1931 lässt sich der Erscheinungsmonat oft nur nachträglich und aufgrund des Inhalts ermitteln. Gelegentlich finden sich mit Kugelschreiber – also mit Sicherheit nach dem Zweiten Weltkrieg – handschriftlich ergänzte Jahresangaben auf dem Titelblatt, die jedoch nicht in jedem Fall zutreffend sind. Wer diese Datierungen vorgenommen hat, ist unklar.[10]

Auch im Aufbau der Titelblätter lassen sich Unterschiede finden. Nicht immer sind sie mit Schreibmaschine geschrieben; die Untertitel und die Angaben zu Jahrgang, Heftnummer und Erscheinungsdatum variieren. Bisweilen gibt es Abweichungen innerhalb einer Ausgabe. So haben sich zwei Exemplare von Heft 2 im Stadtarchiv Dessau-Roßlau erhalten. Das mit der Signatur S3-97 erfasste Titelblatt unterscheidet sich von Blatt S3-98 am auffälligsten darin, dass

bauhaus, Zeitschrift der Kommunistischen Studentenfraktion, Ausgabe 7, Oktober 1931. Blatt 12 mit handschriftlichen Ergänzungen am linken Textrand

vor dem kriege 1,6 millionen bevölkerung hatte,heute aber 2,8 millionen
hat.trotzdem gibt die angabe von quadratmeter wohnfläche ein ganz fals
sches bild,da ja bis jetzt vornämlich kollektive wohflächen gebaut wer-
den.kollektiveinrichtungen,wie klubhäuser ,bibliotheken,speisanstalten
etc.müssen wir der erstellten wohnfläche zuzählen.

das resultat,was ich wahrhaft verwirklicht sehe,ist,dass   erstenmal um
ser leben eine inhalt hat.in einem system in dem die produktionsmittel in
derhänden der produzierenden sind ist die frau den mann absolut gleichge
stellt,sie gehört nicht mehr zum möbiliar der wohnung,das zum gebrauch
bereit zu sein hat.und wenn ich aus dem fenster meiner wohnung heraus-
sehe,sehe ich die studentin ebenso wie ihr männlicher kamarad beim sport
bei der waffenübung usw.die problematik des westens,die weltanschaungen
sind liquidiert.eine grundlage ist immer da.der marxismus,leninismus,sta
linismus.es gibt nur abweichungen nach rechts oder nach links.wir sind
nicht mehr innerlich gespalten,zu hause idealist und im übrigen rücksich
ser profitjäger so einer art religionsphilosofischer zigarrenhandel.so
die formkrise in westen verdeckt nur eine krise der gesellschaft.wir se
hen,dass das schwerpunkt baulichen schaffens nach osten verschoben ist.
in der udssr.entsteht die kollektive architektur.die gegebenheiten der
sozialen umwelt sind elemente der architektur.unsere generallinie ist der
leninismus,d.h.:strengste wissenschaftlichkeit in der analyse,grösste
ökonomie in den mitteln,revolutionär in der methode.

wie wurde ich kommunist
----

ach vielen irrwegen kam ich über verschiedene berufe auf die kunstgewer-
bschule.dann 1927 2 semester aufs bauhaus.man sprach vom bauhaus als
on einem revolutionären institut.da musste ich hin,durch klee,moholy
andinsky,gropius und die anderen der damaligen aera kam ich zu den prol
men der freien absoluten und abstrakten malerei.ich war überzeugt,das
unst nur im absoluten sinne zur völlen lösung gebracht werden kann,das
unst nur so ihre kulturelle aufgabe erfüllen könnte.

ch stürzte mich hinein.offiziell habe ich reklame und grafik gemacht,-
ber für mich habe ich gemalt und konstruiert,kunsthistorisch und psycho-
nalitisch gearbeitet.meine kräfte suchten nach ihrem vollwertigen ein-
atz.

jahre nach dem bauhaus gingen darüber hin.ich hatte in der praxis ge-
tanden,technisches gelernt und übersichten bekommen,aber wofür war die-
e arbeit?die anwendung des gelernten,das war nicht das,wonach ich such

nd das ergebnis meiner eigenarbeit?
ch spürte,dass die elementare klärungsarbeit in der malerei durch ei-
en kandinsky und seine generation getan ist.dieses noch weiter treiben
iesse -durch eine nächste generation getan-,in epigonenkunst geraten.
ie revolutionäre auffassung eines gropius,eines moholy wirkte sich aus
n formalismus,rationalismus,ohne dem programmatischen grundsatz des bau
auses:"bauen heisst den ganzen menschen bauen"auch nur in einem wesentl
hen punkt nahe zu kommen,geschweige ernsthaft erfüllen zu wollen.

ewiss,man ist durch die damalige neue erziehung im vorkurs von der
schönen" oder "dekorativen"oberfläche des materilas weg auf seine funk-
ionelle aufgabe,seine leistungsmöglichkeiten,kurz auf das wesen des ma-
erials aufmerksam gemacht worden.alles dieses bezog sich auf die tech-

in der Blattmitte eine große „2" mit rotem Farbstift per Schablone geschrieben wurde. Im darunter angeordneten „inhalt" wurde die fehlerhafte Nummerierung der einzelnen Beiträge des Hefts handschriftlich korrigiert (siehe die Abbildung S. 8). Auf dem Titelblatt mit der Signatur S3-98 wurde die schwach gedruckte Ziffer der Heftnummer im dafür vorgesehenen Kasten („nummer | jahrgang | preis") handschriftlich nachgezeichnet, die Verschreibung im

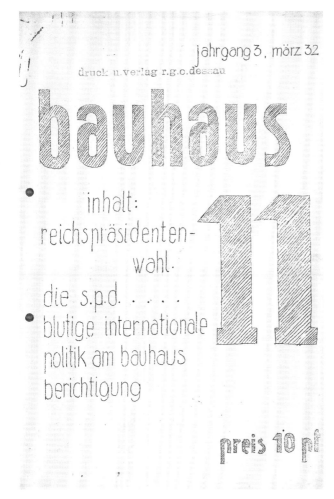

bauhaus, Zeitschrift der Kommunistischen Studentenfraktion, Titelblatt der Ausgabe 11, März 1932

Inhaltsverzeichnis jedoch nicht korrigiert. Am unteren Blattrand ist stattdessen die handschriftliche Notiz „6 Seiten Text" zu lesen.[11]
Der Schriftzug „bauhaus" wurde gelegentlich mit Schablone oder Stempel auf der Vorlage aufgetragen, aber auch hier variiert die Ausformung im Einzelnen. Gelegentlich finden sich handschriftliche Elemente wie der rote Schriftzug „Terror!" in der Blattmitte von Heft 4[12] oder die als direkte Anrede

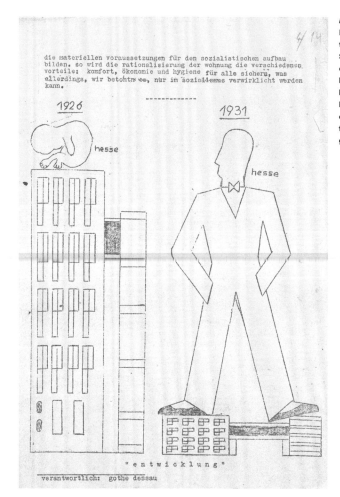

bauhaus, Zeitschrift der Kommunistischen Studentenfraktion, Ausgabe 5, Sommer 1931. Blatt 8 mit einer Karikatur zum Verhältnis zwischen dem Bauhaus, dargestellt durch das Hochschulgebäude, und der Stadt Dessau, personifiziert durch den Oberbürgermeister Fritz Hesse

formulierten Überschriften „herr kandinsky, ist es wahr" und „herr gropius, ist es wahr" auf dem Titelblatt von Heft 3.[13] Ein weiteres Beispiel für die Verwendung der Handschrift als typografischem Stilmittel ist neben dem Titelblatt von Heft 11 die Wiedergabe einer Aufforderung Wladimir Iljitsch Lenins an die „Arbeiterkorrespondenten" in der Sowjetunion zur Mitwirkung an der Berichterstattung in der Presse.[14] Dem gestalterischen Mittel kann hier eine

76

eindeutige Funktion zugewiesen werden: der Eindruck eines persönlichen, authentischen Textes. Weitere dem Medium Zeitschrift angelehnte gestalterische Elemente gibt es nicht. Die Blätter sind einseitig bedruckt, der fast konsequent kleingeschriebene Schreibmaschinentext ist durchweg linksbündig. Fast ausschließlich Zitate aus anderen Printmedien werden mit Groß- und Kleinschreibung wiedergegeben. Bisweilen wird die gesamte Länge eines Blattes ausgenutzt, im Gegensatz zu Seiten, die sehr weitläufig und mit großen Abständen zwischen den Textblöcken beschrieben sind. Außerdem wird mit eingerückten Passagen (zum Beispiel für Zitate), Unterstreichungen, Tabellen und Abbildungen gearbeitet. Bei diesen Zeichnungen in den Heften 2, 5, 6, 8 und 13 (und dem mutmaßlichen, nur fragmentarisch überlieferten Heft 16) handelt es sich um Karikaturen. Alle sind unsigniert; es lässt sich also nur mutmaßen, wer ihre Urheber sind.

Hinweise auf mögliche Autorschaften sind sehr begrenzt. Textvorlagen zu den einzelnen Artikeln sind nicht bekannt, ebenso wenig wie Autoren- und Autorinnennamen oder -kürzel. „heinz allner, dessau" als verantwortlicher Redakteur von Heft 2 bleibt als Bauhäusler die Ausnahme.[15] Danach folgen ausschließlich Dessauer KPD-Mitglieder wie zum Beispiel Paul Kmiec. Die Autoren und Autorinnen bleiben in der Anonymität, sei es aus Selbstschutz oder weil das Kollektiv Vorrang vor der individuellen Urheberschaft hatte. Für zwei Beiträge konnten jedoch die Verfasser aus dem Inhalt erschlossen werden. So handelt es sich in Heft 5 bei einem der Autoren der „briefe aus russland" um den ehemaligen Studenten Konrad Püschel, der unter anderem auf seine Diplomarbeit am Bauhaus referiert.[16] Der Beitrag „wie wurde ich kommunist" in Heft 7 kann Hermann Werner Kubsch zugeschrieben werden.[17]

Die Grundlage der Edition sind also lediglich 144 Blatt typografischen Materials, das bei genauerer Betrachtung jedoch sehr gehaltvoll ist. Schnell entsteht vor dem Hintergrund dieser Überlieferungssituation der Eindruck, dass gerade deshalb der edierte Text in seinem Verhältnis zum Original mit besonders genauer typografischer Authentizität abgebildet werden muss. Rüdiger Nutt-Kofoth ist der Frage nachgegangen, inwieweit die Typografie eines Textes einen Teil der Textsemantik darstelle, genauer: „Bildet die typographische

Form eines gedruckten Textes ein Element dieses Textes?"[18] Dies sei ein bis dahin in der Literaturwissenschaft unreflektiert gebliebener Aspekt, dessen produktions- und rezeptionsästhetische Konsequenzen, die Wirkung der visuellen Gestalt des Textes auf die Leserschaft, nicht ergründet worden seien.[19] Nutt-Kofoth konstatiert, dass diese Auseinandersetzung die Antwort auf die Frage nach der Funktion von Editionen voraussetzt, die er folgendermaßen zusammenfasst: „Die Präsentation des Textes in der Edition muß (zumindest: auch) einem Editionsinteresse folgen, das den Text als zu *lesenden*, nicht allein zu *benutzenden* Text ediert."[20] Folgt daraus, dass die Edierenden die Gestalt des Originaltextes nachbilden müssen? Welche Funktion ist dem Original und seiner Textgestalt aber tatsächlich eingeschrieben, und welche Rolle spielt das für die Auseinandersetzung mit dem edierten Text?

Patrick Rössler bezeichnet die Kostufra-Zeitschrift als „Zirkular".[21] Auf das französische „lettre circulaire" zurückgehend, bedeutet „Zirkular" Rundschreiben – wie „lose Flugblattsammlung" eine Bezeichnung, die der äußerlichen Gestalt sehr viel näherkommt als „Zeitschrift". Gestalterisch lässt wie oben ausgeführt zumindest wenig auf eine Zeitschrift schließen, wenn auch die Begriffe „organ" und „sprachrohr" im variierenden Untertitel den medialen Charakter der Blattsammlung unterstreichen – von der politischen Konnotation einmal abgesehen. Eine typografische Semantik wäre insbesondere hinsichtlich der buchstäblichen Nähe zum Bauhaus mitzulesen,[22] angefangen beim Titel *bauhaus* selbst, über die Gestaltung und das Zitat des von Joost Schmidt 1929 für die offizielle Zeitschrift der Hochschule entworfenen Titels bis zur Kleinschreibung, die Herbert Bayer am Bauhaus eingeführt hatte.[23] Letzteres unterstreicht vor allem den rein funktionalen, ökonomischen Charakter der Handhabung von Schrift und der Gestaltung von Geschriebenem. Dem steht die geringe Sorgfalt in der Umsetzung fast diametral gegenüber: Es gibt eine Vielzahl an unkorrigierten Verschreibungen und Überschreibungen, die fast durchweg fehlende Paginierung, die Unregelmäßigkeit in Zeilen- und Textabständen, die ein unruhiges Bild erzeugen, mitsamt auch dem Vervielfältigungsverfahren geschuldeten schräg gedruckten Textblöcken. Hier wurde eine Zeitschrift mit sehr bescheidenen Mitteln nachempfunden. Die Dringlichkeit lag in der kommunistischen Propaganda.

Das Kriterium der Vollständigkeit einer historisch-kritischen Edition kann die Ausgabe der *bauhaus* aufgrund der Überlieferungssituation nicht erfüllen. Dennoch liegt mit ihr eine reichhaltige kritische Edition vor, die wesentlich zu einem ersten zusammenhängenden Bild der Kommunistischen Studentenfraktion am Bauhaus beiträgt. Sie bietet eine solide Grundlage für die weitere Erforschung von Einzelaspekten, aber weist auch die signifikanten Leerstellen aus, deren Behandlung im Kontext des Bauhaus-Narrativs neu diskutiert werden sollte. Vor allem aber erlaubt die Edition die Annäherung an ein bislang unerschlossenes Konvolut aus dem Korpus der Bauhaus-Texte und damit an ein Stück bisher wenig bekannter Bauhaus-Geschichte. Die erschließende Kommentierung führt die Komplexität des Materials vor Augen und legt offen, dass es sich hier um mehr als „Agitprop" der KPD handelt.

Anmerkungen

1 Uebersicht über den Stand der Organisation der „Kommunistischen Studenten" und der „Roten Studenten", 15. 12. 1931, Stiftung Archiv der Parteien und Massenorganisationen der DDR im Bundesarchiv Berlin (SAPMO-Barch), RY 1/3306, Bl. 156. Vielen Dank an dieser Stelle an Marcel Bois, der auf die Materialsammlung aufmerksam gemacht hat.

2 Siehe Richtlinien für die Arbeit der Kommunistischen Studentenfraktion, ohne Datum, SAPMO-BArch, RY 1/3306, Bl. 30, und Rundschreiben. Nr. 1 für das Wintersemester 1931–32, 27. 10. 1931, SAMPO-BArch, RY 1/3306, Bl. 112.

3 Siehe Bericht der Reichsfraktionsleitung der Kostufra an das ZK (mit 4 Anlagen), 15. 12. 1931, SAMPO-BArch, RY 1/3306, Bl. 142.

4 Hans Bohrmann: Strukturwandel der deutschen Studentenpresse. Studentenpolitik und Studentenzeitschriften 1848–1974. München 1975, S. 57.

5 Ebenda, S. 335.

6 Siegfried Scheibe: Zu einigen Grundprinzipien einer historisch-kritischen Ausgabe. In: Texte und Varianten. Probleme ihrer Edition und Interpretation. Hrsg. von Gunter Martens und Hans Zeller. München 1971, S. 1–44, hier S. 4.

7 Die Edition wurde im Rahmen des Projekts *Bauhaus im Text* von 2020 bis 2022 an der Stiftung Bauhaus Dessau erarbeitet. Sie umfasst eine digitale Edition und eine Buchausgabe: bauhaus. sprachrohr der studierenden. organ der kostufra. Kritische Leseausgabe. Hrsg. von Wolfgang Thöner und Karoline Lemke. Leipzig 2022. Bislang wurde nur ein sehr geringer Teil der schriftlichen Quellen des Bauhauses kritisch ediert. Zu nennen sind: Die Meisterratsprotokolle des Staatlichen Bauhauses Weimar. 1919 bis 1925. Hrsg. von Volker Wahl. Bearbeitet von Ute Ackermann. Weimar 2001; Das Staatliche Bauhaus in Weimar. Dokumente zur Geschichte des Instituts 1919–1926. Hrsg. von Volker Wahl. Köln, Weimar, Wien 2009; Wassily Kandinsky. Unterricht am Bauhaus 1923–1933. Vorträge, Seminare, Übungen. Hrsg. im Auftrag der Société Kandinsky, Paris. Zusammengestellt und bearbeitet von Angelika Weißbach. 2 Bde. Berlin 2015; Paul Klee. Bildnerische Form- und Gestaltungslehre. Onlinedatenbank des Zentrums Paul Klee Bern, www.kleegestaltungslehre.zpk.org.

8 Ausgehend von dem Bestand der Stiftung Bauhaus Dessau wurden die noch fehlenden Exemplare zur Abbildung des Kostufra-Textkorpus aus Archiven beschafft, die während der Covid-19-Pandemie geöffnet waren und Digitalisate zur Verfügung stellen konnten. Die Provenienz der Hefte 9 und 11, die sich in der Sammlung der Stiftung Bauhaus Dessau befinden, konnte nicht ermittelt werden. Heft 13 kam über einen Ankauf von der Leipziger Galerie am Sachsenplatz in den Bestand der Stiftung; siehe dazu: das bauhaus. Arbeiten der Jahre 1919–33. Leipzig 1976 (Galerie am Sachsenplatz Leipzig. Katalog 3), S. 52, Kat.-Nr. 139. Das für die Sammlung der Stiftung Bauhaus Dessau 2021 erworbene Heft 15 ist eine Schenkung des Sammlers Bernd Freese. Der Bestand im Stadtarchiv Dessau-Roßlau geht auf Hans Harksen zurück, der als Magistratsmitglied der Stadt Dessau eine enge Beziehung zum Bauhaus Dessau gepflegt hatte und von 1951 bis 1972 Leiter des Stadtarchivs war; siehe Wolfgang Thöner: Von den Anfängen der Bauhausforschung bis zur Gründung des WKZ Bauhaus Dessau im Jahre 1976. In: Fortschrittliches Bauhauserbe. Zur Entstehung einer ostdeutschen Bauhaussammlung. Hrsg. für die Stiftung Bauhaus Dessau von Wolfgang Thöner und Claudia Perren. Leipzig 2019, S. 23–55, hier S. 30. Heft 3 in der Kunstbibliothek der Staatlichen Museen zu Berlin ist eine Schenkung von „Herrn Dr. Schiff, Berlin". Wahrscheinlich handelt es sich um den Kunsthistoriker Fritz Schiff, der unter anderem auch als Dozent an der MASCH tätig war. Der Bestand an der Zürcher Hochschule der Künste wurde aus dem Besitz von Rosmarie Bellmann, der Witwe von Hans Bellmann, erworben.

9 bauhaus. sprachrohr der studierenden. organ der kostufra. 2 (1931), H. 7, Stadtarchiv Dessau-Roßlau, Sammlung Bauhaus, S3-102, Bl. 11 f.

10 Bei den im Stadtarchiv Dessau-Roßlau vorhandenen Exemplaren wäre denkbar, dass die Datierung von Hans Harksen stammt (vgl. Anm. 9).

11 bauhaus. organ der kommunistischen studierenden am bauhaus. monatsschrift für alle bauhausfragen. 1 (1930), H. 2, Stadtarchiv Dessau-Roßlau, Sammlung Bauhaus, S3-97 und S3-98, Bl. 1.

12 bauhaus. sprachrohr der studierenden. organ der kostufra. 1 (1930), H. 4, Stadtarchiv Dessau-Roßlau, Sammlung Bauhaus, S3-97 und S3-98, Bl. 1.

13   bauhaus. sprachrohr der studierenden. 1 (1930),
     H. 3, Staatliche Museen zu Berlin, Kunstbibliothek,
     T 1306 f mtl, Bl. 1.

14   LENIN an die ARBEITERKORRESPONDENTEN. In:
     bauhaus. 3 (1932), H. 11, Stiftung Bauhaus Dessau,
     Sammlung, Inv.-Nr. I 8460/1-8 L, Bl. 7.

15   bauhaus. organ der kommunistischen studierenden
     am bauhaus. monatsschrift für alle bauhausfragen.
     1 (1930), H. 2, Stadtarchiv Dessau-Roßlau, Samm-
     lung Bauhaus, S3-97, Bl. 7.

16   briefe aus russland. In: bauhaus. sprachrohr der
     studierenden. organ der kostufra 2. (1931), H. 5,
     Stadtarchiv Dessau-Roßlau, Sammlung Bauhaus,
     S3-100, Bl. 12-14.

17   wie wurde ich kommunist. In: bauhaus. sprachrohr
     der studierenden. organ der kostufra. 2 (1931), H. 7,
     Stadtarchiv Dessau-Roßlau, Sammlung Bauhaus,
     S3-102, Bl. 12.

18   Rüdiger Nutt-Kofoth: Text lesen – Text sehen:
     Edition und Typographie. In: Deutsche Vierteljahrs-
     schrift für Literaturwissenschaft und Geistesge-
     schichte. 78 (2004), H. 1, S. 3-19, hier S. 4.

19   Siehe ebenda. Eine Feststellung, die Nutt-Kofoth mit
     Verweis auf Susanne Wehde macht. Wehde proble-
     matisierte diesen Umstand in: Typographische Kul-
     tur. Eine zeichentheoretische und kulturgeschichtli-
     che Studie zur Typographie und ihrer Entwicklung.
     Tübingen 2000.

20   Nutt-Kofoth 2004 (wie Anm. 18), S. 3 (Hervor-
     hebungen im Original).

21   Siehe den Beitrag von Patrick Rössler in diesem
     Band.

22   Siehe hierzu auch den Beitrag von Ute Brüning in
     diesem Band.

23   Siehe auch Rüdiger Nutt-Kofoths Ausführungen am
     Beispiel der Fraktur: „Die Fraktur findet sich heute
     nur noch gelegentlich, vor allem in der Werbung oder
     im Titelaufdruck von Zeitungen. Doch transportiert
     sie dabei neben der Semantik des durch sie darge-
     stellten Textes zugleich eine eigene, typographische
     Semantik, die jeweils auf das Alte dieser Schrift zielt:
     entweder auf den Aspekt des Altertümlichen, Ver-
     gangenen, Überholten oder den des Traditionsrei-
     chen, Althergebrachten, Bewährten. Diese typogra-
     phische Semantik steht aber in direkter Beziehung
     zur eigentlichen Semantik des Textes. Sie ergänzt
     sie und wird letztlich ein Teil der Textsemantik.",
     Nutt-Kofoth 2004 (wie Anm. 18), S. 8.

Vorkurs am Bauhaus unter der Leitung von Josef Albers, 1931

2 Architektur, Kunst und Lehre am Bauhaus

Kunst ist Waffe.
Die Zeitschrift der Kostufra am Bauhaus und die Frage nach der Rolle der Kunst

Wolfgang Thöner

Um die Rolle der bildenden Kunst gab es am Bauhaus von Beginn an grundlegende Debatten, an denen auch linksorientierte Studierende beteiligt waren. Gleich nach Gründung der Schule entstand eine aufwendig gedruckte Publikation als „Veröffentlichungen der Studierenden am Staatlichen Bauhaus zu Weimar". *Der Austausch*, der 1919 in nur wenigen Ausgaben erschien, wurde seinem Titel gerecht: Es waren sehr unterschiedliche Positionen zu Fragen von Kunst und Gestaltung vertreten. Die sich verzweigenden Netzwerke der Bauhäusler umfassten sehr bald auch von sozialistischen Ideen begeisterte Avantgarde-Künstler, nicht zuletzt in der Sowjetunion. Die konzeptuelle und stilistische Spannweite der bildenden Kunst am Bauhaus reichte vom Spätexpressionismus über die Abstraktion bis hin zu figürlichen, teils sozialkritisch-konkreten und von den späten 1920er-Jahren an auch surrealistischen Arbeiten.

Erst von Dezember 1926 an gab es unter dem Titel *bauhaus* eine eigene Zeitschrift der Hochschule für Gestaltung. Bevor sich dieser Beitrag mit den Positionierungen der Kostufra zur Kunst auseinandersetzt, wie sie in ihrer Zeitschrift von 1930 an vertreten wurden, zeigt er, wie derartige Themen zuvor in der offiziellen Publikation der Institution Bauhaus Dessau behandelt wurden. Es wird sich herausstellen, dass in den Jahren von 1927 bis 1930 im Prinzip schon dieselben Debatten geführt wurden, wie sie dann von 1930 bis 1932 in der Zeitschrift der Kostufra zu finden waren. Allerdings, auch das wird sich zeigen, geschah dies bei aller Schärfe noch als Dialog und im Streben um ein möglichst breites Bündnis linker Kräfte. Und ein bislang eher vernachlässigter Aspekt wird sich als aufschlussreich erweisen: der Blick auf die Ausstellungen von Künstlern, die nicht dem Bauhaus angehörten.

Hannes Meyer und seine „Basler Malerfreunde": Mehr als Konstruktivismus

Hannes Meyer hatte sich in den Jahren vor seiner Tätigkeit am Bauhaus zu einem Konstruktivisten und strengen Funktionalisten gewandelt. Das ist das Bild, das bis heute die Sicht auf seine Architektur, Fotografie und sonstige Gestaltung dominiert. Seine damaligen Texte zeigen nach außen oft eine geradezu provokative Lust am Formulieren radikaler Positionen. In seinen eigenen Arbeiten wirkten aber unterschwellig die von ihm in seiner Theorie abgelehnten klassischen Proportionsregeln weiter. Hannes Meyer sah den Künstler im angewandten Bereich als „ordner des daseins".[1] Er wollte als Ausbildungsziel kein „klee-feld" und „keine 100 kandinskys"[2] – obwohl er insbesondere das Werk von Paul Klee durchaus schätzte. Klee reagierte unter anderem mit einem Aufsatz in der Bauhaus-Zeitschrift, in dem er die Gleichwertigkeit von künstlerischer Intuition und rationalem Konstruieren hervorhob – im Heft auf der gegenüberliegenden Seite mit Positionen von Meyer und Mart Stam kontrastiert.[3]

Hannes Meyer war jedoch nicht nur der harte Funktionalist, als der er in seinen programmatischen Texten bis heute von vielen gelesen wird. Seinen „Basler Malerfreunden", wie Meyers Tochter aus erster Ehe Livia Klee-Meyer sie nannte, blieb er sein ganzes Leben lang verbunden. Es sind die politisch linksstehenden, aber bei allem expressionistischen Einschlag eher traditionell realistisch malenden Schweizer Paul Camenisch (1893–1970), Ernst Morgenthaler (1887–1962) und Fritz Kurt Zbinden (1896–1968). Besucher im Dessauer Direktorenwohnhaus konnten offenbar von 1928 an diese Seite künstlerischen Interesses erleben, denn nach Aussage von Livia Klee-Meyer hingen dort auch Bilder dieser Schweizer Maler. 2009 verriet sie: „Bei einer Veranstaltung zum 100. Geburtstag von Hannes Meyer 1989 saßen wir mit Max Bill zusammen. Plötzlich meinte er, jetzt müsse er doch einmal etwas sagen. Der Hannes habe sein Haus voll mit grässlichen Bildern gehängt. Wir wussten das. Es handelte sich um Werke seiner Basler Freunde. Im Allgemeinen stand mein Vater der zeitgenössischen Malerei gegenüber sehr offen. Bill aber fand das, was bei uns an der Wand hing, einfach grässlich. [...] Mein Vater war nicht wie Bill. Er konnte auch ganz andere künstlerische Richtungen schön finden."[4]

Bekannt geworden ist später vor allem das Porträt, dass Paul Camenisch, der unter anderem mit Ernst Ludwig Kirchner befreundet und in der Gesellschaft Schweiz-Sowjetunion aktiv war, 1953 von Hannes Meyer malte.

Ernst Kállai und die Bauhaus-Zeitschrift 1928/1929

Hannes Meyer holte Ernst Kállai ans Bauhaus, der von April 1928 bis Oktober 1929 als Schriftleiter der Zeitschrift die benannten Spannungen an der Hochschule auszubalancieren versuchte. In den von ihm verantworteten Ausgaben wurde eine intensive Kunstdebatte geführt. Der Weggang Kállais war dann eine Zäsur; die Bauhaus-Zeitschrift erschien erst wieder 1931. Wie Kállai gehörte auch Meyer keiner Partei an, und sein Bekenntnis als „wissenschaftlicher Marxist" erfolgte erst 1930. Als er am Bauhaus die Reihe der Gastvorträge ausbaute, sprachen unter anderen die kommunistische Kulturtheoretikerin Lu Märten (Oktober 1928), der marxistische Kunsttheoretiker und Künstler Karel Teige (Juni 1929, Januar und März 1930) und Hermann Duncker, Gründungsmitglied der KPD und Lehrer an der Bundesschule des ADGB (April 1930) über Marxismus.[5] Das war weit mehr, als dass Hannes Meyer „mit dem marxismus kokettiert"[6] hätte, wie es die Kostufra in Nummer 3 ihrer Zeitschrift schrieb. Simone Hain ist der Ansicht, dass es vor allem der intensive Austausch mit Karel Teige – Kommunist, doch vehementer Kritiker der stalinistischen Kulturpolitik – war, der Hannes Meyer zu einer Schärfung seines Lehr- und Architekturkonzepts brachte und ihn zum bekennenden Marxisten machte.[7] In der Ausgabe der Bauhaus-Zeitschrift vom Januar 1929 findet sich die ganze Bandbreite künstlerischer Positionen, die Kállai in Spannung sah. Lu Märtens Aufsatz wird zum Beispiel mit Abbildungen von Plastiken von Gerhard Marcks und Ewald Mataré illustriert. Kállai stimmte dem Kurs Meyers für das Gebiet der Architektur und der Produktgestaltung durchaus zu, sah aber in einem Rückzug der Kunst zugleich einen Verlust und bestand darauf, dass „Malerei und Plastik auch ohne architektonische Anwendung genug zu sagen haben". Nur so könnten „die irrationalen Triebe der Phantasie" befriedigt und eine notwendige Spannung zwischen Architektur und Kunst aufgebaut werden.[8] Dabei erhoffte er sich auch „begabte maler der sozialen anklage".[9] 1930 schrieb er in seinem Rückblick auf das Bauhaus, dass er es sich als „Versuchsstätte im geistig-kulturellen Sinne" wünsche.[10] Schon 1924 hatte er gefordert: „Eine Kunst, die in das Gesamtgetriebe des Lebens aktiv eingreifen will, muß die Polarität von Konkretem und Abstraktem zu umspannen wissen."[11] Es finden sich in den von ihm betreuten Ausgaben der Bauhaus-Zeitschrift ebenso prominent abgebildet Gemälde von Wassily Kandinsky, Lyonel Feininger, Oskar Schlemmer, Paul Klee und Georg Muche.

Auf die Krise der europäischen Moderne Ende der 1920er-Jahre reagierten Architekten und Künstler unterschiedlich. Einige waren nun auf der Suche nach einer neuen Formensprache wie in der Neuen Sachlichkeit oder im Surrealismus. Auf den anders gearteten Richtungswechsel in der Sowjetunion reagierte Ernst Kállai 1929 mit einem Aufsatz in der Bauhaus-Zeitschrift, in dem er in der agitatorischen Simplifizierung der Kunst eine Gefahr für die Freiheit der Kunst sah, die „nach der bürgerlich-individualistischen dekadenz wieder ewigkeitswerte schaffen soll".[12] Er konstatierte: „es läuft schließlich auf dasselbe hinaus, ob die korrumpierung der kunst privatkapitalistisch oder als staatliches monopol geschieht. zwar soll der zweck die mittel heiligen, aber es gibt keinen zweck, der *das* heiligen könnte, was in sowjetrußland an ödestem akademiekitsch sich der gunst der regierung erfreut [...]." Wer nicht zu den „hurtige[n] lieferanten der konjunktur" gehöre, habe es „in rußland womöglich noch schwerer als im übrigen europa".[13]

Auch in der Debatte um Fotografie wurde Stellung bezogen: Ernst Kállai schrieb in Heft 2 des Jahrgangs 1929 eine begeisterte Rezension des Bildbands *Die Welt ist schön* von Albert Renger-Patzsch.[14] Auf der gegenüberliegenden Seite setzte Fritz Kuhr in einer Deutlichkeit, wie sie ein Jahr später die Kostufra auch nicht hätte schärfer formulieren können, dagegen: „renger-patzsch ist mir *unsympathisch* [...]."[15] Der Titel *Die Welt ist schön* erschien Kuhr „ekelhaft oder unverzeihlich geschmacklos". Er empfahl dem Fotografen, sich die soziale Realität von Arbeiter- und Landarbeiterwohnungen sowie in „erziehungsanstalten, arbeitshäusern [...] und sonstigen elendshöhlen" anzusehen.[16] Kállai antwortete unter anderem: „wie wär's mit einem titel wie: ‚die welt ist *auch* schön'?"[17] Noch fand der Dialog statt.

Reaktionen auf die Krise: Kunst und Fotografie am Bauhaus Dessau 1928–1930

Es gibt weitere künstlerische Positionen und Besonderheiten, auch in der Haltung zum Sozialen und Geschlechterspezifischen, die in der Zeitschrift der Kostufra nicht thematisiert wurden und die hier nur kurz erwähnt sein sollen. Walter Peterhans schuf von 1929 an neben Fotografien, durchaus nicht weit entfernt von der Haltung Renger-Patzschs, autonome Fotokunst. Das KPD-Mitglied Reinhold Rossig verarbeitete in seinen surrealistischen Gemälden das Scheitern einer humanen Gestaltung der Stadt, ein Scheitern nicht nur der traditionellen Architektur, sondern auch der avantgardistischen Moderne.[18] Und Marianne Brandt ging in ihren Collagen über die „soziale Anklage" (Kállai) hinaus. Sehr präzise thematisierte sie die besonderen Benachteiligungen von Frauen.[19] Dieser Diskurs fand weder in der Bauhaus-Zeitschrift noch in der Zeitschrift der Kostufra statt.

Viele der Debatten, die in der Zeitschrift der Kostufra von 1930 an geführt wurden, hatte es also schon vorher gegeben. In den Ausgaben der Zeitschrift wurde immer wieder heftige Kritik an bildender Kunst von Meistern und Studierenden des Bauhauses, aber auch an Ausstellungen Externer geübt – allerdings ohne das Angebot eines Dialogs. Wie für die Bauhaus-Zeitschrift bedeutete das Jahr 1930 auch für die Ausstellungen am Bauhaus eine Zäsur. Es gab nicht eine einzige Kunstausstellung. Von 1931 an fand sich dann erstaunlicherweise wieder das ganze Spektrum: Arbeiten von Studierenden, ehemaligen und noch am Bauhaus lehrenden Meistern und von Künstlern und Künstlerinnen, die nicht dem Bauhaus angehörten.

Die Kunst der „‚sentimentalen' bauhäusler" Hermann Röseler und T. Lux Feininger

Schon im Juni 1930 wurde in Nummer 2 der Zeitschrift der Kostufra eine Ausstellung zweier Studierender zum Anlass eines Generalangriffs auf Kunst, die nicht dem kulturpolitischen Kurs der KPD entsprach. Die Positionen der Partei zur Rolle von Kunst und Gestaltung hatten sich radikalisiert. Wurde vor

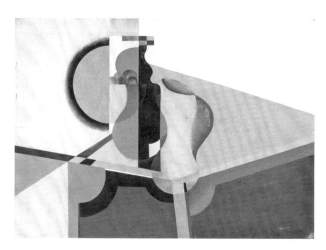

1928 mit Lu Märten noch eine Theoretikerin gehört, die eine große Nähe zu den am Bauhaus vertretenen Theorien und Praktiken hatte, wandte sich die KPD in ihrer Entwicklung zu einer Kaderpartei nach sowjetischem Vorbild ganz anders gearteten Kunst- und Kulturkonzepten zu. Alle theoretischen und künstlerischen „idealistischen" Konzepte wurden abgelehnt. Die nun vertretene Doktrin lehnte jede Kunst ab, die nicht das Ziel hatte, die Klassengegensätze (im Sinne der KPD) zu entlarven und, auch gemäß der These des „Sozialfaschismus", den die SPD verkörpere, gegen alle anderen Auffassungen von Kunst zu agitieren. Sie galt als dekadent, und Künstlern, die sich nicht dieser Doktrin anschlossen, wurde Dienst an der Ideologie der herrschenden Kapitalistenklasse vorgeworfen. Kunst sollte als Waffe im Klassenkampf wirksam werden.

Warum nun gerade die beiden Bauhäusler T. Lux Feininger und Hermann Röseler[20] in den Fokus gerieten, bleibt rätselhaft, zumal die Ausstellung zu diesem Zeitpunkt schon mehr als ein Jahr zurücklag. Für die Kostufra waren Feiningers und Röselers Bilder „gemälde der ‚sentimentalen' bauhäusler".[21] Der Begriff des Sentimentalen wird hier abwertend-ironisch verwendet, um eine um individuelle Gefühlswelten zentrierte Kunst von der als wesentlich erachteten Entwurfsarbeit in den Werkstätten und von klassenkämpferischer Kunst abzugrenzen. Auch der Unterricht in den Malklassen wird als

abzulehnender Individualismus gesehen. Der „klassenfeindliche inhalt der bilder" sei nichts für „materialistisch denkende bauhäusler". Hermann Röselers Bilder seien „die abspiegelung der rationalisierung der heutigen grosskapitalistischen produktion ausschliesslich zugunsten des kapitals".[22] T. Lux Feininger erinnerte sich noch 2004 an diesen „giftigen Kommentar"[23] der Kostufra: „das ist die geistigkeit der bourgoisen [sic] sorglosen jugend", heißt es in der Zeitschrift. Und weiter: „unter den scherzhaften marine-helden und den komischen engländern glaubt man den autor selbst zu finden, der vielleicht unter der fahne der kapitalistischen englands oder amerikas nach reiseabenteuern hascht." Selbst die Bauhaus-Kapelle galt der Kostufra als dekadent: „das jazzorchester als motiv ist nicht weniger symptomatisch."[24]

Amédée Ozenfant als Künstler einer „dekadenten ideologie"

Der französische Maler Amédée Ozenfant, Mitstreiter von Le Corbusier als Herausgeber der Zeitschrift *L'Esprit Nouveau*, stellte vom 6. bis 18. Juli 1931 im Bauhaus aus. Es handelte sich um die Übernahme einer Ausstellung, die zuvor in der Galerie Nierendorf in Berlin gezeigt worden war, deren Katalog auch in der Ausstellung verkauft wurde.[25] Schon am 13. Mai hatte Ozenfant das Bauhaus Dessau besucht und in französischer Sprache den Vortrag „Art et vie" gehalten.[26] In Heft 2/1931 der Bauhaus-Zeitschrift schrieb er dann begeistert über seinen Besuch in der Textilwerkstatt des Bauhauses. Detailliert widmet er sich den Eigenschaften der ihm gezeigten Stoffe und schildert die Wirkung, die ihre Betrachtung in ihm auslöste. Und er resümiert: „warum manche kunstwerke ihren namen verdienen und uns über uns selbst erheben, uns träumen machen; bisweilen kann das ein hosenstoff fertig bringen. der ganze streit um figürliche und konkrete, abstrakt genannte kunst, oder abstrakte, konkret genanntes, würde geklärt."[27]

Solch dialektisches Verbinden von Gegensätzen war nicht Sache der Kostufra. Sie beginnt die Kritik in ihrer Zeitschrift mit grundsätzlichen Bemerkungen zu den zwei „gewalten", mit denen die Bourgeoisie „das volk" niederschlage und „zu einem demütigen objekt ihrer ausbeutung" machen könne: Die erste sei die „brutale gewalt des militärs und der polizei", die zweite Gewalt sei „die kraft der geistigen beeinflussung", zu der neben Kirche und Wissenschaft auch die von der Bourgeoisie „gekaufte literatur" und „die von ihr beherrschte kunst: das theater, der film, das radio" gehörten. Diese „dekadente ideologie" erscheint der Kostufra sogar als „vielleicht viel gefährlicher als die knute des unternehmers und der knüppel der polizei", da sie „das volk und besonders seine jugend vom bewussten kampfe" ablenke. Vertreter solcher „ideologie" können für die Kostufra nur „direkt oder indirekt" gekauft sein, um „ihre verdummungsarbeit" durchzuführen.[28]

Solcherart eingeleitet, widmet sich der Artikel nun dem Besuch und dem Vortrag von Amédée Ozenfant, der für sie einer dieser „gekauften" Künstler ist. Er sei zwar berühmt und ein „witziger redner", aber alles sei „mit falscher dekadenter ideologie" verbunden. Pathetisch beschwört die Kostufra das Leid hungernder Arbeiter und setzt es gegen einen Satz aus dem Munde von Ozenfant: „nicht vom brot allein lebt der mensch." Der scharfe Ton hängt sicher auch damit zusammen, dass Ozenfant mit seinem Vortrag viele der Bauhäusler erreichte: Für die Kostufra war es „peinlich zu sehen mit welcher leichtigkeit der künstler die versammelten bauhäusler […] überzeugt" habe. Vor allem wohl davon, „dass man wenn man eine prächtige villa besitzt und alles im

„ozenfant und seine mu-
schel", Karikatur zu einem
Beitrag über Amédée
Ozenfant in *bauhaus*, Zeitschrift der Kommunisti-
schen Studentenfraktion,
Ausgabe 6, Juli 1931

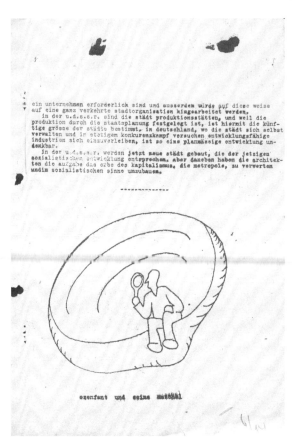

ein unternehmen erforderlich sind und ausserdem wird, auf diese weise auf eine ganz verkehrte stadtorganisation hingearbeitet werden.
in der u.d.s.s.r. sind die städt produktionsstätten, und weil die produktion durch die staatsplanung festgelegt ist, ist hiermit die künftige grösse der städte bestimmt. in deutschland, wo die städt sich selbst verwalten und in stetigem konkurenskampf versuchen entwicklungsfähige industrien sich einzuverleiben, ist so eine planmässige entwicklung undenkbar.
in der u.d.s.s.r. werden jetzt neue städt gebaut, die der jetzigen sozialistischen entwicklung entsprechen. aber daneben haben die architekten die aufgabe das erbe des kapitalismus, die metropole, zu verwerten undim sozialistischen sinne umzubauen.

ozenfant und seine muschel

überflusse hat doch ohne kunst unglücklich und unbefriedigt" bliebe. Ozenfant – und mit ihm den anderen Vertretern „bürgerlicher" Kunst (genannt werden auch Wassily Kandinsky und Aristide Maillol) – wird unterstellt, ihre Kunst „wichtiger und wesentlicher als brot und haus" zu nehmen. Das allerdings hatte Ozenfant gar nicht gesagt. Die Kostufra stellt den Studierenden, „die begeistert aplaudiert [sic] haben", eine fiktive Arbeiterversammlung gegenüber, in der Ozenfant nach einem solchen Vortrag „gesteinigt worden wäre".[29] Eine Karikatur zum Beitrag nimmt Bezug auf die Fabel, die Ozenfant seinem Vortrag vorangestellt hatte, in der er die Aufgabe der Architektur

Werner Scholz, *Mord*,
Öl auf Karton, 1930

darin sah, den Menschen, die nicht wie Muscheln mit einem Gehäuse ins Dasein treten, einen ihnen angemessenen Raum der Geborgenheit und Schönheit zu schaffen.

Protest gegen Kunstzensur: Die Entfernung eines Gemäldes

Vom 15. bis 27. November 1931 stellte der deutsch-österreichische Maler Werner Scholz (1898–1982) seine sich existenziellen und sozialen Themen ungeschönt widmenden Gemälde im Bauhaus aus. Scholz war neben George Grosz, Otto Dix und Max Beckmann ein Angehöriger der zweiten Generation des deutschen Expressionismus.[30] Wie die meisten der Ausstellungen Externer kam auch diese sicher über das Netzwerk des Kreises der Freunde des Bauhauses zustande, in diesem Fall betreut von dem Studenten Fritz Hertel. Die Eröffnung war am 15. November 1931. Fünf Tage später verfügte Ludwig Mies van der Rohe als Direktor die Entfernung des sozialkritischen Bildes *§ 218*, sehr wahrscheinlich auf politischen Druck von außen. Im Protokoll der Beiratssitzung (des Meisterrats) vom 23. November 1931 heißt es unter Punkt 3: „hertel hat erklärt, dass er wegen des konfliktes zwischen ihm und herrn mies van der rohe zukünftig keine ausstellungen mehr arrangieren wird. die studierendenschaft wünscht zu der frage der entfernung des bildes in einer versammlung stellung zu nehmen. es soll in jedem falle bei der getroffenen anordnung bleiben. schliessung der ausstellung wie vorgesehen am 27. 11."[31]

Die Kostufra sah in diesem Akt der Zensur „eine neue kulturperiode am bauhause" – mit Verweisen auf Gerichtsprozesse gegen George Grosz 1922 und das Aufführungsverbot des kritischen Weltkriegs-Films nach Erich Maria Remarques *Im Westen nichts Neues* im Dezember 1930. Die Kostufra kritisiert insbesondere die Begründung von Mies van der Rohe, das Bild sei „unapetitlich [sic] und anstosserregend". Mit Verweis auf die vielen missglückten illegalen Abtreibungen in Deutschland mit tausenden von toten Frauen stellt die Kostufra die Frage, was angesichts großer sozialer Nöte in Deutschland unappetitlicher sei.[32] Das Thema des Kampfes gegen den Paragrafen 218 des Strafgesetzbuchs war damals virulent: Friedrich Wolfs Bühnenstück *Cyankali* von 1929 (1930 verfilmt) widmete sich dem Thema, der Autor wurde zeitweilig verhaftet. Alice Lex-Nerlinger schuf 1931 ein Gemälde zum Thema, der Bauhaus-Student Carl Marx 1932 ein Aquarell.[33]

Plakate von Moshe Bahelfer

Vom 10. bis 15. Januar 1932 fand eine Ausstellung des Studenten Moshe Bahelfer im Bauhaus-Gebäude statt.[34] Es erschließt sich nach den bisher vorliegenden Dokumenten nicht, ob die Besprechung in der Kostufra-Zeitschrift vom Februar 1932 dieser Ausstellung gewidmet war oder möglicherweise Plakatentwürfen Bahelfers in einer vorausgegangenen Semesterabschluss-Ausstellung. Bahelfer gestaltete in dieser Zeit auch Plakate, doch ob er sie ausstellte ist unklar, da eine entsprechende Semesterabschluss-Ausstellung nicht bekannt ist. Die Einladung deutet mit dem Titel *gemälde und aquarelle* sehr klar auf eine Kunstausstellung hin. Die Kritik könnte also ironisch gemeint gewesen sein, um den zum Umkreis der Kostufra zu zählenden Bahelfer auf die nach deren Auffassung bestehenden Widersprüche zwischen seiner Arbeit als bildender Künstler (die bekannten diesbezüglichen Arbeiten Bahelfers sind eindeutig der nach Ansicht der Kostufra „sentimentalen" bürgerlichen Malerei zuzurechnen) auf der einen und als Gestalter wirksamer Plakate auf der anderen Seite aufmerksam zu machen. Der Kostufra-Artikel bezieht sich nur auf Plakatgestaltungen von Bahelfer. Obwohl Bahelfer nach den Aussagen der Kostufra keine politischen Plakate ausstellte, lobt sie dessen handwerkliches und gestalterisches Geschick, das er aber statt in Werbung in politische Agitation umsetzen müsse.[35]

Das Kostufra-Erbe in der DDR und die Frage der Kunst

Der Streit um die Wertung und Funktion von bildender Kunst als „Waffe im Klassenkampf" blieb ein zentrales Problem der Kulturpolitik von Kommunisten, gerade auch in Bezug auf das Bauhaus. Einige Mitglieder der Kostufra blieben dabei durchaus auch in späteren Jahren bei dieser Position, wie zum Beispiel in der Formalismus-Debatte Anfang der 1950er-Jahre in der DDR. In diesem Kontext sind jedoch auch noch spätere Ereignisse zu erwähnen. Eine Versammlung im Bauhaus-Gebäude im April 1986 kann man zugespitzt als die letzte Zusammenkunft der Kostufra sehen, bei der auf Einladung des Vizepräsidenten der Bauakademie Bernd Grönwald die ehemaligen Kostufra-Mitglieder und -Sympathisanten Selman Selmanagić, Waldemar Alder, Konrad Püschel sowie Lotte und Edmund Collein zusammenkamen, um gewissermaßen ihren wiederaufgenommenen Staffelstab weiterzugeben. Denn diese Versammlung diente der Gründung der Parteigruppe der SED, noch vor der eigentlichen „Neugründung des Bauhauses Dessau als Zentrum für Gestaltung beim Ministerium für Bauwesen"[36] im offiziellen Festakt am 4. Dezember 1986. Aus der Fusion dreier Institutionen, die zum damaligen Zeitpunkt schon im Bauhaus-Gebäude tätig waren, entstand das neue Bauhaus Dessau (1994 neu gegründet als Stiftung Bauhaus Dessau). Die genannten ehemaligen Kostufra-Angehörigen, alle natürlich Mitglieder der SED, waren in der DDR in hohe verantwortliche Positionen gelangt – ausnahmslos im Bauwesen, vom Baupolitiker bis zum Hochschullehrer. In der

Die ehemaligen Kostufra-Mitglieder und -Sympathisanten Lotte Collein, Edmund Collein, Waldemar Alder, Selman Selmanagić und Konrad Püschel (von links) im Bauhaus-Gebäude in Dessau, April 1986. Fotografie von Hans-Joachim Mellies

„Entschließung der Grundorganisation der SED am Bauhaus Dessau, beim Ministerium für Bauwesen der DDR" vom März oder April 1986 wird dieser Bezug gleich am Anfang hergestellt, wenn es heißt: „Die Gründung der Grundorganisation der SED ‚Bauhaus Dessau' in der Etappe der unmittelbaren Vorbereitung des XI. Parteitages unserer Partei und im Vorfeld des 40. Jahrestages des Vereinigungsparteitages von KPD und SPD knüpft an die Tradition der progressivsten Kräfte des ehemaligen Bauhauses – der kommunistischen Studentenfraktion – an und findet im Jahr des 60. Jahrestages der Eröffnung des Bauhaus-Gebäudes in Dessau statt."[37]

Vorausgegangen war dem Akt ein nicht offen ausgetragener Konflikt um aktuelle Kunst, die von November 1985 an vom Wissenschaftlich-Kulturellen Zentrum (WKZ) Bauhaus Dessau ausgestellt und in Performances gezeigt worden war. Nach den aufsehenerregenden Kunstaktionen und der Ausstellung von Lutz Dammbeck, die von November 1985 bis Januar 1986 stattfanden, sollte Ende März 1986, also kurz vor der Parteiversammlung, die Fotografie-Ausstellung z. zt. eröffnet werden. Die Einladungen lagen vor, der Aufbau war im Gange, als die Ausstellung von der Staatssicherheit verboten und alle Einladungen und Plakate eingezogen wurden.[38] Diesmal konnten also Forderungen zum Umgang mit bildender Kunst und Fotografie, wie sie die Kostufra 55 Jahre zuvor vertreten hatte, aus einer Position staatlicher Macht heraus

Das Karl-Liebknecht-Haus, die Zentrale der KPD, in Berlin mit Propaganda zur Reichstagswahl und dem Signet der Antifaschistischen Aktion, 1932

durchgesetzt werden. Kritische Kunst im Kapitalismus: ja – im real existierenden Sozialismus: nein. Stattdessen gab es die Übernahme einer Ausstellung zum Lebenswerk von Selman Selmanagić, die von dem Architekten Dietmar Kuntzsch, Selmanagić-Schüler und Lehrer an der Kunsthochschule Berlin-Weißensee, konzipiert und gestaltet worden war.[39]

Und zum Schluss noch eine aktuellere Spur, die zum Wirken von Kostufra-Mitgliedern des Bauhauses Anfang der 1930er-Jahre zurückführt: Max Gebhard und Albert Mentzel (später Flocon), deren Plakate für den Wahlkampf der KPD auch auf der von Hannes Meyer organisierten Bauhaus-Ausstellung im Sommer 1931 in Moskau direkt neben Ausgaben der Kostufra-Zeitschrift ausgestellt worden waren, schufen im Oktober 1932 das Antifa-Signet,[40] das bis in die jüngste Zeit mit öffentlichen Aktionen und Debatten (wie bei dem im Herbst 2018 verhinderten Auftritt der linken Band Feine Sahne Fischfilet, der im Bauhaus-Gebäude im Rahmen der Konzertreihe *zdf@bauhaus* geplant war) verbunden ist, auch mit den Fragen, wie politisch eine Institution oder generell Kunst sein darf oder sollte.

Anmerkungen

1 Hannes Meyer: Vorträge in Wien und Basel 1929 (Konzept). In: ders.: Bauen und Gesellschaft. Schriften, Briefe, Projekte. Hrsg. von Lena Meyer-Bergner. Bearbeitet und mit Einführungen versehen von Klaus-Jürgen Winkler. Dresden 1980, S. 54–62, hier S. 57.

2 Ebenda.

3 Paul Klee: exakte versuche im bereich der kunst. In: bauhaus. zeitschrift für gestaltung. 2 (1928), H. 2/3, S. 17.

4 Interview mit Livia Klee-Meyer. In: Neue Meisterhäuser in Dessau, 1925–2014. Debatten. Positionen. Kontexte. Hrsg. von der Stiftung Bauhaus Dessau. Leipzig 2017, S. 157–159, hier S. 158.

5 Siehe dazu die Beiträge von Peter Bernhard und Regina Bittner in diesem Band.

6 DER FALL HANNES MEYER. In: bauhaus. sprachrohr der studierenden. 1 (1930), H. 3, ohne Seitenzählung [S. 2–4, hier S. 2].

7 Siehe Simone Hain: Karel Teige: Typografie, Propaganda, Poesie, Architektur. In: Hannes Meyers neue Bauhauslehre. Von Dessau nach Mexiko. Hrsg. von Philipp Oswalt. Basel 2019, S. 349–362.

8 Ernst Kállai: Das Bauen und die Kunst. In: Der Kunstnarr. 1 (1929), H. 1, S. 2–16, hier S. 2–4.

9 Ernst Kállai: bescheidene malerei. In: bauhaus. zeitschrift für gestaltung. 2 (1928), H. 4, S. 1 f., hier S. 1.

10 Ernst Kállai: Zehn Jahre Bauhaus. In: Die Weltbühne. Wochenschrift für Politik, Kunst, Wirtschaft. 26 (1930), 1. Halbjahr, H. 4, S. 135–139, hier S. 139.

11 Ernst Kállai: Konstruktivismus. In: Jahrbuch der jungen Kunst 1924. Leipzig, 1924, S. 374–384, zit. nach ders.: Vision und Formgesetz. Aufsätze über Kunst und Künstler von 1921 bis 1933. Hrsg. und mit einem Nachwort versehen von Tanja Frank. Leipzig, Weimar 1986, S. 73.

12 e. k. [Ernst Kállai]: goldene ketten – eiserne ketten. In: bauhaus. vierteljahr-zeitschrift für gestaltung. 3 (1929), H. 1, S. 14.

13 Ebenda (Hervorhebung im Original).

14 e. k. [Ernst Kállai]: die welt ist schön. In: bauhaus. vierteljahr-zeitschrift für gestaltung. 3 (1929), H. 2, S. 27.

15 Fritz Kuhr: ist die welt nur schön? (noch eine rengerkritik). In: bauhaus. vierteljahr-zeitschrift für gestaltung. 3 (1929), H. 2, S. 28 (Hervorhebung im Original).

16 Ebenda.

17 e. k. [Ernst Kállai]: vorschlag zur güte. In: bauhaus. vierteljahr-zeitschrift für gestaltung. 3 (1929), H. 2, S. 28 (Hervorhebung im Original).

18 Siehe zum Beispiel das Gemälde Mensch und Umwelt, 1931, Stiftung Bauhaus Dessau, Sammlung, Inv.-Nr. I 69 G.

19 Siehe Tempo, Tempo! Bauhaus-Photomontagen von Marianne Brandt. Hrsg. von Elizabeth Otto. Berlin 2005.

20 T. Lux Feininger war der zweitgeborene Sohn von Lyonel und Julia Feininger. Er studierte von 1926 bis 1929 am Bauhaus Dessau. Hermann Röseler studierte mit Unterbrechungen von 1924 bis 1931 am Bauhaus in Weimar und Dessau.

21 die ausstellung LUX → röseler. in: bauhaus. organ der kommunistischen studierenden am bauhaus. monatsschrift für alle bauhausfragen. 1 (1930), H. 2, ohne Seitenzählung [S. 4 f., hier S. 4].

22 Ebenda, [S. 4 f.].

23 Theodore Lux Feininger: Zwei Welten. Mein Künstlerleben zwischen Bauhaus und Amerika. Halle (Saale) 2006, S. 95.

24 die ausstellung LUX 1930 (wie Anm. 21), [S. 5].

25 Siehe den Ausstellungskatalog amédée OZENFANT. Verlag Karl Nierendorf. Berlin o. J. [1931], und die Einladungskarte des Kreises der Freunde des Bauhauses zu den Ausstellungen Hans Thiemann und Amédée Ozenfant, Dessau [Juli] 1931, Stiftung Bauhaus Dessau, Sammlung, Inv.-Nr. I 907 D.

26 Siehe [Amédée] Ozenfant: Mémoires. 1886–1962. Paris 1968, S. 205.

27 Amédée Ozenfant: mein besuch in der textilwerkstatt des bauhauses. In: bauhaus. zeitschrift für gestaltung. 4 (1931), H. 2, ohne Seitenzählung [S. 6].

28 amédée ozenfant. in: bauhaus. organ der kostufra. sprachrohr der studierenden. 2 (1931), H. 6, ohne Seitenzählung [S. 5 f., hier S. 5].

29 Ebenda.

30 Siehe Hans-Georg Gadamer: Werner Scholz. Recklinghausen 1968.

31 Protokoll der Beiratssitzung vom 23. November 1931, Stiftung Bauhaus Dessau, Sammlung, Inv.-Nr. I 8112 / 1–4 D, Blatt Nr. 1.

32 unapetitlich [sic]. In: bauhaus. sprachrohr der studierenden. organ der kostufra. 2 (1931), H. 8, ohne
Seitenzählung [S. 3 f., hier S. 3].

33 Carl Marx, *§ 218*, Stiftung Bauhaus Dessau, Sammlung, Inv.-Nr. I 25 G.

34 Siehe die Einladungskarte des Kreises der Freunde
des Bauhauses zur Ausstellung *mejschke bahelfer.
gemälde und aquarelle* und zu einem Vortrag von
Will Grohmann, [Januar] 1932, Stiftung Bauhaus
Dessau, Sammlung, Inv.-Nr. I 8192 D.

35 plakate. In: bauhaus. organ der kostufra. sprachrohr
der studierenden. 3 (1932), H. 10, ohne Seitenzählung [S. 4 f.].

36 Entschließung der Grundorganisation der SED am
Bauhaus Dessau, beim Ministerium für Bauwesen
der DDR von März oder April 1986, Stiftung Bauhaus Dessau, Sammlung, Inv.-Nr. SBD EA 208.

37 Ebenda.

38 Siehe Wolfgang Thöner: Staatsdoktrin oder Regime-
kritik. Die Bauhaus-Rezeption in der DDR 1963–
1990. In: Bauhaus Streit. 1919–2009. Kontroversen und Kontrahenten. Hrsg. von Philipp Oswalt.
Ostfildern 2009, S. 232–248, hier S. 241–243.

39 Ausstellung *Selman Selmanagić – Bauhäusler,
Architekt, Hochschullehrer* der Kunsthochschule
Berlin-Weißensee mit dem WKZ Bauhaus Dessau im
Bauhaus-Gebäude, 9. Mai bis 29. Juni 1986.

40 Siehe Katharina Schwirkus: Der Erfinder der Antifa.
Auf den Spuren des Bauhaus-Grafikers Max Geb-
hard. In: Neues Deutschland. 13. Dezember 2019.
Maximilian Sauerbier und Sebastian Helm (als Stu-
dio Schroeter & Berger) nennen Max Gebhard und
Max Keilson als Autoren. Siehe Schroeter & Berger:
Max Gebhard. Bauhaus-Konzepte und Antifaschis-
tische Aktion. In: 100 Jahre Bauhaus. Vielfalt, Kon-
flikt und Wirkung. Hrsg. von Bernd Hüttner und
Georg Leidenberger. Berlin 2019, S. 23–37, hier
S. 33 f.

Die Architekturdebatte in der Zeitschrift *bauhaus* der Kostufra

Magdalena Droste

Die Kommunistische Studentenfraktion am Bauhaus, kurz Kostufra, gab zwischen 1930 und 1932 mindestens 16 hektografierte Nummern ihrer Zeitschrift *bauhaus* heraus. Beiträge zu den Themen Architektur, Wohnen und Städtebau finden sich – anders als erwartet werden könnte – nur in wenigen der Hefte. Die anonymen Autoren lehnten die Bauten und Entwürfe von Ludwig Mies van der Rohe, Le Corbusier und Walter Gropius ebenso ab wie den herkömmlichen Mietshausbau. Positive Gegenbilder waren für sie Wohnungstypen und der Städtebau in der UdSSR. Im Folgenden wird gezeigt, dass die Kostufra die Architekturdebatte hauptsächlich für ihre KPD-Agitation nutzbar machte. Die Debatte war aber auch Anregung und Resonanzboden für ein studentisches Kollektiv, das 1931/1932 unter der Leitung von Ludwig Hilberseimer, dem Lehrer für Städtebau, das radikal linke Siedlungsprojekt Fichtenbreite in Dessau plante. Die ideologische Basis der Argumentation in der Zeitschrift der Kostufra bildete grundsätzlich die marxistische Geschichtstheorie, nach der die Geschichte einem gesetzmäßigen Ablauf folge. Diese Gesetzmäßigkeiten erlaubten ihren Anhängern daher eine konkrete Zukunftsperspektive. Die Geschichte wurde als Klassenkampf zwischen besitzenden Kapitalisten und Besitzlosen – der Arbeiterklasse oder dem Proletariat – interpretiert; die zwischen ihnen stattfindenden Klassenkämpfe würden in den Sieg des Proletariats und eine gerechte und klassenlose Gesellschaft münden. In der UdSSR sei dieser Sieg nach der Revolution 1917 schon eingetreten. Der wichtigste Begriff zur Kennzeichnung der vom Kapital ausgehenden Unterdrückungstendenzen war „Faschismus". Als besonderer Feind galt zudem die SPD, sie war regelmäßiges Ziel von Angriffen der KPD und der Kostufra. Die hier gepflegten Feindbilder – Kapitalismus, Faschismus, SPD – durchziehen auch die Beiträge in der Zeitschrift der Kostufra am Bauhaus. Die Autoren folgten damit der sogenannten Sozialfaschismusthese.[1]

Die Verpflichtung auf das Vorbild der siegreichen UdSSR wurde in Deutschland hauptsächlich von der straff organisierten KPD vertreten. Da *bauhaus* das Sprachrohr der Studierendenorganisation der KPD war, wurde von den Mitgliedern engagiertes Eintreten für den Klassenkampf erwartet. In den Texten hatte somit immer die Agitation für die KPD Vorrang. Bereits der erste Hinweis auf architektonische und städtebauliche Planungsfragen war mit der UdSSR verbunden und erschien in der zweiten Ausgabe. Die Redaktion, für die Heinz Allner namentlich genannt wird, rief dazu auf, „berichte über den aufbau in der u.d.s.s.r." und über Probleme „der marxistischen gestaltungsforschung" beizutragen.[2] Heinz (Walter) Allner, Student der Reklame und Typografie und zu dieser Zeit beurlaubt, zeichnete nur für diese Ausgabe als Redakteur verantwortlich.[3] Schon in der nächsten Nummer erschienen mehrere Grundsatzartikel zu architektonischen Fragen.

Der Amtsantritt des neuen Direktors Ludwig Mies van der Rohe Anfang August 1930 bot einen der ersten Anlässe zur Kritik in Heft 3. Der Artikel „DER NEUE DIREKTOR! – DER NEUE KURS?" galt ihm. Mies hatte in der Werkbundzeitschrift *Die Form* geschrieben, dass es beim Bauen nur auf das „Wie" ankomme, nicht auf das „Was". Sofort stellten die Studenten „villa" und „volkswohnung" gegenüber und verlangten darüber Diskussionen. Selbstverständlich stand für sie das „Was" an erster Stelle.[4] Es folgte ein zweiseitiger programmatischer Artikel „ARCHITEKTUR – SOZIOLOGIE ODER KLASSENKAMPF". Jenseits der ideologischen Argumentationen eignete sich dieser Text dazu, Feindbilder aus dem Bereich der Architektur zu benennen. Seine theoretische Basis ist die sogenannte marxistische Widerspiegelungstheorie. Ihr zufolge spiegelt sich in den kulturellen Manifestationen – wie zum Beispiel der Architektur – der jeweilige ökonomisch-politische Zustand. Von dieser Voraussetzung aus begründeten die Autoren ihre Positionen. Ihre Ablehnung galt den Ansätzen von Le Corbusier und Walter Gropius. An Le Corbusier richteten sie die Worte: „in wirklichkeit ist die wohnungsfrage ohne revolution nicht möglich zu lösen, weil sie selbst ein teil der revolution ist."[5] Die Studenten hatten auch den Beitrag von Gropius zur Ausstellung des Deutschen Werkbundes in Paris 1930 studiert, wo dieser kollektive Lebensformen in einem Wohnhochhaus exemplarisch realisiert hatte. Ihm antworteten sie, er diene nur einer „extravaganten kleinbürgerlichen lebenseinstellung". Er müsse „primär für den sozialisierten staat" kämpfen.[6] Sehr ähnliche Argumentationen finden wir dann in Heft 5, in dem drei grundsätzliche Artikel erschienen, die auch Aussagen zur Architektur enthalten. Der erste Text unter dem Titel „objektiv – mit welchem recht?!" rechtfertigt die Pflicht, den sogenannten Klassenstandpunkt einzunehmen. Zu vermitteln sei die Einsicht: „objektivität heisst faschismus."[7] Diese Ablehnung von Objektivität, die in mehreren Artikeln auftaucht, richtet sich gegen die Aussagen des Bauhaus-Dozenten Johannes Riedel, den linke Studenten bekämpften.[8] Gab es auch positive Ziele? Tatsächlich finden sich am Schluss des Textes einige kraftvolle Formulierungen aus spezifisch architektonischer Sicht: „die arbeiterklasse schafft eine neue gesellschaft [...]. die sozialistische gesellschaft fordert neue dimensionen, bestimmt andere grundrisse und andere aufrisse. der schon sichtbare kollektivismus [...] wird zu gewaltigen umwälzungen führen [...]. wir verweigern der herrschenden klasse den dienst, wir bauen für sie keine kirchen und villen [...]." Man wolle keine „mietszuchthäuser und mindestwohnungen [...]. wir bauen und schaffen für alle werktätigen, für die freie sozialistische gesellschaft."[9] Die in der Überschrift formulierte Frage nach der Objektivität wird eindeutig beantwortet: Objektivität wird abgelehnt, die Studierenden müssen Partei ergreifen.

Der nächste Text in dieser Ausgabe ist ein Rückblick auf die Zeit von 1919 bis 1931. Der erste Fehler des Bauhauses sei es 1919 gewesen, sich an der SPD zu orientieren: „die sozialdemokratie verfälschte den marxismus und griff zu reformen, das sich gründende bauhaus übersah den marxismus und revoltierte nur die form." Mit der Folge: „die wohnungsnot wurde nicht gelöst."[10] Die Zeit unter dem Direktorat Hannes Meyers wird nicht explizit bewertet. Nach Meyers Entlassung sei das Bauhaus richtungslos gewesen, vom Faschismus regiert. Nur das sozialistische System „kann dem bauhause einen neuen inhalt geben. [...] der kollektivismus, der die neue gesellschaft bedingt, wird den menschen vor überraschend neue aufgaben stellen. [...] dieses aber ist nur möglich mit der sozialen revolution."[11] Auch der Begriff „das rote bauhaus" fällt hier.

Der dritte Grundsatztext in Heft 5 behandelt „die sogenannte moderne architektur". Der Artikel enthält zahlreiche Wiederholungen aus Nummer 3 zum

Thema Klassenkampf. Die wichtigste Frage sei nicht, wie man baue, sondern für wen, denn die Wohnung sei ein sekundäres Mittel zur Ausbeutung. Da sich die Architekten nur mit Stil und Form beschäftigten, seien sie Werkzeuge der Ausbeuter. Es gebe systembedingt eine Zweiteilung: Entweder man baue Villen und Schlösser oder Mietshäuser und Arbeitersiedlungen. Erneut werden die Kollektivwohnungen von Gropius in Paris 1930 und Bauten von Le Corbusier erwähnt. Auch diese „linken" Entwürfe seien Teil des ausbeuterischen Kapitalismus. „wir müssen jedoch diese kollektivisierung [...] für die kommende sozialistische gesellschaft auszunutzen verstehen [...]." Nur eine solche Gesellschaft bringe „komfort, ökonomie und hygiene für alle".[12]

Der unbekannte Autor war wohl ein Städtebauer oder Architekt und vielleicht identisch mit dem Verfasser des Beitrags „ARCHITEKTUR – SOZIOLOGIE ODER KLASSENKAMPF"[13] in Heft 3, da in beiden Texten Projekte von Le Corbusier und Walter Gropius als Beispiele genannt werden. Die Erwähnung von La Sarraz, dem Gründungsort der CIAM, und die Nennung des CIRPAC[14] im Artikel „die sogenannte moderne architektur" lassen diese Annahme zu. Wie positionierte sich nun die Kostufra gegenüber dem entlassenen Hannes Meyer? Der größte Teil dieses Textes in Heft 3 galt ihm als einem Beispiel für einen bürgerlichen intellektuellen Architekten, „der sich aus seiner klasse herauskämpfen will".[15] Das war eine indirekte Kritik, weil Meyer kein KPD-Mitglied war, andererseits wohl als Anerkennung gemeint. Der Schluss des Artikels wird wieder grundsätzlich: Der moderne Architekt brauche „absolute harmonie" zwischen „seiner fachlichen arbeit und seiner revolutionären perspektive".[16] Es erfolgt keine differenzierte Argumentation, sondern eine Ablehnung von den politischen Doktrinen des Klassenkampfes aus.

In Heft 5 finden wir unter der Überschrift „briefe aus russland" die erste Spur der sogenannten Russlandfahrer aus dem Kreis der ehemaligen Bauhaus-Angehörigen.[17] Wir wissen wenig über die Verbindungen zwischen diesen, die zu unterschiedlichen Zeitpunkten in Moskau eintrafen, und den kommunistischen Studenten am Bauhaus in Dessau. Der Autor dieses Briefes war wohl Konrad Püschel.[18] Er schreibt: „die acht menschen aus dessau sind in giprowtus als stossbrigade eingesetzt."[19] Diese acht waren Hannes Meyer sowie René Mensch, Klaus Meumann, Konrad Püschel, Béla Scheffler, Philipp Tolziner,

Antonín Urban und Tibor Weiner. Püschel berichtete positiv über das Leben in der Gemeinschaftswohnung am Arbatplatz und die Arbeiten in der Brigade. Man entwickle Normen für Schulbauten, und das Arbeitstempo sei gewöhnungsbedürftig hoch.

Der Chronologie vorgreifend, seien noch weitere Thematisierungen Hannes Meyers dargestellt. Sie betreffen einen Vortrag Meyers am 14. Oktober 1931 in Leipzig, dessen Bauhaus-Ausstellung in Moskau im selben Jahr und deren Kritik. Nummer 7 der Kostufra-Zeitschrift referiert auf viereinhalb Seiten den Leipziger Vortrag, in dem Meyer ausführlich über die Lebensbedingungen in der Sowjetunion berichtete und sogar vom Urlaub seiner „Bauhaus-Brigade" erzählte. Der Architekt werde dort zum Spezialisten, „eingereiht in den produktionsprozess", der Betrieb sei das „zentrum unserer lebensexistenz" [20] Meyer erläuterte das völlig neu gestaltete Ausbildungssystem für Architekten, um dann die Planwirtschaft und die neue Kollektivität positiv zu schildern: „die wohnung ist eigentlich nichts als eine schlafszelle, denn der arbeiter bleibt auch meistens nach der arbeit noch im betrieb." Schließlich ging er über zu einzelnen städtebaulichen Planungen. Ein ungeheurer „enthusiasmus" durchdringe alles, die Jugend bestimme das Tempo. „in der udssr entsteht die kollektive architektur." [21] Später kritisierte Mies van der Rohe die Reise von Studierenden zu Meyers Vortrag nach Leipzig und verweigerte eine Reisekostenerstattung. [22]

Die Nummer 8 der Zeitschrift enthält die Übersetzung eines Beitrags des Architekten Arkadi Mordwinow aus der Zeitschrift *Sowjetskaja Architektura*, der anlässlich der Bauhaus-Ausstellung in Moskau veröffentlicht worden war. Diese Ausstellung hatte Hannes Meyer kuratiert. [23] Mordwinow teilt die Entwicklung der Hochschule in mehrere künstlerische Phasen ein. Walter Gropius sei der Vertreter eines formalen Konstruktivismus gewesen: „die schule walter gropius' ästetisiert [sic] die technik, die von hannes meyer entblöst [sic] die technik und bekämpft die ästetisierung [sic] derselben." Unter Gropius seien „luxusgegenstände" entstanden, Meyer arbeitete für den „massenbedarf". In Meyers Architektur gebe es einige wertvolle Elemente: die wissenschaftlich-analytische Herangehensweise, die Rationalisierung und Typisierung und schließlich die Abwicklung der Arbeitsprozesse durch

Gruppen oder Kollektive. Doch insgesamt – so lautet die Kritik – komme das künstlerische Moment zu kurz. Mordwinow hoffte, dass die in der Sowjetunion weilende Brigade dieses Defizit überwinden werde.[24] Diese Kritik wiederum kritisierte die Redaktion der Kostufra in ihrer Vorbemerkung.[25] Sie hoffte irrtümlicherweise, dass eine Änderung dieser Wertung eintreten würde: In Mordwinows Artikel deutete sich schon die beginnende Tendenz zu einer stalinistischen Ästhetik an, die die ornamentlose Moderne als „Formalismus" ablehnte.

Nummer 6 der Kostufra-Zeitschrift erschien vor Beginn der Sommerferien 1931. In Berlin fanden in diesem Sommer drei wichtige Ereignisse statt, die die Studierenden engagiert verfolgten. Da war zuerst die *Deutsche Bauausstellung*, deren Abteilung „Die Wohnung unserer Zeit" Ludwig Mies van der Rohe leitete. In einer der Hallen hatte er unter anderem ein Musterhaus errichtet. Gleichzeitig tagte in Berlin der CIRPAC zur Vorbereitung der nächsten CIAM-Tagung *Die funktionale Stadt*.[26] Hierüber berichtete die Kostufra in ihrer Zeitschrift allerdings nicht. Vielleicht hatten die Studierenden dort keinen Zutritt gehabt. Und schließlich war in Berlin die *Proletarische Bauausstellung* zu besichtigen, die als eine Art Gegenveranstaltung zur *Deutschen Bauausstellung* konzipiert war.

Das größte Interesse der Autoren galt dem prominenten Architekten und Städtebauer Ernst May, der seit etwa einem Jahr in der UdSSR als Stadtplaner arbeitete. Die Zeitschrift referierte seinen am 7. Juni in Berlin gehaltenen Vortrag. Es gehe darum, „stadtkomplexe" für nicht mehr als 150 000 Einwohner zu errichten. Da jeder Mensch „für die allgemeinheit nutzbar" gemacht werden müsse, baue man „ernährungskombinate", und die Erziehung werde von der Allgemeinheit geleistet – beides, um die Frauen zu entlasten. „die tendenz auf dem gebiete des wohnungsbaues geht von der individualistischen zur kollektivistischen behausung." Drei Wohnungstypen werden genannt: 1. Eigenwohnhäuser, die jedoch über gemeinsame Klubräume verfügen; 2. Kollektivwohnungen dergestalt, dass Speisung und Erziehung außerhalb der Elternwohnung stattfinden; 3. Kommunehäuser, deren Bewohner den größten Teil ihrer Zeit in Gemeinschaftshäusern verbringen. Dazu errichte man Kinderheime, Schulen, Sportplätze und Klubs.[27] Am Schluss des Artikels über Mays Referat fordern die Studenten, „dass in den höheren semestern ernste soziologische studien" durchzuführen seien.[28] Tatsächlich nahmen die Studenten diese Wohnungstypen und Wohnkonzepte schon im folgenden Semester auf.

Der Bericht über die *Proletarische Bauausstellung* erstaunt, weil er sich darauf beschränkt, die dort gezeigte Wohnungsnot zu beschreiben. Tatsächlich waren auch Beispiele für den neuen Städtebau der UdSSR zu sehen, an deren Ausstellung sogar der Bauhaus-Student Hubert Hoffmann mitgewirkt hatte.[29] Auch der Name des Architekten Arthur Korn fällt nicht; dieser war der Organisator der Ausstellung und begeistert von einer Reise in die UdSSR zurückgekehrt. Der Text enthält noch einige kleinere Seitenhiebe auf Mies van der Rohes Haus in der *Deutschen Bauausstellung* und hofft auf ein künftiges Bauen in einem „freien sozialistischen sowjetdeutschland".[30]

Großes Interesse galt auch dem Vortrag, den Kurt Meyer anlässlich der *Proletarischen Bauausstellung* hielt.[31] In dem Beitrag wurden die städtebaulichen Innovationen vorgestellt. Die sowjetische Planwirtschaft verfolge städtebauliche Lösungen, die der „russischen wirtschaftsform" entsprächen. Kurt Meyer, ehemaliger Kölner Stadtplaner, erläuterte, wie die Stadt „sozialistisch zu erweitern" sei. Da jeder seinen Arbeitsplatz zu Fuß erreichen solle, werde die Stadt in Rayons für je 300 000 Einwohner aufgeteilt. Jeder Rayon solle „in sich eine einheit bilden" und „arbeitsstädten, wohnungen, krankenhäuser, kultureinrichtungen enthalten. [...] die rayons werden durch sehr breite grünflächen voneinander getrennt sein. [...] so wird der tägliche massenverkehr aufhören, und die city absterben."[32] In der Schilderung der Rayons und der Stadtkomplexe stimmen die Beiträge von May und Meyer überein.

Mit der Nummer 9 der Kostufra-Zeitschrift endete die Veröffentlichung teils langer Artikel, die sich auf Stadtplanung und Architektur beziehen. Dies hatte vielleicht mit den Ereignissen am Bauhaus zu tun. Zum Semesterwechsel im Frühjahr 1932 gab es zahlreiche Relegationen und Ausweisungen kommunistischer und anderer linksorientierter Studenten. Aber eine Reihe von ihnen verließ die Hochschule auch mit einem Diplom oder arbeitete an einem solchen Studienabschluss.[33] In den Monaten zuvor hatten einige von ihnen eine Siedlung im sowjetischen Geist auf deutschem Boden zumindest planen können.

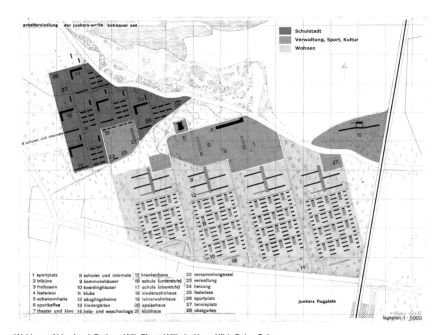

Waldemar Alder, Isaak Butkow, Wils Ebert, Wilhelm Hess, Hilde Reiss, Selman
Selmanagić und Jean Weinfeld, Arbeitersiedlung der Junkers-Werke, Dessau
(Projekt aus dem Unterricht bei Ludwig Hilberseimer). Lageplan, Zeichnung von
Wilhelm Hess, 1932. Variante mit nachträglicher farblicher Differenzierung

Die Forderung in Heft 6 der Kostufra-Zeitschrift, dass auch am Bauhaus im
Sinne von Ernst Mays sowjetischen Initiativen gearbeitet werden müsse, hatte
offenbar Resultate gezeigt. Unter Leitung von Ludwig Hilberseimer fanden
sich zum Wintersemester 1931/1932 sieben Studierende des fünften Semesters
zusammen, um in Dessau in der Nähe des Industriebetriebs Junkers eine Siedlung für dessen Arbeiter zu planen. Es handelte sich um die KPD-Mitglieder
Waldemar Alder, Isaak Butkow, Wilhelm Hess, Hilde Reiss, Selman Selmanagić
und Jean Weinfeld und den Sozialdemokraten Wils Ebert.[34] Sie hatten sich zu
einem Kollektiv zusammengeschlossen und damit die oft erhobene Forderung
nach gemeinschaftlichen Arbeitsformen umgesetzt.[35] Den Rahmen bildete das
im Semesterablauf vorgesehene Seminar „Urbanismus".[36]

Zwei Ideen waren offenbar entwurfsleitend: Zum einen die Idee der Kollektivität. Diese sah man in den Bauten eines Walter Gropius nur als Luxusversion umgesetzt – das Kollektiv hingegen plante für die Arbeiterschaft. Die zweite Idee war der Rayon oder der „Stadtkomplex", wie Ernst May und Kurt Meyer sie vorgestellt hatten. Als planerische Einheit wählte das Kollektiv ein Wohngebiet für 20 000 Einwohner mit Anbindung an den Arbeitsplatz in der Nähe der Flugzeugfabriken der Junkers-Werke. Es wurden nur Kollektivwohnungen geplant: vier je zwölfgeschossige Kommunehäuser und dreigeschossige Boardinghäuser. An die Kommunehäuser war je ein Säuglingsheim angeschlossen. Für die Kindererziehung wurden zudem Kindergärten und eine nördlich gelegene komplette Schulstadt mit Internaten und Lehrerwohnungen geplant. Für je drei Boardinghäuser stand ein Klubhaus für Essen und Freizeit bereit. Dazu gab es eine umfassende Infrastruktur mit Theater, Schwimmbad, Sportstätten und Krankenhaus. Das ganze Gebiet war durchgrünt. Eine Eisenbahn diente der Anbindung an die Arbeitsstätten und dem Transport. In der zeichnerischen Darstellung folgte der Entwurf der Handschrift der Hilberseimer'schen Städtebaulehre.

Bei dieser Planung konnten die Studierenden das so oft beschworene Engagement für einen Kommunismus sowjetischer Prägung umsetzen. Im Projekt Fichtenbreite für Dessau waren nur zwei der „sowjetischen" Wohnungstypen, die Ernst May vorgestellt hatte, vorgesehen. Wahrscheinlich war der dritte von May genannte Bautyp, der Flachbau, für eine weitere Dessauer Siedlung vorgesehen. Der Student Ernst Mittag, ebenfalls Mitglied der KPD, entwarf eine Siedlung für eingeschossige Flachbau- und zehngeschossige Hochbaukollektive.[37] Auch bei dieser Planung für die Mosigkauer Heide bei Dessau handelte es sich um einen kollektiven Rayon für 10 000 Bewohner. Wir kennen diesen Entwurf nur aus dem Plansatz für die Stadt Dessau, den vier ehemalige Bauhaus-Studierende – darunter zwei Mitglieder des Fichtenbreite-Kollektivs – 1933 beim CIAM-Kongress vorstellten.[38]

So durchdrangen sich in Dessau 1931/1932 die sowjetischen Utopien, über die die Kostufra informierte, mit den politischen Ambitionen junger Architekten und Planer, die Kollektivität, Industriepolitik und Wohnen vereinen wollten. Wir wissen fast nichts über personelle Kontinuitäten oder Verbindungen

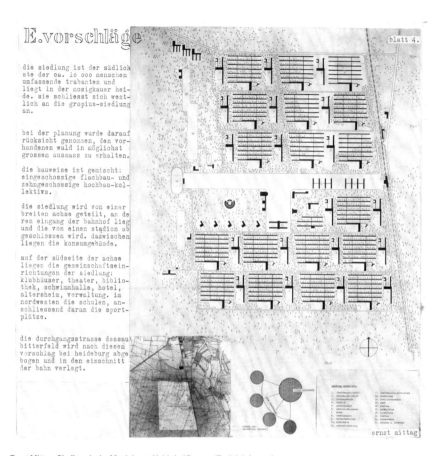

die siedlung ist der südlich
ste der ca. lo ooo menschen
umfassende trabanten und
liegt in der mosigkauer heide. sie schliesst sich west-
lich an die gropius-siedlung
an.

bei der planung wurde darauf
rücksicht genommen, den vorhandenen wald in möglichst
grossem ausmass zu erhalten.

die bauweise ist gemischt:
eingeschossige flachbau- und
zehngeschossige hochbau-kol-
lektivs.

die siedlung wird von einer
breiten achse geteilt, an de
ren eingang der bahnhof lieg
und die von einem stadion ab
geschlossen wird. dazwischen
liegen die konsumgebäude.

auf der südseite der achse
liegen die gemeinschaftseinrichtungen der siedlung:
klubhäuser, theater, biblio-
thek, schwimmhalle, hotel,
altersheim, verwaltung. im
nordwesten die schulen, an-
schliessend daran die sportplätze.

die durchgangsstrasse dessau
bitterfeld wird nach diesem
vorschlag bei heideburg abge
bogen und in den einschnitt
der bahn verlegt.

ernst mittag

Ernst Mittag, Siedlung in der Mosigkauer Heide bei Dessau (Projekt). Lageplan
aus dem Bericht der Arbeitsgruppe Dessau für die CIAM-Tagung 1933

zwischen der Kostufra-Zeitschrift und dem Fichtenbreite-Kollektiv. Waren
Mitglieder des Kollektivs auch als Autoren tätig? Selman Selmanagić beispielsweise war Mitglied der kommunistischen Zelle am Bauhaus und deren
letzter „politischer Leiter",[39] aber sein Deutsch war wohl nicht ausreichend,
um Beiträge für die Zeitschrift schreiben zu können.[40]
Ich schließe mit einem bildlichen Kommentar des Schriftstellers Ernst Kállai, der während des Direktorats von Hannes Meyer für die Redaktion der

Zeitschrift *bauhaus,* des Organs der Hochschule, verantwortlich war, aber das Bauhaus im Oktober 1929 verließ.[41] Kállai trat überdies gelegentlich als recht begabter Karikaturist in Erscheinung. Im Zirkular der Kostufra, das von 1930 bis 1932 unter demselben Titel wie die offizielle Zeitschrift des Bauhauses erschien, sind zwar einige wenige Karikaturen zu finden, deren Urheber nicht bekannt sind, Kállais Zeichnung wäre aber sicherlich nicht aufgenommen worden. Selbstzufrieden thront der Bauhaus-Student im Stahlrohrstuhl auf dem Schulgebäude und verkündet die Doktrin: „Gegen Individualismus! Für Kollektivismus!" Er sei „über der Welt", so Kállais Unterzeile. Der „blaue Dunst" allerdings steht als sprachliches Bild für Gedankenspiele. Und der peinliche Ort, aus dem der blaue Dunst entweicht, relativiert alle Forderungen als folgenlos und lächerlich. Diesen freundlich-bissigen Kommentar überließ Ernst Kállai dem von ihm geschätzten Kollegen Ludwig Hilberseimer, in dessen Nachlass er sich bis heute befindet.

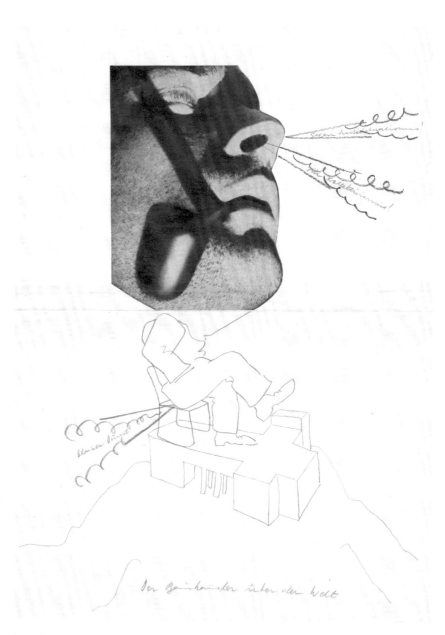

Ernst Kállai, *Der Bauhäusler über der Welt*, Collage, um 1929

Anmerkungen

Mit Dank an Anke Blümm, Sophia Hörmannsdorfer, Christa Kamleithner, Wolfgang Thöner, Paul Weber sowie Marie Anderson.

1 Siehe dazu auch den Beitrag von Marcel Bois in diesem Band.

2 genossen und freunde! In: bauhaus. organ der kommunistischen studierenden am bauhaus. monatsschrift für alle bauhausfragen. 1 (1930), H. 2, ohne Seitenzählung [S. 6].

3 Siehe „Allner, Walter", Datenbank der Forschungsstelle für Biografien ehemaliger Bauhaus-Angehöriger (BeBA), https://bauhaus.community/gnd/116287748 (abgerufen 21. Februar 2022).

4 DER NEUE DIREKTOR! – DER NEUE KURS? In: bauhaus. sprachrohr der studierenden. 1 (1930), H. 3, ohne Seitenzählung [S. 4–6]. Die Studenten hatten Mies van der Rohes Text einem Abdruck in der Frankfurter Zeitung entnommen.

5 ARCHITEKTUR – SOZIOLOGIE ODER KLASSENKAMPF. In: bauhaus. sprachrohr der studierenden. 1 (1930), H. 3, ohne Seitenzählung [S. 7 f., hier S. 8].

6 Ebenda.

7 objektiv – mit welchem recht?! In: bauhaus. sprachrohr der studierenden. organ der kostufra. 2 (1931), H. 5, ohne Seitenzählung [S. 2 f., hier S. 2].

8 Siehe dazu den Beitrag von Peter Bernhard in diesem Band.

9 objektiv – mit welchem recht?! 1931 (wie Anm. 7), [S. 2 f.].

10 1919–1931. In: bauhaus. sprachrohr der studierenden. organ der kostufra. 2 (1931), H. 5, ohne Seitenzählung [S. 3–5, hier S. 3 f.].

11 Ebenda, [S. 5].

12 die sogenannte moderne architektur. In: bauhaus. sprachrohr der studierenden. organ der kostufra. 2 (1931), H. 5, ohne Seitenzählung [S. 5–8, hier S. 7 f.].

13 ARCHITEKTUR – SOZIOLOGIE ODER KLASSENKAMPF 1930 (wie Anm. 5), [S. 7 f.].

14 CIAM: Congrès Internationaux d'Architecture Moderne. CIRPAC: Comité International pour la Réalisation du Problème d'Architecture Contemporaine. Auf den CIRPAC-Treffen wurden die Tagungen der CIAM vorbereitet.

15 ARCHITEKTUR – SOZIOLOGIE ODER KLASSENKAMPF 1930 (wie Anm. 5), [S. 8].

16 Ebenda.

17 Siehe dazu den Beitrag von Andreas Schätzke in diesem Band.

18 Der Autor erwähnt sein Diplomprojekt am Bauhaus. Siehe auch Konrad Püschel: Wege eines Bauhäuslers. Erinnerungen und Ansichten. Dessau 1996 (Bauhausminiaturen. Bd. 2), S. 48 f.

19 briefe aus russland. In: bauhaus. sprachrohr der studierenden. organ der kostufra. 2 (1931), H. 5, ohne Seitenzählung [S. 12–14, hier S. 12]. Giprowtus: Staatliches Institut für die Projektierung und den Bau höherer und mittlerer technischer Lehreinrichtungen.

20 vortrag hannes meyer in leipzig. In: bauhaus. sprachrohr der studierenden. organ der kostufra. 2 (1931), H. 7, ohne Seitenzählung [S. 8–12, hier S. 8].

21 Ebenda, S. 10 und 12.

22 Siehe: die antwort des direktors. In: bauhaus. organ der kostufra. sprachrohr der studierenden. 3 (1932), H. 9, ohne Seitenzählung [S. 3 f., hier S. 4].

23 Siehe dazu auch Tatiana Efrussi: Nach dem Ball. Die Bauhaus-Ausstellung in Moskau. In: Hannes Meyer und das Bauhaus. Im Streit der Deutungen. Hrsg. von Thomas Flierl und Philipp Oswalt. Leipzig 2018, S. 381–394.

24 [Arkadi] Mordwinow: „das bauhaus in dessau". In: bauhaus. sprachrohr der studierenden. organ der kostufra. 2 (1931), H. 8, ohne Seitenzählung [S. 13–16].

25 Siehe ebenda, [S. 13].

26 Siehe dazu: Außerordentliche Tagung des Internationalen Kongresses für neues Bauen (CIAM) in Berlin. In: Kollektiv für sozialistisches Bauen. Proletarische Bauausstellung. Redaktion: Jesko Fezer, Martin Hager, Christian Hiller, Alexandra Nehmer und Philipp Oswalt. Leipzig 2015, S. 161–165.

27 sozialistischer städtebau in der u.d.s.s.r. vortrag von ernst may. In: bauhaus. organ der kostufra. sprachrohr der studierenden. 2 (1931), H. 6, ohne Seitenzählung [S. 7 f.].

28 Ebenda, [S. 8].

29 Siehe Karin Wilhelm: Anmerkungen zur Rekonstruktion eines (Schein)Konflikts: Die *Proletarische Bauausstellung* und die *Deutsche Bauausstellung* in Berlin 1931. In: Fezer/Hager/Hiller/Nehmer/Oswalt 2015 (wie Anm. 26), S. 11–18, hier S. 14 f.

30 die proletarische bauausstellung. In: bauhaus. organ
    der kostufra. sprachrohr der studierenden. 2 (1931),
    H. 6, ohne Seitenzählung [S. 11].

31 Zu Kurt Meyer siehe Von Adenauer zu Stalin. Der
    Einfluss des traditionellen deutschen Städtebaus in
    der Sowjetunion um 1935. Hrsg. von Harald Boden-
    schatz und Thomas Flierl. Berlin 2016.

32 über den vortrag von stadtbaurat meyer, leiter des
    sozialistischen städtebaues moskau, gehalten anläs-
    sig [sic] der proletarischen bauausstellung. In: bau-
    haus. organ der kostufra. sprachrohr der studieren-
    den. 2 (1931), H. 6, ohne Seitenzählung [S. 12 f.,
    hier S. 12].

33 Siehe Bauhaus Berlin. Auflösung Dessau 1932.
    Schließung Berlin 1933. Bauhäusler und Drittes
    Reich. Eine Dokumentation, zusammengestellt vom
    Bauhaus-Archiv, Berlin. Hrsg. von Peter Hahn.
    Weingarten 1985, S. 47–62.

34 Siehe Selman Selmanagić: Entwurf einer Arbeiter-
    siedlung. In: Form + Zweck. 8 (1976), H. 6, S. 31 f.

35 Siehe Hans Maria Wingler: Junkers baut für seine
    Arbeiter. In: ders.: Museum. Bauhaus-Archiv Berlin.
    Museum für Gestaltung. Braunschweig 1979,
    S. 115 f.; Christian Wolsdorff: Wilhelm Jakob Hess,
    Cornelius van der Linden. Generalplan der Arbeiter-
    siedlung der Junkers-Werke, 1932. In: Bauhaus.
    Archiv, Museum. Sammlungs-Katalog. Hrsg. vom
    Bauhaus-Archiv, Museum für Gestaltung. Verant-
    wortlich: Hans M. Wingler. Berlin (West) 1981,
    Kat.-Nr. 384, S. 203 und 205; Der vorbildliche
    Architekt. Mies van der Rohes Architekturunterricht
    1930–1958 am Bauhaus und in Chicago. Hrsg. vom
    Bauhaus-Archiv, Mies van der Rohe Centennial Pro-
    ject. Berlin (West) 1986; Christian Wolsdorff: Wil-
    helm Jakob Hess, Selman Selmanagić. Arbeitersied-
    lung der Junkerswerke, Dessau 1932. In:
    Experiment Bauhaus. Das Bauhaus-Archiv, Berlin
    (West) zu Gast im Bauhaus Dessau. Hrsg. vom Bau-
    haus-Archiv, Museum für Gestaltung. Redaktion:
    Magdalena Droste und Jeannine Fiedler. Berlin
    (West) 1988, Kat.-Nr. 299, S. 340 f.; Klaus-Jürgen
    Winkler: Baulehre und Entwerfen am Bauhaus
    1919–1933. Weimar 2003, S. 119 f.; Eduard Führ:
    Bauhaus zum Wohnhaus. In: Bauhaustapete – neu
    aufgerollt. Hrsg. vom Museumsquartier der Stadt
    Osnabrück. Bramsche 2019, S. 187–201.

36 Siehe Aida Abadžić Hodžić: Selman Selmanagić und
    das Bauhaus. Berlin 2018, S. 86.

37 Nicht erwähnt wird das Projekt bei Etel Mittag-
    Fodor: Not an Unusual Life, for the Time and the
    Place. Ein Leben, nicht einmal ungewöhnlich für
    diese Zeit und diesen Ort. Berlin 2014 (Bauhäusler.
    Dokumente aus dem Bauhaus-Archiv Berlin. Bd. 3).
    Zu Mittag-Fodors Mitgliedschaft in der KPD siehe
    dort S. 125.

38 Siehe Kees Somer: The Functional City. The CIAM
    and Cornelis van Eesteren, 1928–1960. Rotterdam
    2007, S. 154–157; Atlas of the Functional City.
    CIAM 4 and Comparative Urban Analysis. Hrsg. von
    Evelien van Es, Gregor Harbusch u. a. Bussum 2014;
    Magdalena Droste: The Red Bauhaus and CIAM:
    Contexts of Ludwig Hilberseimer's Teaching in the
    Early 1930s. In: Architect of Letters. Reading Hil-
    berseimer. Hrsg. von Florian Strob. Basel 2022
    (Bauwelt Fundamente. Bd. 174) (in Vorbereitung).

39 Siehe Sonja Wüsten: Selman Selmanagić. Biografi-
    sches. In: Selman Selmanagić. Festgabe zum 80.
    Geburtstag am 25. April 1985. Hrsg. von der Kunst-
    hochschule Berlin. Berlin (Ost) 1985, S. 19.

40 Zu Selmanagić' Deutschkenntnissen siehe Abadžić
    Hodžić 2018 (wie Anm. 36), S. 70, zur Mitglied-
    schaft in der KPD und der Kostufra am Bauhaus
    ebenda, S. 74 f.

41 Siehe Monika Wucher: Irritation – Konfusion – Kon-
    frontation. Bauhaus-Kritik von innen: Ernst Kállai. In:
    100 Jahre Bauhaus. Vielfalt, Konflikt und Wirkung.
    Hrsg. von Bernd Hüttner und Georg Leidenberger.
    Berlin 2019, S. 151–164.

„objektivität heisst faschismus".
Kostufra, Marxismus, Wissenschaft

Peter Bernhard

Die Kostufra teilte die Doktrin des orthodoxen Marxismus, wonach Ästhetik, Politik und Wissenschaft eine untrennbare Einheit bilden. Auf dieser Basis verkündete sie: „das ästhetische programm, das wir revolutionäre marxisten heute haben [...], hat eine bestimmte funktion in der heutigen situation des klassenkampfes", welche abzuleiten sei aus der „analyse [...] der klassenlage der heutigen gesellschaft".[1] Gestaltungsfragen im Kleinen – die Entwürfe von Möbeln, Tapeten, Häusern usw. – seien daher in Beziehung zu setzen zu den Gestaltungsfragen im Großen, also zu den Fragen nach der anzustrebenden Gesellschafts- und Wirtschaftsordnung. In unmittelbarer Folge forderte die Kostufra eine zweifache Ausrichtung des Bauhaus-Curriculums: Einerseits sei eine fundierte Fachausbildung durch die hauptamtlichen Lehrkräfte zu gewährleisten, andererseits seien „die verschiedensten gastlehrer", das heißt „wissenschaftler aller strömungen [...], philosophen, ärzte, sozialhygieniker, psychologen usw." heranzuziehen, um „in aktuellen kulturfragen aufklärung"[2] zu geben. Ein solcher „zweiter Lehrkörper", der während der gesamten Zeit des Bauhauses in unterschiedlichem Maße bestand,[3] entwickelte sich „in den so widerspruchsvollen dreißiger Jahren"[4] nicht zuletzt aufgrund der Präsenz der Kostufra zu derjenigen Bauhaus-Institution, in der die „Meinungen in schärfster Form aufeinanderprallten".[5] Dabei gerieten weltanschauliche Fragen, und damit auch die Frage nach dem Verständnis von Wissenschaft, immer stärker in den Fokus. Diese Auseinandersetzungen fanden auch in der Kostufra-Zeitschrift ihren Niederschlag.

Die „unvergeßlichen Vorträge des Genossen Professor Hermann Duncker"[6]

Die Position der Kostufra wurde am Bauhaus auch von einigen Gastdozenten vertreten.[7] Der prominenteste unter ihnen war zweifellos Hermann Duncker. 1874 in Hamburg geboren und mit 19 Jahren der SPD beigetreten, unterrichtete der Kaufmannssohn bereits während seines Studiums der Philosophie, Geschichte und Nationalökonomie im Leipziger Arbeiterbildungsverein, um 1912 dann Lehrer an der zentralen sozialdemokratischen Parteischule zu werden.[8] Während des Ersten Weltkriegs gehörte Duncker dem Spartakusbund an und war am 1. Januar 1919 Gründungsmitglied der KPD. Auch hier betätigte er sich andragogisch: Nach zwei Jahren als „Wanderlehrer" (eine offizielle Parteifunktion) übernahm er 1922 in der Berliner KPD-Zentrale die Abteilung für Bildung und Propaganda. Im darauffolgenden Jahr begann er mit der Herausgabe der *Elementarbücher des Kommunismus*, auszugsweisen Zusammenstellungen der Klassiker Marx, Engels und Lenin, von ihm eingeleitet und kommentiert. Besonders breitenwirksam gestalteten sich Dunckers Kurse an der 1926 gegründeten Marxistischen Arbeiterschule (MASCH), die auch von SPD-Mitgliedern, Gewerkschaftlern und unorganisierten Interessenten besucht wurde – mehrere hundert Zuhörer waren keine Seltenheit.[9] Auch die Kostufra empfahl den Besuch der MASCH, sobald das Bauhaus nach Berlin umgezogen war;[10] man hatte wohl vor allem diese Einrichtung vor Augen, als man erklärte, dass „die neue proletarische kultur [...] nicht soldaten und feldherrn der revolution verwirklichen [...] [würden], sondern die ganz neuen, ganz jungen, die jetzt in den stickigen auditorien der arbeiterfakultäten sitzen".[11] Im Januar 1930 referierte auch Hannes Meyer dort, im Rahmen des Kurses „Gegenwartsfragen der Architektur" (in welchem auch Ludwig Hilberseimer, Walter Gropius und Ludwig Mies van der Rohe sprachen).[12] Es steht zu vermuten, dass bei dieser Gelegenheit Dunckers Vortragskurs am Bauhaus vereinbart wurde.[13] Er sprach dann dort am 1. April über „Philosophische Grundlagen des Marxismus", am 2. April über „Materialistische Geschichtsauffassung" und am 3. April über „Die Aufgabe des Intellektuellen in der heutigen Zeit".

Der Auftritt eines KPD-Funktionärs am Bauhaus war freilich heikel. So kann es nicht verwundern, dass man Duncker offensichtlich – obwohl sich an seine Referate „lebhafte Diskussionen anschlossen, die oft bis in die Nacht hinein dauerten"[14] – keine Übernachtungsmöglichkeit wie anderen Gastdozenten anbot, sodass er „zu jedem Vortrag speziell aus Berlin"[15] anreisen musste, wie sich Philipp Tolziner später erinnerte. Dessen Bemerkung, es sei „bezeichnend, daß in der offiziellen Zeitschrift des Instituts, im *bauhaus*, in der alle Gastvorlesungen und Vorträge angekündigt wurden, sich keine einzige Mitteilung über die Vorträge Dunkers [sic] befand",[16] ist allerdings irreführend, da die Zeitschrift in diesem Jahr gar nicht erschien (was sicher der entscheidende Grund dafür war, dass die Kostufra ihr Zirkular unter Übernahme von Titel und Cover-Gestaltung der offiziellen Zeitschrift in Umlauf brachte). Richtig – und von der Kostufra kritisiert – ist, dass Duncker in der 1931 von der Schule herausgegebenen Informationsbroschüre *Bauhaus Dessau* nicht unter den Gastdozenten genannt wurde (wobei die dort gegebene Liste keinen Anspruch auf Vollständigkeit erhebt).[17] Vor diesem Hintergrund überrascht, dass Meyer in seiner Stellungnahme zu dem Rechtsstreit um seine Entlassung als Bauhaus-Direktor – wo es ja um den Vorwurf ging, er habe „einer zunehmenden Politisierung des Bauhauses und des Abgleitens in das parteikommunistische Fahrwasser"[18] untätig zugesehen[19] – Dunckers Vorlesungsreihe in einer Liste von ihm organisierter Gastvorträge anführt, während er diesbezüglich unverfänglichere Kurse wie die der Wiener-Kreis-Mitglieder Herbert Feigl und Rudolf Carnap nicht nennt.[20]

Zu Dunckers Bauhaus-Vorträgen sind keine Manuskripte oder Mitschriften überliefert, aber ihr Inhalt lässt sich mit einiger Sicherheit anhand seiner gleichzeitig verfassten Texte wiedergeben. So hatte er in einer Zusammenfassung der „Welt- und Geschichtsauffassung des Marxismus" erklärt: Der Marxismus „ist *Materialismus,* d.h. eine Weltanschauung, die alle Vorstellungen von übernatürlichen Kräften und Ursachen (‚idealistische Schrullen') radikal ablehnt. [...] Daraus ergibt sich: das materielle Sein (‚Natur') *bedingt* alles Geistige; [...] [das heißt:] Die *Ideen* (das ‚Geistige') erscheinen individuell zu entspringen, aber das *Individuum* ist gesellschaftlich bedingt, und die *Gesellschaft* ist wirtschaftlich fundiert."[21] Daraus folge eine unauflösliche

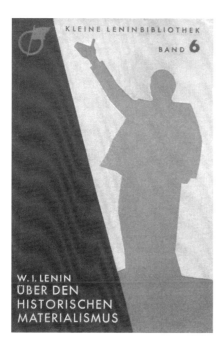

Kleine Leninbibliothek,
Band 6, Wien und Berlin
1931. Umschlaggestaltung
von ko-prop (Max Gebhard
und Albert Mentzel)

Verschränkung von Theorie und Praxis, die den Marxismus zu einer unmittelbar handlungsanleitenden Weltanschauung mache: „ohne revolutionäre Bewegung keine revolutionäre Theorie! Und das heißt, auf den einzelnen angewandt, du kannst dir den Marxismus nicht ausschließlich durch wissenschaftliches Studium, Bücher und schulmäßige Unterweisung zu eigen machen, du mußt auch mit beiden Füßen in die Praxis der marxistischen Bewegung hineinspringen.“[22] Solche Worte fanden Widerhall im Sprachrohr der Kostufra, wo man betonte, dass „jede theorie, jede arbeit erst seinen sinn bekommt durch die beziehung auf uns“.[23]

Einher mit dieser Position ging die Ablehnung einer Wertneutralität der Wissenschaft. In der von Duncker herausgegebenen Reihe *Kleine Leninbibliothek,* deren Einband von der aus dem Kostufra-Mitglied Albert Mentzel[24] und dem Ex-Bauhäusler Max Gebhard bestehenden Arbeitsgemeinschaft „ko-prop“[25] (für „Kollektiv Propaganda“) gestaltet wurde,[26] konnte man dazu lesen: „Die gesamte offizielle und die liberale Wissenschaft verteidigen, jede auf ihre Art, die Lohnsklaverei; der Marxismus aber hat dieser Sklaverei den unversöhnlichen Krieg erklärt. In einer Gesellschaft der Lohnsklaverei eine unparteiische Wissenschaft zu erwarten – wäre eine ebenso törichte Naivität, wie etwa von den Fabrikanten Unparteilichkeit zu erwarten in der Frage, ob man nicht den Lohn der Arbeiter erhöhen soll, indem man den Profit des Kapitals herabsetzt."[27] Auch das stieß bei der Kostufra auf volle Zustimmung; auch für sie galt: „zur zeit des zusammenbruchs der bürgerlichen gesellschaft kann die bürgerliche wissenschaft nicht mehr zu uns sprechen. heute spricht überzeugender als je der revolutionäre marxismus, die wissenschaft und erkenntnis des revolutionären proletariats"[28], ja mehr noch: „heute objektiv zu sein [...] ist ein unsinn, [...] denn diese heiss propagierte objektivität heisst faschismus".[29] Entsprechend hart musste man mit einem anderen Gastredner ins Gericht gehen, der diese Position verwarf und dabei für sich in Anspruch nahm, den einzig möglichen wissenschaftlichen Marxismus zu vertreten.

„dieser mann will den marxismus unschädlich machen"

Otto Neurath ist ein gutes Beispiel für die bedeutende Rolle, welche die Gastredner am Bauhaus mitunter spielten. So findet sich sein Name in den Wiedereröffnungsplänen der Schule nach 1945,[30] und ehemalige Studenten bezeichneten sich rückblickend als „Schüler Neuraths am Bauhaus".[31] Auch Hannes Meyer betonte retrospektiv dessen Wichtigkeit für das Curriculum der Schule;[32] er selbst soll vor allem durch ihn zu einer weitgehend „materialistisch-empirischen Grundeinstellung"[33] gekommen sein. In besonderem Maße beeinflusste Neurath das Bauhaus mit der von ihm entwickelten „Wiener Methode der Bildstatistik". Dabei handelt es sich um eine auf Piktogrammen basierende Darstellungsweise sozioökonomischer Zusammenhänge, die er mit dem Grafiker Gerd Arntz zu einer idealen Symbiose von konstruktivistischer Kunst und Instruktionsdesign perfektionierte.[34] Da Neurath zudem Statistik, die sich per se mit größeren Gruppen befasst, als dasjenige Verfahren ansah, das sich am besten eignet, die Belange des Proletariats darzustellen (statt des Bürgertums, wo das Individuum im Zentrum steht),

Kulturwille, Titelseite der Ausgabe 9, September 1927

forcierte er die Indienstnahme seiner Bildstatistik durch die Arbeiterbewegung.[35] Vor diesem Hintergrund kann es nicht überraschen, dass diese sozialkritische Aufklärungsmethode in neusachlicher Ikonografie auch am Bauhaus Anklang fand, als Neurath sie dort im Mai 1929 vorstellte. So übernahm sie Joost Schmidt für seinen Unterricht in der Reklameabteilung und infolgedessen kam sie bei verschiedenen Auftragsarbeiten des Bauhauses zur Anwendung.[36]

Ein Jahr später sollte Neurath wieder am Bauhaus referieren, diesmal aber zu einem anderen Thema. Am 15. April 1930 schrieb er an Meyer: „ich bin zwischen 18. und 19. Mai und vielleicht noch ein paar Tage in Dresden zur Eröffnung der internationalen Hygiene-Ausstellung. Ich käme gerne zu einem Vortrag nach Dessau, nach dem 18., eventuell auch auf zwei oder gar drei Tage. Ich habe eben mein Buch über den ‚Wissenschaftlichen Gehalt der Geschichte und Nationalökonomie' fertiggestellt. Da Carnap und Feigl über alles Grundlegende herrliche Dinge gesagt haben, möchte ich über Geschichte und Wirtschaft, über Voraussage und Tat sprechen."[37] Für die Kostufra konnte diese Ankündigung nichts Gutes verheißen, hatten doch Neuraths

Wiener-Kreis-Kollegen aus ihrer Sicht alles andere als „herrliche Dinge" am Bauhaus verkündet.[38] So erklärte Carnap unter der Überschrift „Wissenschaft und Leben" gleich am ersten Abend seiner einwöchigen Vorlesungsreihe im Oktober 1929: „Wir müssen unterscheiden zwischen Tatsachen und Werten: das, was ist, und das, was ich möchte, wünsche, fordere (Wollen und Sollen) […]. Die Wertung selbst kann nicht von theoreti[scher] Erk[enntnis] gefunden werden, denn sie ist nicht Erfassung einer Tatsache, sondern *persönliche Einstellung*. […] Der entschiedene Kapitalismus ist konsequent […] und der Sozialismus ist konsequent; das theoretische Denken (Wissenschaft ist stets nur theoret[isches] Denken!) kann zwischen beiden nicht unterscheiden".[39] Diese Darlegung führte freilich zu einer „lebhaften Diskussion";[40] so notierte Carnap gleich am nächsten Tag in sein Tagebuch: mit „Arndt und Frau und dem Maler Fritz Kuhr im Atelier diskutiert. Sie knüpfen an meine Unterscheidung: ‚Tatsachen – Werturteile' an und erzählen von den beiden Parteien am Bauhaus."[41] Zu einer dieser Parteien gehörten die kommunistischen Studenten, die Carnaps These vehement ablehnten. Wie „man denn in diesem Rahmen soziale, politische oder ästhetische Sachverhalte unterbringen"[42] können sollte, fragte am Vortragsabend etwa Werner Taesler, der kurz darauf das Bauhaus verließ, um sich zunächst in Berlin mit einigen Kostufra-Leuten an der *Proletarischen Bauausstellung* zu beteiligen[43] und im folgenden Jahr als Mitarbeiter Ernst Mays in die Sowjetunion ging.[44]

Neuraths Vorträge, die er wie vorgeschlagen im Mai 1930 hielt und sicher aus Auszügen seines gerade vollendeten Buchmanuskripts bestanden, mussten von der Kostufra noch schlechter als diejenigen Carnaps aufgenommen werden, da er das vorgestellte Ideal wertfreier Wissenschaft auf den Marxismus ausweitete, indem er diesen als „Soziologie auf materialistischer Basis" bestimmte und dazu mit Überschwang erklärte: „Marxismus als […] Soziologie auf materialistischer Basis ist offenbar die siegreiche Form wissenschaftlicher Soziologie."[45] Damit sei ausgemacht, dass ein solcher Marxismus „den Boden wissenschaftlicher Aussagen verlassen [würde], wenn er irgendwie innerhalb der gedanklichen Ableitungen mit einem ‚Sollen' operieren wollte." Das bedeute: „Man kann nur ‚moralisch' *sein* oder über solches Verhalten *Aussagen* machen, aber man kann nicht Aussagen legitim formulieren, innerhalb

deren die Moralität selbst vorkommt."[46] Gerade noch mit der *Internationalen Hygiene-Ausstellung* in Dresden befasst (an der das von ihm geleitete Wiener Gesellschafts- und Wirtschaftsmuseum beteiligt war),[47] war er um entsprechende Veranschaulichungen nicht verlegen: „In der hygienischen Literatur trifft man oft Befehle an: ‚Du musst dich impfen lassen, denn Du bist nicht nur für Deine, sondern auch für des anderen Gesundheit verantwortlich.' Aber man kann daraus ohne viel Mühe im Sinne streng wissenschaftlichen Betriebs umformen: ‚Wo sich Menschen nicht impfen lassen, bekommt jeder leichter die Pocken, und wenn einer sie hat, können sie die anderen von ihm bekommen. Pocken erzeugen Missbehagen, Verkürzung des Lebens, haben Verunstaltungen zur Folge.' Dass im vorwissenschaftlichen Zustand einer Disziplin Befehle auftreten, darf uns nicht irre machen, *solange diese Befehle nicht in den Betrieb der Disziplin einbezogen werden!*"[48] Diese Ausführungen stießen bei der Kostufra auf heftige Widerrede; in ihrer Zeitschrift erklärte sie: „dieser mann will den marxismus unschädlich machen, indem er ihn zergliedert auf wissenschaft und politik [...]. der marxismus lehnt es ab, dass sich die wissenschaft verhält wie ein arzt, der zwar bei seinen patienten die tuberkulose feststellt, ihn [sic] aber im übrigen seinem schicksal überlässt."[49] Ebenso wenig konnte man in der Kostufra mit Neuraths geistigen Verbindungslinien zum Empiriokritizismus Ernst Machs[50] einverstanden sein. Die Kritik war hier vorgegeben von Lenins Abhandlung *Materialismus und Empiriokritizismus*, die in Reaktion auf die Schrift *Empiriomonism* des Proletkult-Gründers Alexander Bogdanow verfasst wurde, um damit alle Spielarten des Empiriokritizismus als reaktionär zu verwerfen. Bereits 1909 in russischer Sprache publiziert, erschien sie erst 1927 in deutscher Übersetzung und wurde seither von linken Wissenschaftlern und Intellektuellen rezipiert.[51] Auch Duncker lobte das „so umfangreiche Werk ‚Materialismus und Empiriokritizismus' [...] als eine leidenschaftliche Apologie des ‚philosophischen Marxismus'".[52] Neurath hatte sich damit ebenfalls befasst, mit dem Ergebnis, in dem „umfangreichen Kampfbuch [...] gegen den Empiriokritizismus" ein Werk zu sehen, das „Mach durchaus nicht gerecht wird!"[53] Damit sei „Lenin ein Beispiel dafür, wie man als Marxist Vertretern wissenschaftlicher Weltauffassung nicht gerecht wird".[54] Für die Kostufra dagegen war ausgemacht, dass Neurath in der „fein gesponnen[en] art des verräterischen sozial-reformismus [...] den marxismus mit kant und mach vereinbaren" wolle.[55] Dabei kann das von Neurath so begriffene „Missverständnis [...], [das] Lenin gegen Mach und seine Richtung eröffnet hat[te]",[56] höchstens am Rande Inhalt von dessen Vorträgen gewesen sein und Meyer zudem schlecht über die Position des Wiener Kreises informiert. Andernfalls wäre seine Bemerkung nicht zu erklären, ausgerechnet Carnap, Feigl und Neurath (alle Mitglieder des Vereins Ernst Mach)[57] ans Bauhaus eingeladen zu haben, „to fight against Empiriocriticism, like Lenin did in his great philosophical work".[58] Explizit auf Lenins Missverständnis hingewiesen hatte am Bauhaus das Wiener-Kreis-Mitglied Philipp Frank, der zwar noch von Meyer eingeladen wurde, aber erst nach dessen Entlassung in Dessau sprach.[59]

Fazit

Mit ihrer Zeitschrift dokumentierte die Kostufra auch am Bauhaus stattfindende Diskussionen über zentrale Themen der Zeit. Da diese Auseinandersetzungen vielfach von Gastdozenten angeregt beziehungsweise forciert wurden, erweist sich die Avantgardeschule hier einmal mehr als Schnittpunkt maßgeblicher ideengeschichtlicher Strömungen der Moderne.[60] So können die im Frühjahr 1930 gehaltenen Vorträge von Duncker und Neurath als erster Positivismusstreit gelten,[61] der jüngst unter Einbeziehung der Bauhaus-Auftritte des Wiener Kreises erneut entbrannt zu sein scheint.[62] Auch vor diesem Hintergrund zeigt sich das Bauhaus als Teil des unabgeschlossenen Diskurses der Moderne.

Anmerkungen

1 über ästhetik. anmerkungen eines politisch tätigen marxisten. In: bauhaus. sprachrohr der studierenden. organ der kostufra. 2 (1931), H. 7, ohne Seitenzählung [S. 6 f., hier S. 7].

2 aufgaben einer zeitung am bauhaus. In: bauhaus. sprachrohr der studierenden, organ der kostufra. 1 (1930), H. 4, ohne Seitenzählung [S. 2–5, hier S. 2]. Siehe Albert Mentzel: Vom Bauhäusler zum Studierenden. In: ReD. Měsíčník pro moderní kulturu. 3 (1929–1931), H. 5, S. 158–160. Unabhängig von dieser Forderung hatte die Kostufra aber auch wiederholt die Anstellung von Wissenschaftlern unterschiedlicher Disziplinen gefordert, siehe DER NEUE DIREKTOR! – DER NEUE KURS? In: bauhaus, sprachrohr der studierenden. 1 (1930), H. 3, ohne Seitenzählung [S. 4–6]; aufgaben einer zeitung 1930, a. a. O.

3 Siehe Peter Bernhard: Die Gastvorträge am Bauhaus – Einblicke in den „zweiten Lehrkörper". In: Mythos Bauhaus. Zwischen Selbsterfindung und Enthistorisierung. Hrsg. von Anja Baumhoff und Magdalena Droste. Berlin 2009, S. 90–111; ders.: Die Bauhaus-Vorträge als Medium interner und externer Kommunikation. In: bauhauskommunikation. Innovative Strategien im Umgang mit Medien, interner und externer Öffentlichkeit. Hrsg. von Patrick Rössler. Berlin 2009, S. 171–183.

4 Pius E. Pahl: Erfahrungen eines akademischen Architekturstudenten. In: Bauhaus und Bauhäusler. Bekenntnisse und Erinnerungen. Hrsg. von Eckhard Neumann. Bern, Stuttgart 1971, S. 191–195, hier S. 194.

5 Ebenda.

6 Edmund Collein: Gedanken und Erkenntnisse eines Absolventen des Dessauer Bauhauses. In: Wissenschaftliche Zeitschrift der Hochschule für Architektur und Bauwesen Weimar. 23 (1976), H. 5/6, S. 455–457, hier S. 456.

7 Siehe: das „bauhaus dessau" mit grossen buchstaben. In: bauhaus. sprachrohr der studierenden. organ der kostufra. 2 (1931), H. 7, ohne Seitenzählung [S. 4 f.]; Annemarie Lange: Antwortprotokoll. In: Befragung von Bauhäuslern, durchgeführt von Ute Friese, Hartmut Probst und Klaus Untermann. Gesellschaftswissenschaftliche Jahresarbeit an der Hochschule für Architektur und Bauwesen Weimar, 1974/1975, ohne Seitenzählung, Bauhaus-Universität Weimar, Archiv der Moderne, Sign. BU/04/04.2.

8 Siehe Günter Griep/Alfred Förster/Heinz Siegel: Hermann Duncker – Lehrer dreier Generationen. Ein Lebensbild. Berlin (Ost) 1974.

9 Siehe Heinz Deutschland: Hermann Duncker und die Marxistische Arbeiterschule (MASCH). In: Kollektiv für sozialistisches Bauen. Proletarische Bauausstellung. Redaktion: Jesko Fezer, Martin Hager, Christian Hiller, Alexandra Nehmer und Philipp Oswalt. Leipzig 2015, S. 67–71.

10 Siehe: was geht mich politik an? In: bauhaus. monatsschrift der kostufra bauhaus berlin. 3 (1932), H. 15, S. 6 f.

11 über ästhetik 1931 (wie Anm. 1), [S. 7].

12 Siehe Deutschland 2015 (wie Anm. 9), S. 71.

13 Dieser Hergang scheint bestätigt durch die Aussage des Bauhaus-Studenten Philipp Tolziner, Duncker sei „auf Einladung der Bauhausdirektion" gekommen (Philipp Tolziner: Mit Hannes Meyer am Bauhaus und in der Sowjetunion (1927–1936). In: Hannes Meyer. 1889–1954. Architekt, Urbanist, Lehrer. Hrsg. vom Bauhaus-Archiv, Berlin, und vom Deutschen Architekturmuseum, Frankfurt am Main, in Verbindung mit dem Institut für Geschichte und Theorie der Architektur an der ETH Zürich. Berlin [West] 1989, S. 234–263, hier S. 245). Die Erinnerung der Studentin Annemarie Lange, wonach „hermann duncker [...] auf einladung der bauhäusler-KP-zelle" (Lange 1974/1975 [wie Anm. 7]) in Dessau sprach, bezieht sich deshalb wohl eher auf Vorträge „vor der partei" (Albert Buske: Antwortprotokoll. In: Friese/Probst/Untermann 1974/1975 [wie Anm. 7], ohne Seitenzählung), die es laut Albert Buske, dem Leiter der Kostufra von Mitte 1928 bis Mitte 1930 (siehe Michael Siebenbrodt: Zur Rolle der Kommunisten und anderer fortschrittlicher Kräfte am Bauhaus. In: Wissenschaftliche Zeitschrift der Hochschule für Architektur und Bauwesen Weimar. 23 [1976], H. 5/6, S. 481–485, hier S. 481), ebenfalls gab.

14 Collein 1976 (wie Anm. 6), S. 456.

15 Tolziner 1989 (wie Anm. 13), S. 245.

16 Ebenda, S. 249.

17 Siehe Bauhaus Dessau. Hrsg. vom Bauhaus Dessau. Dessau 1931, Stiftung Bauhaus Dessau,

Schriftenarchiv, SBD I 914 D; das „bauhaus dessau"
mit grossen buchstaben 1931 (wie Anm. 7).

18 Schreiben von Fritz Hesse an Edwin Redslob als
Vorsitzenden des Schiedsgerichts in der Sache
Magistrat Dessau/Hannes Meyer vom 29. August
1930, Bundesarchiv, Berlin-Lichterfelde, Bestand
Reichskunstwart, R 32/399, Bl. 102–112, hier
Bl. 110.

19 Siehe Peter Bernhard: „Mit Hannes Meyer geht es
nicht mehr". Ludwig Grotes Rolle bei der Entlassung
des zweiten Bauhaus-Direktors. In: Ludwig Grote
und die Bauhaus-Idee. Hrsg. von Peter Bernhard und
Torsten Blume. Leipzig 2021, S. 78–92.

20 Siehe das Schreiben von Hannes Meyer an Edwin
Redslob als Vorsitzenden des Schiedsgerichts in
der Sache Magistrat Dessau/Hannes Meyer vom
20. August 1930 in: Hannes Meyer. 1889–1954,
1989 (wie Anm. 13), S. 176–178; Peter Bernhard:
Zur „inneren Verwandtschaft" von Neopositivismus
und Neuem Bauen. In: Architektur und Philosophie.
Grundlagen, Standpunkte, Perspektiven. Hrsg. von
Jörg Gleiter und Ludger Schwarte. Bielefeld 2015,
S. 162–176 und 267–275, hier S. 170. Vielleicht
waren Meyer diese Vortragsreihen deshalb entfal-
len, weil er sie nicht besucht hatte (siehe Rudolf
Carnap: Tagebücher. Bd. 2: 1920–1935. Hrsg. von
Christian Damböck. Hamburg 2022, Einträge vom
15., 20. und 21. Oktober 1929; dass Meyer einen
Vortrag Feigls nicht besuchte, ist verbürgt, nicht je-
doch, ob er einen besuchte; siehe Brief von Herbert
Feigl an Moritz Schlick vom 21. Juli 1929, Rijksar-
chief in Noord-Holland, Wiener Kreis Stichting,
Amsterdam). Was auch immer der Grund gewesen
sein mag: In Bezug auf Carnaps Vorlesungen Meyers
Abwesenheit durch seine Teilnahme am zweiten
CIAM-Kongress in Frankfurt zu erklären, wie von
Dahms vorgeschlagen (siehe Hans-Joachim Dahms:
Rudolf Carnap: Philosoph der Neuen Sachlichkeit.
In: Der junge Carnap in historischem Kontext:
1918–1935. Young Carnap in an Historical Context:
1918–1935. Hrsg. von Christian Damböck und
Gereon Wolters. Dordrecht 2021, S. 75–105, hier
S. 87), erscheint wenig plausibel, da diese Tagung
zwischen dem 24. und 26. Oktober stattfand, wäh-
rend Carnap bereits zwei Wochen zuvor, zwischen
dem 15. und 19. Oktober, in Dessau sprach.

21 Hermann Duncker: Vorwort. In: Marx-Engels. Über
Historischen Materialismus. Ein Quellenbuch. Bd. 2:
Die materialistische Geschichtsauffassung in den

Schriften seit 1846. Berlin 1930, S. 3–7, hier S. 5 f.
(Hervorhebungen im Original).

22 Hermann Duncker: Einführung in das Studium des
Marxismus. In: Der Marxist. Blätter der Marxisti-
schen Arbeiterschule. 1 (1931), H. 1, S. 7–15, hier
S. 7 f.

23 wie wurde ich kommunist. In: bauhaus. sprachrohr
der studierenden. organ der kostufra. 2 (1931), H. 7,
ohne Seitenzählung [S. 12 f., hier S. 13].

24 Da die Mitgliedschaft in der Kostufra in vielen Fällen
unsicher ist – die Mitgliederkartei, die bei der Studentin Annemarie Lange aufbewahrt worden sein
soll (siehe Siebenbrodt 1976 [wie Anm. 13],
S. 482), ist nicht überliefert –, wird sie hier stets
explizit erwähnt, wo sie verbürgt ist.

25 Der an „Agitprop" (als Zusammenziehung von „Agitation" und „Propaganda" von den Kommunisten
verwendeter Oberbegriff für politische Werbung)
erinnernde Ausdruck war sicher angelehnt an das
von Hannes Meyer zeitweilig verwendete Pseudo-
nym „CO-OP", das für „Cooperation" stehende Kür-
zel für die Artikel des Verbandes der Schweizeri-
schen Konsumvereine (VSK), einer Konsum- und
Produktionsgenossenschaft, für die Meyer Anfang
der 1920er-Jahre gearbeitet hatte (siehe Martin
Kieren: Hannes Meyer. Dokumente zur Frühzeit.
Architektur- und Gestaltungsversuche 1919–1927.
Heiden 1990, S. 91–127).

26 Siehe Hans Stern: Max Gebhard. In: Form + Zweck.
Fachzeitschrift für industrielle Formgestaltung.
13 (1981), H. 2, S. 4 f.; Richard Frick: 2 Bauhäusler,
2 Plakatgestalter, 2 Antifaschisten. In: Typografische
Monatsblätter. Zeitschrift für Schrift, Typografie,
Gestaltung und Sprache. 69 (2001), H. 3, S. 1–16.

27 Wladimir Iljitsch Lenin: Drei Quellen und drei
Bestandteile des Marxismus. In: Kleine Leninbiblio-
thek. Bd. 1. Hrsg. von Hermann Duncker. Wien,
Berlin 1931, S. 56–63, hier S. 56.

28 der fall riedel. In: bauhaus. organ der kostufra.
sprachrohr der studierenden. 3 (1932), H. 10, ohne
Seitenzählung [S. 5].

29 objektiv – mit welchem recht?! In: bauhaus. sprachrohr der studierenden. organ der kostufra. 2 (1931),
H. 5, ohne Seitenzählung [S. 2 f., hier S. 2].

30 Siehe das Schreiben von Hubert Hoffmann an Karl
Adolphs als Oberbürgermeister der Stadt Dessau
vom 9. Januar 1947, inkl. Anhang: Kurt Stolp:
Über die Schaffung einer Abteilung für Bildstatistik
am Bauhaus Dessau, 2-seitiges Typoskript, ohne

Datum, Stadtarchiv Dessau-Roßlau, SB I/62, Bl. 26–27.

31 Hubert Hoffmann: Otto Neurath – seine Bedeutung für die Städtebautheorie. In: Bauforum. Fachzeitschrift für Architektur, Bau, Energie. 16 (1983), H. 2, S. 40 f., hier S. 40.

32 Siehe Brief von Hannes Meyer an Charles Kuhn vom 16. April 1949, Stiftung Bauhaus Dessau, Schriftenarchiv, SBD I 19167 D.

33 Hoffmann 1983 (wie Anm. 31), S. 40.

34 Siehe Isotype. Design and Contexts, 1925–1971. Hrsg. von Christopher Burke, Eric Kindel und Sue Walker. London 2013.

35 Erst später arbeiteten für die in Leipzig erscheinende sozialdemokratische Zeitschrift *Kulturwille* auch die Bauhäusler Erich Mende, Hermann Trinkaus und das ehemalige Kostufra-Mitglied Walter Heinz Allner, der wie Fritz Heinze und Lotte Beese auch Praktikant an Neuraths Gesellschafts- und Wirtschaftsmuseum war und für diejenige Ausgabe der Kostufra-Zeitschrift als Verantwortlicher im Sinne des Presserechts zeichnete, in der Neurath in schärfster Form angegangen wurde (siehe unten); das hier abgebildete Zeitschriften-Cover stammt also von keinem der Genannten, sondern wohl von Neurath.

36 Siehe Ute Brüning: Joost Schmidt: Bildstatistik und Reklame. In: Hannes Meyers neue Bauhauslehre. Von Dessau nach Mexiko. Hrsg. von Philipp Oswalt. Basel 2019, S. 221–235.

37 Schreiben von Otto Neurath an Hannes Meyer als Direktor des Bauhauses Dessau vom 15. April 1930, Österreichisches Staatsarchiv – Archiv der Republik, Wien, Teilnachlass Otto Neurath, Fonds 1433, fol. 229.

38 Zum Wiener Kreis siehe Friedrich Stadler: Der Wiener Kreis. Ursprung, Entwicklung und Wirkung des Logischen Empirismus im Kontext. Wien 2015. Zu den Bauhaus-Vorträgen von Feigl und Carnap siehe Bernhard 2015 (wie Anm. 20); ders.: Carnap und das Bauhaus. In: Damböck/Wolters 2021 (wie Anm. 20), S. 107–126; ders.: „Sie diskutieren sehr gern, aber sehr dilettantisch". Carnaps Vorträge am Dessauer Bauhaus. In: Logischer Empirismus, Lebensreform und die deutsche Jugendbewegung. Hrsg. von Christian Damböck, Günther Sandner und Meike G. Werner. Dordrecht 2022, S. 227–246.

39 Rudolf Carnap: Wissenschaft und Leben, 4-seitiges Manuskript, 1. Oktober 1929, University of Pittsburgh Libraries, Special Collections Department,

40 Werner Taesler: Flüchtling in drei Ländern. Ein Bauhaus-Architekt und Sozialist in Deutschland, der Sowjetunion und Schweden. Kommentierte Edition seiner Aufzeichnungen. Hrsg., kommentiert und mit einem Nachwort versehen von Ekkehard Henschke. Stuttgart 2019, S. 39.

41 Carnap 2022 (wie Anm. 20), Eintrag vom 16. Oktober 1929.

42 Taesler 2019 (wie Anm. 40), S. 39.

43 Siehe Andreas Zeese: Arthur Korn und das Kollektiv für sozialistisches Bauen. In: Fezer/Hager/Hiller/Nehmer/Oswalt 2015 (wie Anm. 9), S. 47–54.

44 Siehe Taesler 2019 (wie Anm. 40).

45 Otto Neurath: Der wissenschaftliche Gehalt der Geschichte und der Nationalökonomie. Hrsg. von Juha Manninen. Ohne Datum [1929/1930], https://www.academia.edu/4202264/Juha_Manninen_ed._Otto_Neurath_Der_wissenschaftliche_Gehalt_der_Geschichte_und_National%C3%B6konomie (abgerufen 9. Mai 2022).

46 Ebenda.

47 Siehe Wilhelm Kreis: Museumsbauten. In: Wasmuths Lexikon der Baukunst. Unter Mitwirkung zahlreicher Fachleute hrsg. von Günther Wasmuth. Bd. 3. Berlin 1931, S. 658–662, hier S. 660–662.

48 Neurath 1929/1930 (wie Anm. 45) (Hervorhebung im Original).

49 der austromarxismus und neurath. In: bauhaus. organ der kommunistischen studierenden am bauhaus. monatsschrift für alle bauhausfragen. 1 (1930), H. 2, ohne Seitenzählung [S. 5 f., hier S. 6].

50 Siehe Stadler 2015 (wie Anm. 38), S. 14–43.

51 Siehe W[ladimir] I[ljitsch] Lenin: Materialismus und Empiriokritizismus. Kritische Bemerkungen über eine reaktionäre Philosophie. Wien, Berlin 1927. Dass das Werk auch in der Kostufra gelesen wurde, bezeugt das Kostufra-Mitglied Kubsch (siehe Hermann Werner Kubsch: Antwortprotokoll. In: Friese/Probst/Untermann 1974/1975 [wie Anm. 7], ohne Seitenzählung).

52 Hermann Duncker: Vorbemerkung. In: Kleine Leninbibliothek. Bd. 1: W[ladimir] I[ljitsch] Lenin: Karl Marx. Hrsg. von Hermann Duncker. Wien, Berlin 1931, S. 3 f., hier S. 4.

53 Neurath 1929/1930 (wie Anm. 45).

54 Ebenda.

55 der austromarxismus und neurath 1930 (wie
    Anm. 49) [S. 5]. Die Rede vom „verräterischen so-
    zial-reformismus" verweist auf die seit 1929 in der
    KPD zur Doktrin erklärte Sozialfaschismusthese,
    wonach die Sozialdemokratische Partei (in der Neu-
    rath Mitglied war) als linker Flügel des Faschismus
    zu betrachten sei; siehe Klaus Schönhoven: Refor-
    mismus und Radikalismus. Gespaltene Arbeiterbe-
    wegung im Weimarer Sozialstaat. München 1989,
    S. 132–142.

56 Neurath 1929/1930 (wie Anm. 45).

57 Siehe Stadler 2015 (wie Anm. 38), S. 150–154.

58 Brief von Hannes Meyer an Kay B. Adams vom
    14. Juli 1948, Stiftung Bauhaus Dessau, Schriften-
    archiv, SBD I 19125 D. Mit Meyers Ablehnung des
    Empiriokritizismus kommt auch ein ideengeschicht-
    licher Grund für seine Differenzen mit dem vom
    Proletkult beeinflussten László Moholy-Nagy zum
    Vorschein; siehe Oliver Botar: Sensing the Future.
    Moholy-Nagy, die Medien und die Künste. Zürich
    2014, S. 20 f.; Anthony Fontenot: Streit um die
    Bauhauskonzeption: Hannes Meyer gegen László
    Moholy-Nagy. In: Oswalt 2019 (wie Anm. 36),
    S. 57–71.

59 Siehe Peter Bernhard: Die zu spät gekommene
    Unterstützung: Philipp Franks Bauhausvorträge. In:
    Bauhaus und Wiener Kreis. Hrsg. von Károly Kókai
    und Angelika Schnell. Wien 2022, S. 187–202.

60 Siehe Peter Bernhard: The "Second Faculty" at the
    Weimar Bauhaus, with a Sidelong Glance at Dessau.
    In: Dust and Data. Traces of the Bauhaus across
    100 Years. Hrsg. von Ines Weizman. Leipzig 2019,
    S. 296–306.

61 Dies in Einklang mit Dahms, der die Diskussion um
    Lenins *Materialismus und Empiriokritizismus* als
    ersten Positivismusstreit ausmacht; siehe Hans-
    Joachim Dahms: Politisierung der Wissenschaft:
    Die drei Positivismusstreite. In: Was bleibt vom
    Positivismusstreit? Hrsg. von Reinhard Neck.
    Frankfurt am Main 2008, S. 19–40.

62 Siehe Thomas Uebel: Intersubjective Accountability:
    Politics and Philosophy in the Left Vienna Circle.
    In: Perspectives on Science. 28 (2020), H. 1, S. 35–
    62.

„Dicke Luft" am Bauhaus.
Josef Albers und die Kostufra

Laura Gieser

Ein wiederkehrendes Ziel von Polemik und Kritik in der Zeitschrift der Kommunistischen Studentenfraktion am Bauhaus war der Lehrer, Leiter des Vorkurses und seit dem Wintersemester 1930 auch stellvertretende Direktor Josef Albers.[1] Auseinandersetzungen der Kostufra mit Albers lassen sich in fast allen überlieferten Ausgaben der Jahre 1930 bis 1932 finden.[2] Die anonym formulierten Angriffe hängen vornehmlich mit der für die Studierenden zentralen Position des Meisters innerhalb der Hochschule zusammen. Durch die vorzeitige Entlassung des zweiten Bauhaus-Direktors Hannes Meyer, der als Förderer der Studierenden und Erneuerer der schulischen Strukturen galt, erfuhren die Attacken auf Albers eine Verschärfung.

Inmitten aller Krisen und vieler Reformwünsche jener Jahre stand Josef Albers für Kontinuität. Albers, der selbst am Staatlichen Bauhaus in Weimar studiert hatte, bevor ihm 1923 von Walter Gropius erstmalig Unterricht und Werkstattleitung anvertraut wurden, blieb bis zur endgültigen Schließung der Hochschule im Amt. Als „überbleibsel aus jener epoche"[3] war er untrennbar mit dem Bauhaus verbunden und für viele Neuankommende der erste Lehrer überhaupt.[4] Unerfüllte Erwartungen und Schwierigkeiten der Studierenden wurden in der Zeitschrift der Kostufra auf Albers fokussiert, der als Autoritätsperson vom ersten Tag an in direktem Austausch mit ihnen stand und unmittelbaren Einfluss auf ihre Entwicklung hatte.

Dabei lag die Projektion von Albers als Gegner der Studierenden im Interesse der Kostufra. Die Zeitschrift, die unter dem Titel *bauhaus* erschien, ein Kampfblatt der kommunistischen Zelle mit Unterstützung der Dessauer KPD und seit der dritten Ausgabe selbst ernanntes „sprachrohr der studierenden", war ein Zirkular,[5] das sich primär an die Angehörigen der Hochschule richtete mit dem Ziel, die heterogene Gruppe der Studierenden in ihrem Sinne zu konsolidieren. Am leichtesten zu erreichen waren die sogenannten Vorkursler, die Studierenden im ersten und zweiten Semester, die zudem die Mehrheit der Schüler ausmachten.

„Vergessen": Ernst Kállais Vorstoß gegen Josef Albers

Die Karikierung Josef Albers' und die interne Kritik an seinem Unterricht setzte um 1928 mit zwei Spottbildern von Ernst Kállai, dem zeitweiligen Redakteur der offiziellen Zeitschrift des Bauhauses, ein.[6] In Kállais Karikatur „Die Anstandsdame" weist Albers, erkennbar an der eingeklebten Porträtfotografie, einer niedergeschlagenen und eingeschüchterten Figur samt ihren Papierarbeiten, die als „Anstößigkeiten" bezeichnet werden, die Tür und wirft sie aus dem „Vestibül des Hauses".[7] Die zweite Zeichnung mit montierter Fotografie zeigt Albers, der anstelle von Haarknoten und Lorgnette nun mit einer Haube ausgestattet ist, als „Bauhausamme". Diese hält das „Vorkursbaby" im Arm und gibt ihm „Bauhausästhetik" ein, doch nur „wenig": „Täglich drei Teelöffel voll."[8]

In den Zeichnungen wird der elementare Vorkurs auf die Ebene der Kindererziehung versetzt. Die beiden Figuren repräsentieren Fürsorglichkeit und Strenge: Während die Amme durch die richtige Dosierung der Medizin für die gesunde Entwicklung ihrer Zöglinge sorgt, vermittelt die Anstandsdame, was richtig und was falsch, was erlaubt und was verboten ist, und stellt sicher, dass die Benimmregeln eingehalten werden. Es wird suggeriert, der Vorkurs mache die Studierenden unmündig und setze sie disziplinären Regeln aus, die aus der Vergangenheit stammen. Gleichzeitig wird die Dominanz der Lehrerfigur angezweifelt: Albers, der jeweils in weiblicher Gestalt erscheint, findet sich gewissermaßen kastriert. Der Aufstand der Studierenden gegen den travestierten Übervater ist vorprogrammiert.

Ein Jahr später wandte sich Kállai expliziter gegen die Inhalte von Albers' Unterricht, gegen die „Bauhausästhetik", in der er den Ursprung des von ihm bekämpften, vermeintlich auf Gropius zurückgehenden „Bauhaus-Stils" verortete. Im Vorwort zum Katalog der Ausstellung *das bauhaus dessau* im Gewerbemuseum Basel 1929 erklärte Kállai: „der vorkurs ist ein nachklang der

Ernst Kállai, *Die Bauhaus-*
amme gibt dem Vorkurs-
baby Bauhausästhetik ein,
Karikatur zum Unterricht
von Josef Albers, um 1928

goldenen weimarer bauhauszeit", bestehend aus „unbegrenzten material-
und strukturphantasien", den der Bauhäusler, der in die Dessauer „zweck-
werkstätten kommt", dringend vergessen müsse.[9]

„Liquidieren": Kritik der Kostufra am Vorkurs

Ernst Kállai nahm damit einen Topos aus der Zeitschrift der Kostufra vorweg:
den „Angriff auf den Vorkurs als Ganzes".[10] 1930, im ersten Erscheinungsjahr,
war die Auseinandersetzung mit Albers auf seinen Unterricht fokussiert und
äußerte sich als massive Kritik am Vorkurs. Albers wurde dabei in der Regel
zusammen mit Wassily Kandinsky genannt, der ebenfalls einen Teil des Vorkurses lehrte und dessen Funktion als Maler und Apologet der gegenstandslo-
sen, ‚freien Kunst' von der Kostufra grundsätzlich infrage gestellt wurde. Der
Vorwurf, konservative, bürgerliche Werte mit wenig Bezug zur Lebenswirklichkeit zu vertreten, traf den aus einer traditionsreichen Handwerkerfamilie
stammenden Fachlehrer Albers aber genauso wie Kandinsky, gerade weil er,
anders als sein berühmter Malerkollege, das (werte-freie) Experiment „ohne
praktische werkabsichten"[11] vor die Theorie setzte.

Albers unterrichtete in seinem halbjährigen Vorkurs wöchentlich insgesamt zwölf Stunden, er war der Meister mit dem größten Lehrdeputat.[12] Seine Unterrichtseinheiten füllten das Curriculum der Erstsemester. Die Aufgabe des Vorkurses, der seit seiner Einführung durch Walter Gropius und Johannes Itten obligatorisch war, bestand darin, die allgemeinen Grundlagen der Gestaltung in Vorbereitung auf die weitere Arbeit und Spezialisierung in den Werkstätten aufzuzeigen. Albers' freie „Werklehre" umfasste „materialübungen (hauptsächlich konstruktion)" und „materie-übungen (hauptsächlich kombination)".[13] Die Methode war experimentell: Formale Erkenntnisse sollten durch die direkte Erfahrung von Stoffen und Materialien gewonnen worden. In der Regel wurde von Hand gearbeitet, weitere technische Hilfsmittel waren nur begrenzt erlaubt und genau definiert. Es gab keine Prüfungen oder Zensuren, die Leistungen der Studierenden wurden vielmehr in regelmäßigen allgemeinen Diskussionsrunden in der Gruppe überprüft. Die Studierenden sollten dabei die pädagogischen Leitlinien internalisieren und lernen, sich selbst zu kontrollieren.

Die erste Ausgabe der Kostufra-Zeitschrift vom Mai 1930 ist nicht überliefert. Doch bereits die zweite Nummer vom Juni des Jahres enthält in der Rubrik „GLOSSEN" unter dem Titel „fragen an den vorkursler" eine bissige Satire auf den Unterricht von Albers:

„welche association und empfindungen hast du bei den lauten: s-c-h-e-i-s-s-e-? (kalt–warm, süss–bitter? usw.) wie engagiert dich gebratene wellpappe in saurer kalkmilch? wann empfindest du weiss als schwarz, schwarz als weiss und umgekehrt? was profitierst du, wenn du einen laden von ventilgummi, fliegendraht und kaffeesatz, zu- und nebeneinander geordnet, aufmachst? wie steht es mit den fingerspitzen, zehenspitzen, vorkursspitzeln, und vorkursspittze [sic]?"[14]

Der Text spielt zunächst auf die von Albers entwickelten Aufgaben und Fragebogen an, die er primär unter seinen Studierenden auszuteilen pflegte.[15] Ein solches Aufgabenblatt lautete zum Beispiel: „bei untenstehenden kontrastpaaren nur die seite *unterstreichen*, die schwarz *betrifft*" und beinhaltete Kontrastpaare wie hell/dunkel, weich/hart, bewegt/unbewegt und fest/lose.[16] In einem Aufsatz mit dem Titel „werklicher formunterricht", der im Juli 1928 in der Bauhaus-Zeitschrift erschien und teilweise in der von Hannes Meyer 1929 erstellten Werbebroschüre *bauhaus. junge menschen kommt ans bauhaus* wieder abgedruckt wurde, verband Albers mit den in seinem Vorkurs erstellten Objekten das pädagogische Ziel, „feinstes materialgefühl zu entwickeln", die Sensibilisierung „für engste grad-unterschiede und mildeste übergänge" anhand von „tastaturleitern von hart zu weich, glatt zu rauh, warm zu kalt oder kantenfest zu amorph, poliert-glatt zu klebend-saugend" sowie die Erzeugung von neuen „fakturen und texturen" zu ermöglichen.[17]

Demgegenüber behauptet die Glosse in der Zeitschrift der Kostufra die Nutzlosigkeit der zeitaufwendigen künstlerischen Experimente, die sie bagatellisiert und verhöhnt. Aus ihrer Sicht stellte Albers mit seiner Unterrichtsmethode ein Hindernis auf dem Weg der Entwicklung des Bauhauses zu einer fortschrittlichen Schule dar. Welche Bausteine eine künftige neue Pädagogik ausmachen sollten, kann einem Flugblatt entnommen werden, das im Juli 1930 kurz nach Erscheinen von Nummer 2 der Zeitschrift verteilt wurde. Darin forderte „ein teil der vorkursler" die Abschaffung des bestehenden Unterrichts, denn: „es erscheint uns unnütz, unsere zeit hier zu verbringen mit einer arbeit, deren sinn wir nicht einsehen können." Durch die Überbewertung der künstlerischen Idee und Erfindung werde das Ziel des Vorkurses verfehlt, nämlich die „kenntnis und behandlung der werkstoffe". Albers' Lehre wird folglich als „formalismus" ohne direkte Verbindung zur praktischen „werkstattarbeit" abgelehnt. Kandinskys Kursen unterstellt das Flugblatt „individualismus", der im Widerspruch zum „kollektivismus" des übrigen Bauhauses stehe:

„wir sind gegen den vorkurs in seiner heutigen form! [...] wir stellen deshalb folgende änderungsvorschläge für den unterricht zur diskussion:

1. der vorkurs als solcher wird aufgehoben, er verwandelt sich in ein erstes werkstatt-semester.

2. der unterricht albers, kandinski [sic] ist fakultativ.

3. einführung eines geschichtstheoretischen unterrichts auf gesellschaftlicher, materialistischer basis.

4. sofortige aufnahme der ausgebildeten in die ihren kenntnissen enstprechenden semester."[18]

Gleichzeitig mit dem Flugblatt erfolgte seitens der Studierenden eine „eingabe an den meisterrat", die „abänderungsvorschläge des vorkursunterrichts" enthielt. Da der Vorkurs in seiner vorliegenden Form „überholt" sei und ungenügend für die Bauhaus-Arbeit, die in der „verwertung gesellschaftlicher und funktioneller erkenntnisse" bestehe, wird unter anderem die „einführung eines systematisch aufgebauten unterrichts über psychologie und soziologie" gefordert. Weitere Basiselemente eines neuen Unterrichts sollten direkt in die Werkstätten der beiden Hauptabteilungen Ausbau (darunter: Metallwerkstatt, Tischlerei, Weberei und Wandmalerei) und Reklame (Druckerei, Fotowerkstatt und Schriftgestaltung), denen Alfred Arndt und Joost Schmidt vorstanden, verlegt werden: „der werklehreleiter gibt die ideologischen richtlinien für die in den werkstätten auszuführenden arbeiten an. das heisst er fasst den gesamten vorkurs wöchentlich einen halben tag zusammen zwecks theoretisch-ideologischer einführung in die ziele der bauhaus-arbeit."[19]
Der Zugang zu den Werkstätten erweist sich als der Hauptpunkt der studentischen Kritik. Seit Gropius war die erfolgreiche Absolvierung des Vorkurses, für den Studiengebühren bezahlt werden mussten, Voraussetzung, um in die Werkstattarbeit eintreten zu können.[20] Nur in der Werkstatt konnte „produktiv" an Aufträgen und Projekten mitgearbeitet und auch ein Zuverdienst erworben werden. Wenn die Leistungen im Vorkurs nicht zur Zufriedenheit der Lehrenden ausfielen, wurde nach Beratung im Meisterrat der Zugang verwehrt. Als „unverschämte heuchelei" hielt die Zeitschrift der Kostufra in ihrer zweiten Ausgabe fest, dass einige Studierende auf Wunsch des Magistrats der Stadt Dessau „unter dem vorwand der unausreichenden leistungen" vom Bauhaus entfernt worden seien.[21] Sie schlug eine gesellschaftspolitische Unterweisung als neue Zugangsvoraussetzung zu den Werkstätten vor, denn „erst auf grund eines so solchen vorkurses kann über aufnahme oder ausschluss der einzelnen entschieden werden".[22] Die Reform des Vorkurses und die Ersetzung dcr Gestaltungslehre durch ideologische Schulung sollten offenbar den Vertretern der richtigen Gesinnung den Zugriff auf die Werkstätten als Orte der Produktion und des Verdienstes ermöglichen.
Die zitierten Änderungsvorschläge wurden in Heft 3 der Kostufra-Zeitschrift, das vermutlich im August oder September 1930 erschien, wieder

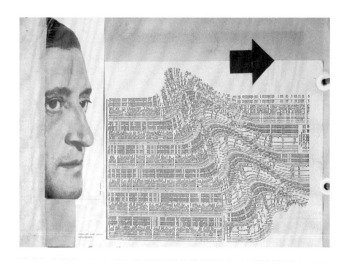

aufgenommen. Erneut findet sich die Aussage, dass der Vorkurs in seiner bestehenden Form nicht „nach materiellen gesichtspunkten (billig, praktisch, hygienisch usw)" organisiert, sondern „auf originalität und ästhetik eingestellt" sei. Gefordert wurde zudem: „statt kandinsky und albers einen ökonomen, einen soziologen, einen psychologen. wir können kandinsky und albers nicht aus pietäts- und traditionsgründen halten wollen."[23]

Als Nummer 3 erschien, war Hannes Meyer bereits entlassen worden, Kandinsky und Albers waren aber weiterhin im Amt, und der neue Direktor hieß Ludwig Mies van der Rohe. Diesem wurden nun in besonders scharfen Worten die Forderung, deren Richtigkeit von Meyer „anerkannt" worden sei, in Erinnerung gebracht: Der Vorkurs und die ihn Lehrenden seien zu „liquidieren", denn: „die durch seltsame kindliche spielereien um ihre zeit- und geldlichen aufwände regelrecht geprellten vorkursler sind einem pädagogischen system ausgeliefert, das statt einer lebendigen und exakten einführung in die späteren arbeitsgebiete eine rein subjektive, formale und unwissenschaftliche anschauung der dinge lehrt, die in direktem gegensatz zur bauhausarbeit steht."[24] Die „unfähigkeit" der Vorkursleiter sei auch für die „ablehnung, untätigkeit und protestaktionen der letzten vorkurse" verantwortlich, „die man der einfachheit halber mit kommunistenhetze umschrieb".[25]

Die Revolte gegen den Vorkurs und seinen Leiter Josef Albers, die in Nummer 3 der Zeitschrift kulminierte, nahm der Student Chanan Frenkel in sein privates Bauhaus-Album auf. Auf die Selbstbeschreibung Albers' und seines Unterrichts aus der Broschüre *bauhaus. junge menschen kommt ans bauhaus* folgt dort die Reproduktion eines Porträts, das Umbo (Otto Umbehr) 1928 von Albers angefertigt hatte. Daneben ist das Flugblatt „vorkurs" eingeklebt, gefolgt von der kompletten Ausgabe 3. In der Gegenüberstellung von einzelnem Lehrer(kopf) und „sprachrohr der studierenden" wirkt es so, als habe die Gegnerschaft zu Albers die Zeitschrift erst konstituiert. Einer handschriftlichen Notiz zufolge gehörte Frenkel zu den Autoren der „eingabe an den meisterrat", zusammen mit Theo Ballmer, Waldemar Hüsing, Anima Kuithan, Grete Krebs, Ricarda Meltzer, Rudolf Münz, Friedhelm Strenger und Munio Weinraub. Einige von ihnen blieben nur ein Semester lang an der Hochschule.

Bei aller Einseitigkeit der Kritik am Vorkurs und an Albers machte die Kostufra in ihrer Zeitschrift echte Probleme mancher Studierender, aber auch des Studiums am Bauhaus sichtbar. Kritisch betrachtet, nahm der Vorkurs mit seiner detaillierten und langsamen Methode viel Studienzeit in Anspruch, die „ein großer teil der vorkursler" eigentlich gebraucht hätte, um beispielsweise Grundkenntnisse in mathematisch-naturwissenschaftlichen Fächern aufzubauen, die ihnen bei der Projektarbeit in den Werkstätten, vor allem aber in der Bauabteilung im Hauptstudium fehlten. Teilweise dürfte dies eine Folge der Öffnungspolitik der Hochschule durch Hannes Meyer gewesen sein, der alle Studienvoraussetzungen aufgehoben hatte (eine Entscheidung, die er später revidieren musste). Die Zahl der Anmeldungen war gestiegen, es kamen etliche Interessenten mit unterschiedlichsten Voraussetzungen und Erwartungen. Der Vorkurs als „Vestibül des Hauses" ließ die Masse der neu eingeschriebenen Studierenden eintreten, von denen nur ein Teil das Studium anschließend aufgrund von erwiesener Originalität und Begabung fortsetzen durfte. Er war intensiv und elitär und blieb manchen jungen Studierenden, die dagegen protestierten, „ein rätsel".[26]

Intrigieren: Josef Albers' Reaktion

Die Proteste und das demonstrativ zum Ausdruck gebrachte Desinteresse an seinem Kurs im Frühjahr und Sommer 1930 müssen Albers verletzt und schockiert haben. Öffentlich ließ er sich auf keinen Disput ein und äußerte sich nicht zu den in der Kostufra-Zeitschrift und ihrem Umkreis erhobenen Vorwürfen. In seinem Unterricht drohte er mit strengeren Zugangsvoraussetzungen zum Studium.[27] Im Verborgenen ließ er sich in das „Komplott"[28] um die Kündigung von Hannes Meyer und die Berufung von Ludwig Mies van der Rohe durch den Magistrat der Stadt Dessau hineinziehen. An der Intrige mit dem Ziel, Meyer vorzeitig im Amt zu ersetzen, waren neben dem Dessauer Oberbürgermeister Fritz Hesse und dem anhaltischen Landeskonservator Ludwig Grote die beiden Bauhaus-Lehrer Kandinsky und Albers sowie, in Berlin, Walter Gropius beteiligt. Albers' Aufgabe bestand darin, Grote über die Vorkommnisse an der Hochschule auf dem Laufenden zu halten und Beweise für die vermeintlich radikale politische Gesinnung Meyers und seines Umkreises zu sammeln. Diese ideologischen Divergenzen wurden schließlich als Grund für Meyers Entlassung angegeben. Meyer hatte zuvor in einem Gespräch mit Hesse und Grote zugesagt, die Politisierung des Bauhauses zu unterbinden, was ihm nun als Wortbruch ausgelegt werden konnte.

Über die genauen Ursachen für die Entlassung lässt sich indes nur spekulieren. Hesse gab in seinen Erinnerungen den auf ihm und seinem Prestigeprojekt Bauhaus lastenden politischen Druck in der Stadt als Grund an.[29] Eventuell waren die geplanten Strukturreformen an der Hochschule ausschlaggebend für die Abkehr des Magistrats von Meyer.[30] Sicherlich spielten diese aber eine entscheidende Rolle für die Beteiligung der Bauhaus-Lehrer an der Aktion. Meyers Pläne spiegelten sich in den am Bauhaus kursierenden Flugblättern der Studierenden wider. Albers musste davon ausgehen, dass diese seitens des Direktorats zumindest gebilligt wurden.

Albers und Meyer hatten ursprünglich gemeinsame pädagogische Vorstellungen.[31] Auch in professioneller Hinsicht konnte sich Albers unter Meyer positiv weiterentwickeln.[32] Doch als der Bauhaus-Direktor anfing, eine größere Nähe zu den Studierenden zu pflegen, schien er Albers kein zuverlässiger Vorgesetzter mehr zu sein. In das geheim operierende Netzwerk hineingezogen wurde Albers vielleicht von Kandinsky, mit dem er befreundet war und an dem er sich orientierte. Die entscheidende Figur aber dürfte der als Berater und Vermittler zwischen der Stadt und dem Bauhaus agierende Ludwig Grote gewesen sein.[33] Aus mehreren Briefen von Albers geht hervor, dass es die Intrige gegen Meyer gab und wer involviert war. Die Briefe sind zugleich einige der wenigen schriftlichen Dokumente aus der Zeit, die Informationen zu der sogenannten roten Zelle und ihren Sympathisanten am Bauhaus an die Nachwelt übermitteln. Zudem überliefern sie die damals herrschende Stimmung des wechselseitigen Misstrauens, der Täuschungen und Selbsttäuschungen.

Am 25. Mai 1930 sendete Josef Albers einen Gruß an das einflussreiche Dessauer Ehepaar, das sich zu diesem Zeitpunkt im Urlaub befand: „Liebe Grotes […] Freut Euch der schönen Welt – hier wird die Luft so fabelhaft dick, wie man nur wünschen kann. Aber mit den Details will ich Sie verschonen."[34] Daran hielt er sich nicht, denn zwei Wochen später folgten in einem ausführlicheren Brief aufschlussreiche Details bezüglich der unverändert gebliebenen Situation, eingeleitet mit den Worten: „Liebe Grotes, hier wenig Licht. Hitze u. dicke Luft."[35] Und an Franz Perdekamp, den Freund aus Jugendtagen, schrieb er am 21. Juni 1930 mit ähnlichen Worten: „Hier ist furchtbar dicke Luft. Das Haus verpolitisiert. Lange geht's so nicht mehr weiter."[36]

Mit der Metapher von der „dicken Luft" umschrieb Albers die zu diesem Zeitpunkt an der Hochschule herrschende Atmosphäre, die sich infolge der Pressedebatte sowie intern durch die Lagerbildung unter den Bauhaus-Angehörigen vor Meyers Entlassung gebildet hatte. Es war der Zustand des Wartens auf eine Entladung und Auflösung der Spannungen.

Albers' Briefe zeigen auch, dass die Kostufra ein wichtiges Element im Komplott gegen Meyer war und sie erst durch das Komplott öffentliche Aufmerksamkeit erhielt. Eine offene Frage bleibt, wie die erste Ausgabe der Kostufra-Zeitschrift, die als Beweis dafür diente, dass die rote Zelle am Bauhaus trotz der von Hannes Meyer ergriffenen Maßnahmen weiter existierte, überhaupt an die Presse gelangt war. Die Zeitschrift wurde danach bewusst von dem Kreis um Grote als Waffe genutzt, um die Bauhaus-Leitung anzugreifen. Aus Albers' Briefen geht hervor, dass Hefte über Nina Kandinsky an Oberbürgermeister Hesse weitergegeben wurden. Albers fungierte dabei als Kurier. In seinem Brief vom 17. Juni 1930 schreibt er: „Heute auf ihr [Ninas] Drängen Nr. 2 von ‚schlicht und freudig' an Hesse geschickt. aber ich! [...] Ich wollt die Zeitschr. (schlicht = freudig) erst Ihnen schicken. Nina. dagegen. Sie hats zu sagen. weil sie ihr Eigentum! Nur direkt und schnell an He[sse]." Zu diesem Zeitpunkt wurde bereits über einen möglichen Nachfolger Meyers diskutiert: „wenn Haes. [der Architekt Otto Haesler] nicht will. Ein anderer? Mies – ob energisch genug, fraglich." Derweil bildeten sich, so Albers, am Bauhaus „Neue Arbeitsgemeinschaften. Eine Marxistische mit [Fritz] Kuhr. Eine ‚A.A.' (Architekten-Arbeitsgemeinschaft) im Vorkurs. Neue Diskussionsabende in der Kantine."[37]

Am 20. Juni meldete sich Albers erneut: „Lieber Grote, wie wäre es, wenn man auf die Erklärung der Leitung, dass das Institut marxist. werden soll, von dessen Unterhalterin (Stadt) schriftliche Erklärung der einzelnen Meister verlangt, ob sie diesen Kurs wollen oder nicht. Ich glaube, das gäb reine Bahn. Kurze einfache Anfrage an jeden einzelnen, (und gleichzeitig), die umgehend mit ja oder nein zu beantworten ist." Friedrich Engemann, „der eine wichtige Kraft" sei, habe sich bereits „kräftig gegen den jetzigen Kurs ausgesprochen". Für den marxistischen Kurs aussprechen könnten sich laut Albers „nur [Edvard] Heiberg und Kuhr (vielleicht [Ludwig] Hilberseimer)". Albers beendet seinen Bericht mit einer Anmerkung zum Vorkurs: „Die Vorkursler sagen mir der Bauhaus-Prospekt orientiere falsch, weil die Politik darin vergessen wäre, die doch am Bauhaus A u O sei."[38] Etwas später befanden sich Josef und Anni Albers im Urlaub. Auch sie erhielten von den Grotes ausführliche Briefe. Am 11. August schrieb Albers ihnen nach Dessau: „Müssen wir nicht jetzt schon die Satzungen verändern Zusatz ‚unpolitisches Institut' event. Beschränkung des Studierenden Einflusses, im Meisterrat *nur* beratend! ‚*Politische Agitation im Bauhaus* untersagt.' So werden wir die Schlimmsten los. Von Dessau von Studierenden ein Schreiben bekommen mit Protest gegen Entlassung."[39] Der letzte Brief der Reihe datiert vom 21. August 1930. Darin stellt Albers fest, dass die nächste Sitzung keine regelrechte „Meisterratssitzung" sein sollte, da „nach bisherigem Brauch und Satzungen die Studierendenvertreter dabei: [Ladislaus] Fussmann ist schwerstes Zellenmitglied, [Philipp] Tolziner ohne Zugehörigkeit zur Zelle dieselbe Mission. Ich glaube es muss eine ‚Meister-Besprechung' sein […]. Da muss Stellung zum marxistischen Kurs genommen werden. Event der einzelnen Meister. Die Satzungen sind genauer zu formulieren. Ein neues Allgemeines Programm ist aufzustellen mit Betonung der Freiheit der Lehre […], der unpolitischen Haltung des Hauses, Verbot der politischen Agitation. [Margarete] Mengel (Sekretariat) muss weg. Engste Freundschaft mit der Zelle." Albers beendete seine Ausführungen, die dem rücksichtslosen Ton in der Zeitschrift der Kostufra in nichts nachstehen, mit dem Fazit: „Ich weiß, dass die Säuberung und Neuordnung nicht leicht wird, aber wenn die Leitung fest ist wird sie bestimmt Stützen finden. Auch bei den positiven Studierenden, die bisher nur Schaden befürchten mussten."[40] Albers' Einsatz im Komplott gegen Meyer machte sich für ihn nur bedingt bezahlt. Die Anfeindungen der Studierenden nahmen zu und waren nun grundsätzlicher gegen seine Person gerichtet. Der neue Direktor Mies van der Rohe führte die von der Stadt und der Hochschule gleichermaßen geforderte Reform des Bauhauses durch. Durch sie wurde der Vorkurs fakultativ und konnte für Studienanfänger mit Vorkenntnissen in der Baulehre auch entfallen. Im Gegenzug musste Albers einen obligatorischen Kurs zum gegenständlichen Zeichnen leiten.[41] Vor allem aber wartete Albers weiterhin und vergeblich auf den nun für ihn zum zweiten Mal beantragten Professorentitel. Wie er durch einen Zufall im Dezember 1932 erfuhr, war Hesse die entsprechende Mitteilung des Staatsministeriums über die Verleihung der Amtsbezeichnung an Albers bereits im März 1930 zugestellt worden.[42] Bekannt gegeben hatte Hesse sie aber nie.

Vertrauensbrüche und Auflösungserscheinungen

Trotz aller Vorsicht und Verschwiegenheit, die Albers während seiner Tätigkeit als Agent Grotes aufgebracht hatte, wurde unter den linksgerichteten Studierenden bald der Verdacht geäußert, er und Kandinsky hätten „die entlassung hannes meyers veranlasst".[43] Dies ließ Albers noch unbeliebter bei den Kostufra-Mitgliedern werden, die ihn mit dem Vorwurf der „futterkrippenfrage"[44] konfrontierten und von nun an regelmäßig seinen und Kandinskys „hinauswurf"[45] forderten. Als Stellvertreter des Direktors Mies van der Rohe, der selbst nur drei Tage pro Woche in Dessau anwesend war, übernahm Albers zudem etliche organisatorische und verwaltungstechnische Aufgaben, die ihn ebenfalls in Konflikt mit den Studierenden brachten.

Nach 1931 verschlechterten sich als eine Auswirkung der Weltwirtschaftskrise die Studienbedingungen zunehmend. Das Schulgeld wurde erhöht und die Produktion in den Werkstätten zurückgefahren.[46] Neiddebatten, so über die Gehälter der Lehrer, und Verteilungskämpfe um Stipendien und Freistellen waren die Folge. Albers erwuchs ein neuer Gegner in Form der Studierendenvertretung, besonders mit dem dort aktiven Cornelis van der Linden. Dieser berichtete aus den als „streng vertraulich" eingestuften Beiratssitzungen in der Kostufra-Zeitschrift. Mies van der Rohe empfand diese Berichte als verfälschend, und van der Linden wurde zur Berichtigung aufgefordert.[47] Van der Lindens Darstellungen von Albers und dessen vermeintlichem Agieren im Beirat gegen die Studierenden blieben überzogen, sodass sich der Direktor in dieser Angelegenheit zu einer Berichtigung der Berichtigung und dem Ausschluss des Studierendenvertreters aus dem Bauhaus veranlasst sah.[48]

In den letzten Monaten vor der Schließung des Bauhauses in Dessau wurde die Kluft zwischen der Kostufra und den Meistern noch tiefer. Dies war durchaus gewollt, denn: „die zeiten sind lange vorbei, wo man mit dem worte ‚vertrauen zum lehrer‘ all das ersetzte, was als inhalt einer zusammenarbeit gelten sollte. heute kann man wenig damit anfangen. […] heute spricht überzeugender als je der revolutionäre marxismus, die wissenschaft und erkenntnis des revolutionären proletariats.“[49] Die immer „schärfere sprache“[50] der Kostufra ist ein Indiz dafür, dass die von Mies van der Rohe ergriffenen Maßnahmen zur Entpolitisierung der Schule wirkten. Auch wenn die KPD-Mitglieder und -Sympathisanten nie verschwanden, schließlich erschien die letzte Ausgabe der Kostufra-Zeitschrift nach dem Neuanfang des Bauhauses in Berlin, begann der vielbeschworene Rückhalt in der „gesamten studierendenschaft“[51] zu bröckeln. Bereits in den frühesten Ausgaben gab es Hinweise darauf, dass unter den Studierenden auch andere politische Positionen vertreten waren, etwa wenn in der oben zitierten Glosse von den „vorkursspitzeln“ gesprochen wurde, die sich offensichtlich mit Albers und den Lehrkräften solidarisierten. In Heft 5 wird dieses „vorkursmaterial“ als eine „anhäufung bürgerlich egozentrischer studierender, welchen eine wirklich reale basis fehlt“, beschimpft.[52] Heft 12 vom April 1932 wiederum beklagt das „kriechen von minderwertigen studierenden und meistern“.[53] Im Folgenden nahm die Kostufra Provokationen einer „rechten clique“[54] am Bauhaus wahr. Als die Studierendenvertretung aufgelöst wurde, interpretierte sie dies als Resultat des Verhaltens „der meister, der direktion, und nicht zuletzt eines teils der studierenden“; es bedeute die „beschleunigung des faschisierungstempos“ am Bauhaus.[55]

Am 15. Juni 1933 wurden die Zahlungen für die nach Berlin übergesiedelten Bauhaus-Lehrer, deren Gehälter im Rahmen eines Auflösungsvertrages weiterhin von Dessau aus bestritten wurden, durch den neuen Magistrat der Stadt eingestellt, da das Bauhaus eine „Keimzelle des Bolschewismus“ sei.[56] Der Vorwurf traf Albers hart. In seinem Widerspruchsschreiben erinnerte er daran, dass gerade er von den kommunistischen Studierenden „auf das heftigste“ angegriffen worden sei, weil sein Unterricht „nicht marxistisch und nicht materialistisch“ war. Viele andere Studierende könnten dies bezeugen.[57]

Es half nichts. Im November 1933 emigrierten Josef und Anni Albers als erste der ehemaligen Bauhaus-Lehrenden in die USA.

Aufklärung und Widerspruch

„Das Bauhaus war niemals nur ‚ein Team' und immer mehr als nur ‚eine Idee'."[58] Mit dieser doppelten Feststellung grenzte sich Josef Albers rückblickend auf seine Zeit am Bauhaus in Weimar, Dessau und Berlin implizit von Walter Gropius und Ludwig Mies van der Rohe ab. Dem sich in der Nachkriegszeit entwickelnden Bauhaus-Mythos setzte Albers seine von Konflikten geprägte Erfahrung entgegen und benannte sich als den zuverlässigeren Zeugen. Als ehemaliger Bauhaus-Meister fühlte er sich unterschätzt und verkannt. Besonders widersetzte er sich der Identifikation des Vorkurses mit Johannes Itten: „Das Bauhaus war für mich zuerst und wichtigst Opposition. Natürlich war diese Opposition am lautesten bei den Jungen, sie wurde gestützt durch Arbeit und Haltung der Meister, die auch nicht anderen folgten, nicht andere wiederholten. Das Resultat war: Die Studenten hatten Einfluß auf die Entwicklung des Bauhauses. So ist es typisch, daß der allererste Unterricht am Bauhaus, nämlich der erste Vorkurs, schon bald der Opposition der Studenten erlag."[59] Der junge Student, der gegen den ersten Vorkurs opponierte, war Albers. Die Überwindung von Autoritäten und historischen Vorbildern machte er zum Leitgedanken seiner Lehre und Ästhetik.

Als die Kostufra die historische Bühne am Bauhaus betrat, waren Albers und der Vorkurs dabei, selbst zu einer Institution zu werden. Eine gewisse innere Verwandtschaft mit manchen seiner Gegner müsste der Meister gespürt haben. An den Schicksalen seiner ehemaligen Schüler und Opponenten blieb er jedenfalls interessiert. Anfang der 1950er-Jahre erkundigte er sich bei dem Pariser Maler Albert Flocon, ob er sein ehemaliger Vorkursschüler Albert Mentzel sei. Mentzel hatte die Studierendenschaft im Rahmen der Jubiläumsaktivitäten anlässlich des fünfjährigen Bestehens des Bauhauses in Dessau Anfang 1930 mit einem Vortrag über den „Bauhäusler" repräsentiert.[60]

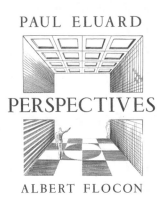

Vermutlich war Mentzel auch der erste Redakteur der Kostufra-Zeitschrift.[61] Seine Antwort hat sich im Nachlass Albers' erhalten: „Lieber Herr Albers, ja, Sie haben sich nicht getäuscht, die Ausstellung bei Karoly „Perspectiv Gallery" betraf Ihren ehemaligen Vorkursschüler Albert MENTZEL. In diesen Arbeiten haben Sie ja nun feststellen können – von der Meisterseite gesehen – wohin ein Schüler in 20 Jahren laufen kann.

Der Sinn so mancher Dinge, die ich mit dem schönen Unverstand meiner 20 jungen Jahre bekämpfte ist mir sehr viel später aufgegangen. Aber einen Lehrsatz werde ich nie vergessen: Kunst machen heißt alles neu und selbst erfinden. Die heftige Ablehnung ist dann oft nur das heftige Begehren eines besseren überzeugt zu werden. Genug Philosophie."[62]

Als Quelle für die Geschichte des Bauhauses während der Phase seiner Auflösung spiegelt die Zeitschrift der Kostufra eine Zeit der Konflikte und des Misstrauens wider, in der die Verbindung zwischen Leitung, Lehrkräften und Studierenden korrumpiert wurde und zerbrach. Die Aufklärung der Geschehnisse begann erst viele Jahre später.

Anmerkungen

1 Für diesen Beitrag konnte auf folgende Publikationen aufgebaut werden: Bauhaus Berlin. Auflösung Dessau 1932. Schließung Berlin 1933. Bauhäusler und Drittes Reich. Eine Dokumentation, zusammengestellt vom Bauhaus-Archiv, Berlin. Hrsg. von Peter Hahn. Weingarten 1985; Christian Wolsdorff: Josef Albers' Vorkurs am Bauhaus 1923–1933. In: Josef Albers. Eine Retrospektive. Redaktion: Karin Thomas. Köln 1988, S. 49–60; Hannes Meyer. 1889–1954. Architekt, Urbanist, Lehrer. Hrsg. vom Bauhaus-Archiv, Berlin, und dem Deutsches Architekturmuseum, Frankfurt am Main, in Verbindung mit dem Institut für Geschichte und Theorie der Architektur an der ETH Zürich. Berlin (West) 1989; Rainer K. Wick: Bauhaus. Kunstschule der Moderne. Mit einem Beitrag von Gabriele Diana Grawe. Erweiterte Neuauflage Ostfildern-Ruit 2000; Éva Forgács: Between the Town and the Gown. On Hannes Meyer's Dismissal from the Bauhaus. In: Journal of Design History. 23 (2010), H. 3, S. 265–274; Charles Darwent: Josef Albers. Life and Work. London 2018; Magdalena Droste: Bauhaus 1919–1933. Überarbeitete und aktualisierte Neuauflage Köln 2019; Hannes Meyers neue Bauhauslehre. Von Dessau nach Mexiko. Hrsg. von Philipp Oswalt. Basel 2019; Ludwig Grote und die Bauhaus-Idee. Hrsg. von Peter Bernhard und Torsten Blume. Leipzig 2021.

2 Mit Ausnahme der Ausgaben 6, 9, 14 und 16.

3 DER NEUE DIREKTOR? – DER NEUE KURS? In: bauhaus. sprachrohr der studierenden. 1 (1930), H. 3, ohne Seitenzählung [S. 4–6, hier S. 5].

4 Siehe Howard Dearstyne: Inside the Bauhaus. Hrsg. von David Spaeth. London 1986, S. 28.

5 Siehe dazu den Beitrag von Patrick Rössler in diesem Band.

6 Der Kunstkritiker und Karikaturist Ernst Kállai wurde 1928 von Hannes Meyer als Redakteur der Zeitschrift *bauhaus* eingestellt. Er blieb in dieser Funktion bis Ende 1929 in Dessau. Kállai lehnte den „Bauhaus-Stil" ab. Er versuchte zwischen den Vertretern einer autonomen Kunstauffassung und den Funktionalisten zu vermitteln. Siehe Monika Wucher: Bauhaus-Kritik von innen: Ernst Kállai. In: Ars Hungarica. 45 (2019), H. 1, S. 119–126. Kállai

karikierte mehrere der führenden Persönlichkeiten am Bauhaus und auch sich selbst. Es wird vermutet, dass er gegen Albers eine persönliche Aversion hegte. Siehe Darwent 2018 (wie Anm. 1), S. 314.

7 Die Karikatur befindet sich in der Sammlung des Bauhaus-Archivs in Berlin und wurde abgebildet in Hans M. Wingler: Das Bauhaus 1919–1933. Weimar Dessau Berlin und die Nachfolge in Chicago seit 1937. 5. Auflage Köln 2005, S. 497.

8 Auch diese Karikatur befindet sich im Bauhaus-Archiv, Berlin. Sie ist abgebildet in Darwent 2018 (wie Anm. 1), S. 178.

9 Ernst Kállai: zur einführung. In: das bauhaus dessau. ausstellung. 21. april – 20. mai 1929. gewerbemuseum basel 1929, ohne Seitenzählung.

10 Wolsdorff 1988 (wie Anm. 1), S. 57.

11 werklehre josef albers. In: bauhaus. junge menschen kommt ans bauhaus! [Werbebroschüre des Bauhauses]. Dessau 1929, ohne Seitenzählung [S. 12 f., hier S. 12].

12 Siehe Wolsdorff 1988 (wie Anm. 1), S. 51.

13 Siehe werklehre josef albers 1929 (wie Anm. 11), [S. 12]. Zu den Inhalten des Vorkurses siehe Lutz Schöbe: „werklicher formunterricht". Josef Albers – Vorkurs in Dessau. In: Josef Albers. Werke auf Papier. Hrsg. vom Kunstmuseum Bonn. Ausstellung und Katalog: Volker Adolphs. Köln 1998, S. 57–71.

14 fragen am vorkursler. In: bauhaus. organ der kommunistischen studierenden am bauhaus. monatsschrift für alle bauhausfragen. 1 (1930), H. 2, ohne Seitenzählung [S. 7].

15 Im Nachlass von Josef Albers, der von der Josef and Anni Albers Foundation (JAAF) in Bethany, Connecticut, aufbewahrt wird, haben sich mehrere der ausgefüllten Fragebogen erhalten. Nach der Emigration in die USA ließ Albers überarbeitete englischsprachige Versionen anfertigen, die er an seine Studierenden am Black Mountain College aushändigte. Siehe dazu JAAF, The Josef Albers Papers, Nr. 34.8.

16 JAAF, The Josef Albers Papers, Nr. 34.8 (Hervorhebungen im Original). Vermutlich in Anlehnung an Kandinskys Fragebogen entstanden, waren Albers' Formulare empirische Werkzeuge im Kontext der von ihm gemeinsam mit den Studierenden durchgeführten Untersuchungen von farblichen und stofflichen Gegensätzen und deren Auswirkungen auf die Wahrnehmung.

17 Josef Albers: aus „werklicher formunterricht". In: bauhaus. junge menschen kommt ans bauhaus! 1929 (wie Anm. 11), [S. 10 f., hier S. 10]. Demgegenüber erkundeten die Materialübungen technische Aspekte wie Statik, Festigkeit, Stabilität und stellten den in der Zeitschrift der Kostufra unterschlagenen „eigentliche[n] Akzent des Vorkurses von Josef Albers in Dessau" dar; Schöbe 1998 (wie Anm. 13), S. 67.

18 Flugblatt „vorkurs" vom 9. Juli 1930, Bauhaus-Archiv, Berlin, abgebildet in: Wolsdorff 1988 (wie Anm. 1), S. 57.

19 Eingabe an den Meisterrat, Typoskript, um 1930, Original im Bauhaus-Archiv, Berlin, Nachlass Pius Pahl. Kopie in der Sammlung der Stiftung Bauhaus Dessau, Wiedergabe mit freundlicher Genehmigung der Familie Pahl.

20 Im Flugblatt „vorkurs" vom Juli 1930 (wie Anm. 18) gestehen die Studierenden ein, dass sie „gezwungen" seien, den Vorkurs „mitzumachen, weil wir keine andere möglichkeit haben in die werkstatt zu kommen".

21 die faschisierung der hochschulen und die letzten ereignisse am bauhaus. In: bauhaus. organ der kommunistischen studierenden am bauhaus. monatsschrift für alle bauhausfragen. 1 (1930), H. 2, ohne Seitenzählung [S. 2 f., hier S. 2].

22 Eingabe an den Meisterrat 1930 (wie Anm. 19).

23 DER NEUE DIREKTOR! – DER NEUE KURS? 1930 (wie Anm. 3), [S. 6].

24 ALBERS +++ KANDINSKY +++. In: bauhaus. sprachrohr der studierenden. 1 (1930), H. 3, ohne Seitenzählung [S. 10 f.].

25 Ebenda, [S. 11].

26 Flugblatt „vorkurs" 1930 (wie Anm. 18).

27 Siehe dazu den Brief von Unbekannt an Otti Berger, Bauhaus-Archiv, Berlin, Nachlass Otti Berger, zit. in: Darwent 2018 (wie Anm. 1), S. 179.

28 Magdalena Droste: Unterrichtsstruktur und Werkstattarbeit am Bauhaus unter Hannes Meyer. In: Hannes Meyer. Architekt, Urbanist, Lehrer 1989 (wie Anm. 1), S. 134–165, hier S. 164. Siehe auch Brenda Danilowitz: Josef Albers in Tischlerei und Tapetenwerkstatt. In: Oswalt 2019 (wie Anm. 1), S. 190–205, hier S. 204.

29 Fritz Hesse: Von der Residenz zur Bauhausstadt. Erinnerungen an Dessau. 2. Auflage o. O. 1990, S. 242–246.

30 Siehe Droste 1989 (wie Anm. 28), S. 137 f.

31 Siehe Danilowitz 2019 (wie Anm. 28), S. 190 f.

32 Siehe Darwent 2018 (wie Anm. 1), S. 180.

33 Siehe Peter Bernhard: „Mit Hannes Meyer geht es nicht mehr". Ludwig Grotes Rolle bei der Entlassung des zweiten Bauhaus-Direktors. In: Bernhard/Blume 2021 (wie Anm. 1), S. 78–92.

34 Brief von Josef und Anni Albers an Ludwig und Gertrud Maud Grote vom 25. Mai 1930, Deutsches Kunstarchiv des Germanischen Nationalmuseums (DKA), Nürnberg, Nachlass Ludwig Grote, Nr. 701.

35 Brief von Josef und Anni Albers an Ludwig und Gertrud Maud Grote vom 17. Juni 1930, DKA, Nachlass Ludwig Grote, Nr. 701.

36 Zit. nach Danilowitz 2019 (wie Anm. 28), S. 204.

37 Brief von Josef und Anni Albers an Ludwig und Gertrud Maud Grote vom 17. Juni 1930, DKA, Nachlass Ludwig Grote, Nr. 701.

38 Brief von Josef und Anni Albers an Ludwig und Gertrud Maud Grote vom 20. Juni 1930, DKA, Nachlass Ludwig Grote, Nr. 701.

39 Brief von Josef und Anni Albers an Ludwig Grote vom 11. August 1930, DKA, Nachlass Ludwig Grote, Nr. 701 (Hervorhebungen im Original).

40 Brief von Josef Albers an Ludwig Grote vom 21. August 1930, DKA, Nachlass Ludwig Grote, Nr. 701.

41 In der Sammlung der Stiftung Bauhaus Dessau haben sich viele Übungen im gegenständlichen Zeichnen von Walter Puff erhalten, die dieser während seines obligatorischen Kurses bei Albers 1932 anfertigte. Puff gab 1945 in einem „Fragebogen für die Schulbetriebe" an, Mitglied der Kostufra am Bauhaus gewesen zu sein, Stadtarchiv Dessau-Roßlau, Rat der Stadt Dessau (Bezirk Halle), Abteilung Volksbildung, Aktenplannummer 741500, Puff, Walter (1945–1971), Signatur A2-16-420.

42 Das Thema beschäftigte Albers sehr; siehe dazu JAAF, The Josef Albers Papers, 34.1, 34.11 und 34.12.

43 DIE LEHREN AUS DEM STREIK! In: bauhaus. sprachrohr der studierenden. organ der kostufra. 1 (1930), H. 4, ohne Seitenzählung [S. 6–8, hier S. 8].

44 AUS BUDOIREN [sic] UND AMTSZIMMERN. In: bauhaus. sprachrohr der studierenden. 1 (1930), H. 3, ohne Seitenzählung [S. 9 f., hier S. 9].

45 DIE LEHREN AUS DEM STREIK! 1930 (wie Anm. 43), [S. 8].

46 Siehe §§§. In: bauhaus. sprachrohr der studierenden. organ der kostufra. 1 (1930), H. 4, ohne Seitenzählung [S. 5 f.].

47 Siehe BERICHTIGUNG! In: bauhaus. 3 (1932),
H. 11, ohne Seitenzählung [S. 8].

48 Siehe Der Direktor und die Meister des Bauhauses,
„zur klärung der letzten vorkommnisse geben wir auf
wunsch von studierenden folgende mitteilungen",
Schreiben vom 26. März 1932. Original im Bauhaus-
Archiv, Berlin, Nachlass Pius Pahl. Kopie in der
Sammlung der Stiftung Bauhaus Dessau, Wieder-
gabe mit freundlicher Genehmigung der Familie
Pahl.

49 der fall riedel. In: bauhaus. organ der kostufra.
sprachrohr der studierenden. 3 (1932), H. 10, ohne
Seitenzählung [S. 5].

50 BAUHAEUSLER und BAUHAEUSLERINNEN! In:
bauhaus. sprachrohr der studierenden. organ der
kostufra, 3 (1932), H. 12, ohne Seitenzählung
[S. 2–4, hier S. 2].

51 ALBERS +++ KANDINSKY +++ 1930 (wie
Anm. 24), [O. 11].

52 begegnungen. In: bauhaus. sprachrohr der studierenden. organ der kostufra. 2 (1931), H. 5, ohne
Seitenzählung [S. 11 f., hier S. 11].

53 DER DIREKTOR. In: bauhaus. sprachrohr der studierenden. organ der kostufra. 3 (1932), H. 12, ohne
Seitenzählung [S. 4–6, hier S. 4].

54 die schüler der meister. In: bauhaus. organ der
kostufra. sprachrohr der studierenden. 3 (1932),
H. 13, ohne Seitenzählung [S. 4 f., hier S. 5].

55 zur situation des bauhauses. In: bauhaus. 3 (1932),
H. 14, ohne Seitenzählung [S. 2 f., hier S. 2].

56 Brief des Magistrats der Stadt Dessau an Josef
Albers vom 15. Juni 1933, Yale University Library,
Manuscripts and Archives, Josef Albers Papers,
MS 32, Box 3, Folder 31.

57 Brief von Josef Albers an das Anhaltische Staatsmi-
nisterium in Dessau vom 28. Juli 1933, Yale University Library, Manuscripts and Archives, Josef Albers
Papers, MS 32, Box 3, Folder 31.

58 Brief von Josef Albers an Eckhard Neumann vom
9. Januar 1966 (Kopie), S. 1, JAAF, The Josef
Albers Papers, Nr. 7.28.

59 Josef Albers: 13 Jahre am Bauhaus. In: Bauhaus und
Bauhäusler. Bekenntnisse und Erinnerungen. Hrsg.
von Eckhard Neumann. Bern, Stuttgart 1971,
S. 140–143, hier S. 142 f.

60 Siehe dazu Albert Mentzel: Vom Bauhäusler zum
Studierenden. In: ReD. Měsíčník pro moderní kulturu. 3 (1929–1931), H. 5, S. 158–160.

61 Siehe Michael Siebenbrodt: Zur Rolle der Kommunisten und anderer fortschrittlicher Kräfte am Bauhaus. In: Wissenschaftliche Zeitschrift der Hochschule für Architektur und Bauwesen Weimar.
23 (1976), H. 5/6, S. 481–485, hier S. 483; Elizabeth Otto: Haunted Bauhaus. Occult Spirituality,
Gender Fluidity, Queer Identities, and Radical
Politics. Cambridge/Mass., London 2019, S. 176
und 179.

62 Brief von Albert Mentzel-Flocon an Josef Albers
vom 5. Februar 1952, S. 1, JAAF, The Josef Albers
Papers, Nr. 3.40.

Lu Märten im Streit um eine neue Ästhetik.
Materialismus und/oder Klassenkampf

Regina Bittner

„Ich war vorige Woche am *Bauhaus* zu einem Vortrag dort. Dabei habe ich den Artikel [Bedřich Václaveks Rezension von Lu Märtens Buch *Wesen und Veränderung der Formen/Künste*] auch flüchtig einsehen können. Ihm ist als Wiedergabe des Inhalts sicher nicht zu widersprechen, nur hätte ihn Kállai etwas stärker für meine Arbeit interessierend gewünscht, eine Absicht, der ich nur zustimmen kann; vor allem jetzt nach meinem Einblick in das *Bauhaus* und seine Leute – dem starken Suchen und Interesse der jungen Menschen dort einerseits und dem z.T. unerschütterlichen Mißverständnis der Lehrer gegenüber dem Materialismus andrerseits (dem sie doch praktisch huldigen) – ist mir das nur noch mehr verständlich. […] Aber weil auch Sie von der Eile schrieben, mit der Sie Kállais Wunsch nachkamen, glaube ich doch, daß Sie seiner Absicht zustimmen werden. Ich selbst sitze auch noch an einem theoretischen Artikel für *bauhaus*. Ich habe für meine Begriffe dort sehr schlecht gesprochen […]. Aber gefesselt hat es trotzdem, die Diskussion ging bis in die Nacht und – wie mir K. schreibt – sie beschäftigt die Gemüter noch weiter."[1] Am 12. Oktober 1928 hielt Lu Märten am Bauhaus Dessau den Gastvortrag „Historische Dialektik und Experiment". Erst ein Jahr später wurde Lu Märtens Beitrag „historischer materialismus und neue gestaltung" in der Bauhaus-Zeitschrift veröffentlicht,[2] zusammen mit Bedřich Václaveks Rezension ihres Hauptwerks *Wesen und Veränderung der Formen/Künste*, das 1924 im Taifun Verlag erschienen war.[3] Diesem Buch vorausgegangen waren Artikel, Rezensionen und Schriften, die die Autodidaktin und Kunsttheoretikerin für Zeitschriften und Zeitungen wie *Die Aktion, Die Rote Fahne, Jugend-Internationale* und *Kulturwille* verfasste. Viele ihrer Publikationen kreisten um Themen wie Kunst und Kultur im Arbeiteralltag, Kunst und Proletariat. Sie äußerte sich zu Fragen der Künstlerorganisation, der Lage der proletarischen Frauen und des weiblichen Kunstschaffens, zu Film und Radio, und immer

lu märten
historischer materialismus und neue gestaltung

nehmen wir das denken als die ursache einer schöpfung, also auch des gedachten, so ist dies bestechend, ohne die kontrolle auf die historische tatsache der wandlung aller dinge, auf die sich das denken beziehen kann. denn gibt es nur ein und dieselbe kraft des denkens, nennen wir es den mechanismus des denkens, so wäre nicht einzusehen, warum die geniale atomlehre der alten nicht fortlaufend zu dem punkt gekommen wäre, auf dem heute die physiker mit spannung erst arbeiten. dem unbestrittenen mechanismus des denkens, den wir auch unseren urwilden vormenschen selbst zugestehen, muß also etwas auf seinem wege entgegenstehen, das ihn begrenzt, also etwas, was die idee begrenzt.[1]) diese begrenzung ist nicht die ihr entgegenstehende idee, die sie (wie die geschichte der ideen zeigt) eher befruchtet (dialektik), sondern es ist die materie. jener teil der bis dahin unentdeckten materie. auf naturwissenschaftlichem gebiet entdeckt sich die natürliche materie mit dem fortschritt der technik (denken wir nur an mikroskop und ultramikroskop, röntgen spektroskop usw.) und weiter, nicht mehr nur über den weg unserer natürlichen sinnesorgane, sondern längst auch auf dem wege der elektronenfunktionen, von denen wir noch kaum wissen, wieweit sie unsere nerven einmal zu entdecken machen wird. man die idee und der ihr näher zugedachte geist an sich konnte dies jemals ahnen, hatte vielmehr, als man schon die tatsache z. b. des magnetismus entdeckte, darüber sehr kuriose ansichten, sondern das materielle experiment erst entdeckt uns diese dinge.

aber es gibt auch eine künstliche materie, die sich die menschen auf dem wege ihrer arbeit selbst geschaffen haben. ob bewußt oder unbewußt geschaffen, spielen ihre ursachen- und wirkungsgesetze in der gesellschaft, im wirtschaftlichen sein der gesellschaft, dieselbe rolle wie die gesetze der naturkräfte. sie zu entdecken und mit dem bewußtsein über ihren logischen charakter als wirkung auf

1) begrenzung der idee. siehe die märchen und schöpfungsgeschichten der urvölker. ihre einzelerkenntnisse in andern dingen, fehlen der zusammenhänge trotz genialer ahnungen. denn zusammenhänge sehen und überdenken können, ist nur auf grund von schrift, als materielles gedächtnis möglich, also nur in wirtschaftlich entwickelten gesellschaften.

2) wir wissen aber, daß jede neue entwicklung aus arbeit und technik, die mechanische kraft und andres eine für sich abgeschlossene philosophie verursachte, indes heute nach dem stand der modernen physik die mechanische kraft bedingt ist in der gesetzmäßigkeit der verschiedenen materien. so ist die lichtwelle ihre kraft auch bei einer millionenfachen verdünnung, also ganz anders als bei wasserwellen oder den bekannten mechanischen kräften, deren wirkungen entsprechend ihren abschwächungen vorzustellen sind. während das licht auch in der verdünnung keinen wirklichen energieverlust erleidet. — dies soll nur genügen, um die philosophische linie zu überdenken, die denkgrenzen, die der historische materialismus für das geistige prinzip (erfahrung und erkenntnis) erkennt.

3) man denke an die generationen von kahnbauern, steinbearbeitern, töpfern, webern . . . hierzu überlegen! daß die ursache organische natur ebenso einen ununterbrochenen beweis der untrennbarkeit von form und inhalt gibt. morphologische und physiologische erscheinungen, form und funktion (materie und geist) bedingen einander wechselseitig. differenzierung der form (in der natur: zelle) bedingt differenzierung in haut, knochen usw., also differenzierung des stoffes (man bedenke die entwicklung der alten kunst). differenzierung des stoffes bedingt wieder diffecente form.

4) materie (auch im gesellschaftlichen leben) ist nicht bloße mechanistik, bloße ortsveränderung, bloße wechselwirkung, sondern wärme, licht, elektrische und andre spannung, chemisches trennen und binden, lernen in zahllosen formen und bewußtsein in zahllosen graden historischer erkenntnis. in alledem wird aus einer unendlichen arbeit der hand, der geschaffenen dinge — erst der kopf (die idee).

menschen, bewußt zu verändern, ist die aufgabe, wobei es im wesen gleich bleibt, ob man diese aufgabe als tat oder als theorie zunächst faßt.

daß taten ohne theoretische erkenntnis nur zunächst wieder eine theoretische erkenntnis fördern helfen, lehrt uns die geschichte der revolutionen in wirtschaft und politik; lehrt uns, auf das gebiet der zu schaffenden form hier gedacht, die geschichte der ismen und der künstlichen stile aus der bloßen idee (jugendstil, maschinenromantische kunst u. a. m.). wir möchten aber hier nebenbei darauf hinweisen, wie rasch der materialisierte irrtum uns auf neue wege führt, als ungewolltes experiment selbstkontrolle mit sich führt, indes die ideen als philosophien an sich, unabhängig von jeder tatkonsequenz (schöpferischen) sich zwar durch die jahrtausende erhalten, aber nicht wirken und keine veränderungsfaktoren aus sich selbst darstellen oder entwickeln.[2])

diese linien auf die kunst angewandt, bedeutet, den sinn und zweck der kunst nicht in der idee der kunst sehen, denn die idee der kunst kann nicht ihre ursache sein, sondern ist allerspäteste wirkung aus andern [...] tives menschenmaterial, das (nach welchen entwicklungen wissen wir nicht immer) erstaunlich vollendete dinge schafft, schafft sie nicht aus der idee: kunst zu machen. er schafft sie in der ewigen und nahen, notwendigen oder zwangsläufigen verbindung seiner wirtschaftlichen bedingungen, unter welchen wir auf seiner stufe gegebene natur, werkzeug, zwecke seines lebens und ähnliches verstehen müssen.[3]) wir unterscheiden in seinen formen eine starke, in sich vollendete beharrung (jäger und nomadenvölker) und eine für das abwegige grenze hochentwickelte, sich wandelnde form (china, griechen etc., alle völker mit gewonnener seßhaftigkeit, ackerbau und damit entwickelter technik). er entwickelt dieses schaffen und diesen geist immer nur als funktion am stoff, und die wandlung des stoffes, das, was durch diesen erkenntnis und lehre ist, ja selbst die primitive monomanie oder den zwang (ägypten) diesen stoff zu bearbeiten, entwickelt sein denken über und aus dem stoff.

das ist im grunde dasselbe, als wenn der moderne künstler darauf zurückgreift, formen aus dem material zu finden. brauchte er dieses experiment und dieses prinzip, wenn die ideen und ästhetiken der kunst der jahrhunderte sie für immer festgelegt hätten, an eine quelle, an der der künstlergeist nur zu betätigen hätte? — der geist der gegenwart sucht im gegenteil neue gründe und materielle gesetze für eine funktion. ohne die polarität der materiellen welt oder gesellschaft ist geist nicht zu denken, weil er ja praktisch einfach funktion ist.[4])

man mache sich im alltag die praktische bedeutung klar. ein mensch mit überragendem geist erweist sich als solcher an dem ihm entsprechenden material. mit der verarbeitung eines

4

Die erste Seite von Lu Märtens Beitrag „historischer materialismus und neue gestaltung" in bauhaus. vierteljahr-zeitschrift für gestaltung, Ausgabe 1, Januar 1929. Auf der gegenüberliegenden Seite illustriert mit einer Abbildung der Bronzeplastik Schreitende von Gerhard Marcks, 1926

zur frage: material, technik und form
im aufsatz lu märten
gerhart marcks, halle:
schreitende 1925/26
aus ton modelliert, in bronze gegossen.
foto: dühren u. henschel, berlin.

5

wieder kreisen ihre Texte um ihr Kernthema: eine historisch-materialistische Fundierung der Kunsttheorie, eine, wie sie es nannte, „soziale Ästhetik". Lu Märten war Kommunistin, 1920 trat sie der KPD bei, nachdem sie lange die Sozialdemokratie unterstützt hatte.

Im selben Heft der Zeitschrift *bauhaus* findet sich wenige Seiten vorher ein Aufsatz von Ernst Kállai mit dem Titel „goldene ketten – eiserne ketten". Kállai, mit der Arbeit Lu Märtens über seine Netzwerke zur tschechoslowakischen Poetismus-Bewegung, namentlich Bedřich Václavek und Karel Teige, vertraut, wollte eine materialistische Theoriebildung unter den Lehrern und Studierenden des Bauhauses fördern. Die Schlagseite seines Artikels richtet sich allerdings gegen die kommunistische Kultur- und Kunstpolitik einer Clara Zetkin oder eines Upton Sinclair. Das Buch des amerikanischen Autors Sinclair *Die goldne Kette* wurde 1927 im Malik Verlag auf Deutsch veröffentlicht – mit einem Umschlag von John Heartfield. Kernthese des Buches ist die Behauptung, wahre Kunst könne erst unter den Bedingungen einer von Ausbeutung und Kapitalismus befreiten Gesellschaft entstehen.

Ernst Kállai kommentiert ironisch Sinclairs Behauptung, nur der Sozialismus könne zur Erlösung der Kunst beitragen, und kritisiert zugleich den Hang dieser Kunstauffassung zur Monumentalisierung am Beispiel des Moskauer Lenin-Mausoleums. Sinclairs Abhandlung verfolgt die Argumentationslinie, dass Kunst immer im Dienst der jeweiligen Ausbeuter gestanden habe und schließlich zu einem kapitalistischen Unternehmen geworden sei. Bürgerliche Kunst wurde zum Kampfbegriff vieler linker Intellektueller, was Kállai mit einem Zitat von Clara Zetkin unterstreicht. Zugleich formuliert er seine Zweifel an der emphatischen Kampfansage an die als „afterkunst" bezeichnete bürgerliche Kunst in einer Replik über die künstlerische Entwicklung in der Sowjetunion, in der er aufzeigt, wie Bürokratie und staatliche Kontrolle die Kunstproduktion einschränken: „was in sowjetrußland an ödestem akademiekitsch sich der gunst der regierung erfreut".[4] Kállai teilte mit seinen tschechoslowakischen Kollegen wie Karel Teige die Sympathie für den Kommunismus, aber auch die scharfe Kritik an der stalinistischen Kulturpolitik. Und es scheint kein Zufall, dass gerade in diesem Heft – wenn auch mit fast einem Jahr Verspätung – nun ausführlich Lu Märten zu Wort kommt. Obwohl

Upton Sinclair, *Die goldne Kette*, Berlin 1927. Umschlaggestaltung von John Heartfield

eine zentrale Stimme in der Presse der linken Bewegung der Weimarer Republik, wenn es um proletarische Kunst und eine revolutionäre Kunstauffassung ging, scheint sie nicht in das Bild der Verteidiger und Verteidigerinnen des sowjetischen Kurses zu passen, das Kállai hier kritisiert.

Als zwei Jahre später die siebte Ausgabe der Zeitschrift der Kostufra am Bauhaus einen Artikel „über ästhetik. anmerkungen eines politisch tätigen marxisten" veröffentlicht, wird erneut auf Upton Sinclair Bezug genommen. Hier gilt er als Fürsprecher einer klassenmäßigen Bedingtheit der Ästhetik. Der letzte Ausweg für den Künstler, sich diesem System von Ausbeutung und Unterdrückung zu entziehen, sei schließlich im L'art pour l'art zu beobachten. Die „ästhetische unsicherhcit im zcitalter des monopolkapitalismus" sei besonders sichtbar in der „zwangsaskese der ‚form ohne ornament'". Und weiter heißt es: „es ist klar, die beschränkung auf einfarbige tapeten und glatte möbel hat an und für sich noch nichts weder mit der durchbrechung des klassencharakters der heutigen kunst noch mit der zweckbesinnung zu tun. – wie eine konkrete analyse der traurigen geschichte der stahlmöbel erweisen könnte." Der Artikel ist ein klares Plädoyer für ein ästhetisches Programm im Dienst des Klassenkampfes. Es sei „festzustellen, dass die ästhetischen gesetze dieses aufbaues kleiderstoffe und tapeten mit ‚pleinmustern' in traktoren und sichel und hammer verlangen. diese ‚ästhetik' enthüllt zum ersten male in der weltgeschichte ohne jede schüchternheit und prüderie ihr gesicht. ihre ornamentik wird bestimmt durch die parolen des fünfjahresplanes."[5]

In der hier kursorisch zusammengestellten Zeitschriftenschau bilden sich einige der Konfliktlinien innerhalb der Debatten um eine marxistische Ästhetik und proletarische Kunst ab, die im Folgenden näher untersucht werden. Der Publizistin und Kunsttheoretikerin Lu Märten kommt dabei eine besondere Rolle zu, setzte sie sich doch in ihren Schriften für eine Produktionsästhetik als Gegenmodell zur KPD-Arbeiterbildungsagenda von oben ein. Sie nahm damit nicht nur Positionen um eine Gestaltung des Alltags, wie sie unter anderem das Bauhaus vertrat, vorweg. Vielmehr erhellen die Debatten um die Frage einer revolutionären Kunstauffassung und historisch-materialistischen Kunsttheorie auch Muster, die dann unter anderem die Rezeption des Bauhauses in der SBZ/DDR geprägt haben.

Eine Kunsttheorie der Formen

Zunächst sollen einige Grundlinien der Argumentation Lu Märtens für eine historisch-materialistische Kunsttheorie skizziert werden. Vorab ist zudem zu betonen, dass sich Märtens Bemühungen um eine andere Historiografie der Kunstgeschichte in vielfältige Strömungen in der Zwischenkriegszeit einbetten, die darum bemüht waren, das Stoffgebiet der Kunstgeschichte geografisch wie zeitlich zu erweitern, mit anderen Disziplinen zu verflechten und andere Konstruktionen von Ursprungserzählungen vorzuschlagen.[6]

Lu Märten hat sich schon früh politisch engagiert, prägend sind für sie die sozialen Verwerfungen der wilhelminischen Gesellschaft und hier insbesondere die Lage der Frauen. Ihr Engagement in der sozialistischen

Frauenbewegung, der Bodenreform- und Gartenstadtbewegung sind darauf zurückzuführen. In diesem Umfeld wird sie als Autorin in sozialdemokratischen und liberalen Zeitungen aktiv. Dank ihrer Bekanntschaft mit Friedrich Naumann, Mitbegründer des Deutschen Werkbunds, für dessen Zeitschrift *Die Hilfe* sie schrieb, setzt sie sich mit Fragen der Alltags- und Produktkultur sowie der Konsequenzen der Maschinenarbeit auseinander.

Der bereits 1903 publizierte Text „Die künstlerischen Momente der Arbeit in alter und neuer Zeit" kann als richtungsweisend für ihre weiteren Überlegungen zu einer materialistisch fundierten Kunsttheorie gelten. Ihr Anliegen ist es, die Ursprünge der Kunst aus der Arbeit abzuleiten. Märten unterstellt in diesem Text eine ursprüngliche Einheit von Arbeit und Kunst, die erst durch die gesellschaftliche Ausbildung der Arbeitsteilung zerstört wurde. In einer künftigen Kunst und gesellschaftlichen Produktion kann diese wieder rückgängig gemacht werden.

Sie argumentiert in einem historischen Dreischritt: von der mittelalterlichen Handwerksarbeit über die Manufaktur hin zur Arbeitsteilung in der maschinellen Großindustrie. Der Begriff Kunst erübrige sich hier, weil er nur ein vorübergehendes Stadium bezeichne. Er wird von Lu Märten durch den Begriff der Form ersetzt.

Ihre Überlegungen sind davon motiviert, die bildenden, künstlerischen Momente der Arbeit, die sich im Zuge der Entwicklung der Werkzeuge und Techniken verändert haben, herauszuarbeiten. Während sie im Zeitalter der Manufakturproduktion eine individuelle Arbeiterpersönlichkeit beobachtet, die aber auch von einer „gewisse[n] Engherzigkeit der Lebens- und Wirtschaftsanschauung" begleitet war, so habe die Industriearbeit von heute eine mehr „*sozial* bestimmte Persönlichkeit" des Arbeiters hervorgebracht, „der gelernt hat, seine Interessen an der Arbeit nur in Verbindung mit den Interessen der Arbeiterschaft überhaupt zu denken".[7] Sie sucht nach künstlerischen Momenten auch in der heutigen Arbeit, die es auszubauen gelte. In späteren Reflexionen der Autorin auf diese frühen Überlegungen stellt sie die Differenz zur bisherigen Art der Kunstgeschichte heraus: „[…] ich versuche, den Ursprung aller Künste bewußt zu machen. Und daß es sich bei allem ursprünglich erstem Formfinden um lebenswichtige Zwecke handelt." Aus dieser Argumentation leitet sie die These ab, „daß eine künftige Kunst wieder zu einer Zweckbestimmung zurückkehren würde".[8]

Neben ihre Bekanntschaft mit Friedrich Naumann und den Werkbundaktivitäten sind es vor allem die Ideen von William Morris und John Ruskin, die Lu Märtens Zusammendenken von Kunst und Arbeit befördern. Ihr geht es um den Entwurf eines einheitlichen ästhetischen Werkvermögens. Im Unterschied zu Ruskin lehnt Märten jedoch den Großbetrieb nicht ab, vielmehr vermutet sie gerade in der neuen kollektiven Produktionsweise Dispositionen für die Ausprägung einer anderen ästhetischen Produktivität. Was wird nun explizit mit dem Begriff der Formen angesprochen? Mit ihrem Hauptwerk *Wesen und Veränderung der Formen/Künste* verfasste Märten eine auf der Einsicht des unmittelbaren Zusammenhangs zwischen Arbeit und Kunst aufbauende Kulturgeschichte der menschlichen Arbeitsformen, innerhalb derer sie die bürgerliche und kapitalistische Kunstproduktion lediglich als vorübergehendes Stadium kollektiver menschlicher Arbeitsformen beschreibt. Der Begriff der Form wird hier für einen zweck- und materialgemäß durchgebildeten Gebrauchsgegenstand verwandt. Worum es ihr vor allem ging: hinter eine die Arbeiterbildung leitende Beschäftigung mit großer Kunst zurückzugehen und auf den ersten Erziehungsfaktor, den Umgang mit den Dingen des alltäglichen Gebrauchs, zu setzen. Dort liege das Gegebene in den von der Industrie angebotenen ästhetischen Dingen und Formen.[9]

Ein Jahr nach dem Erscheinen ihres Hauptwerks fasst Lu Märten dieses Konzept der Formen als historisch materialistische Fundierung einer sozialen Ästhetik in einem Artikel „Kunst und Proletariat" zusammen: „Es gilt also zu begreifen und ins Bewußtsein zu bringen [...], daß sogenannte Kunst, historisch gesehen, nicht nur Inhalt, sondern in erster Linie Form ist. Daß sie nur als eine überlegene Form unter Formen – und unter Formen, die unter der Industrieherrschaft das Gegenteil aller Kunst wurden, zu ihrem historisch[en] (bürgerlichen) Sonderbegriff: Kunst werden konnte."[10] Aus der Anerkennung der Logik der Maschine und der damit verbundenen Material- und Formprinzipien entwickle sich eine klassenlose Form als Ergebnis des Zusammenwirkens von Materialgesetzen, Produktionslogiken und Zweckmäßigkeit des Gebrauchs.

Arbeitererziehung versus Produktionsästhetik

Es sind zwei Diskurslinien, die in diesem Aufsatz angesprochen werden: erstens die Auseinandersetzungen mit Positionen zum Proletkult – eine für die linke Kulturpolitik in der Weimarer Republik virulente Debatte – und zweitens das Verhältnis zwischen historisch-materialistischer Kunsttheorie und Gestaltung – eine Fragestellung, der sich ihr Aufsatz in der Zeitschrift *bauhaus* 1929 explizit widmet.

Die Rezeption der Oktoberrevolution und ihrer Positionen zur kulturellen Revolution prägte in den 1920er-Jahren die künstlerischen und intellektuellen Debatten in ganz Europa. Anatoli Lunatscharskis Thesen zur proletarischen Kultur zirkulierten in Berliner Kreisen wie dem nur kurzzeitig existierenden Bund für proletarische Kultur. Dem Proletkult fühlten sich 1919 noch der KPD verbundene Künstler wie Erwin Piscator oder auch Publizisten wie Carl Einstein und Ludwig Rubiner, beide eher anarchistisch geprägt, verpflichtet. Sie teilten mit den sowjetischen Vertretern die Überzeugung, dass die gezielte Enteignung der bürgerlich-individuellen Kultur für den Aufbau einer zukünftigen kollektiv-proletarischen Lebensform notwendig sei.

Kerstin Stakemeier hat die europäischen Resonanzen des Proletkults sowohl im tschechischen Poetismus, zu dessen Mitgliedern Karel Teige und Bedrich Václavek gehörten, als auch bei deutschen Vertretern und Vertreterinnen wie Erwin Piscator, Carl Einstein und Lu Märten untersucht. 1919 hatte Einstein unter der Überschrift „Zur Primitiven Kunst" eine „uns nötige Kollektivkunst" gefordert, eine „primitive Kunst" aus dem „Ablehnen der kapitalistischen Kunstüberlieferung. Europäische Mittelbarkeit und Überlieferung muss zerstört, das Ende der formalen Fiktionen festgestellt werden. [...] die einfache Masse, die heute noch im Leiden befangen ist. Sie ist der Künstler."[11] Einsteins Formulierung lässt sich als Echo der 1918 stattgefundenen 1. Konferenz des Mosko-Proletkults lesen. Alexander Bogdanow hatte hier proklamiert, dass der „Kapitalismus [...] die Kunst nicht nur aus der Arbeitermitte, sondern auch aus den weitesten Bevölkerungsschichten verjagt" habe und es darum gehen müsse, diese als Lebensform zurückzugewinnen.[12]

In einem Text zum Proletkult von 1919 stellt Lu Märten heraus, dass dieser darauf ziele, die „Teil-seele, den Teil-menschen" zu überwinden. „Keine Trennung ist zwischen all den Dingen. Es ist alles Leben – und es ist alles Kunst, wenn ihr nur wollt, daß es in uns eingeht, wenn ihr dem ganzen sinnlichen und geistigen Menschen nicht nur immer ein Chambre garnie einräumt, sondern alle Kammern der Welt, die ihr besitzen wollt und sollt, öffnet und den wahren Reichtum der Welt in euch aufnehmt."[13] Ihr Bekenntnis zum Proletkult gerät dabei bald in Opposition zum Richtungswechsel in der Kulturpolitik der KPD. Schon Bogdanow hatte in der Sowjetunion Kritik am Lenin'schen Modell der proletarischen Aneignung bürgerlicher Kultur im Modell der Parteilichkeit geübt. Mit diesem Modell, so die Kritik Bogdanows, würde keine Enteignung der kapitalisierten Kultur vorangetrieben, sondern lediglich eine Umverteilung organisiert. Aus Sicht des Proletkults ging es um grundlegende Enteignung und Entweihung des bürgerlichen Kulturguts, die als Basis der eigenen Produktionen aufgefasst werden. Bereits 1920 änderte sich die Situation in der Sowjetunion – der Proletkult zerfiel in Einzelorganisationen, und dessen Hauptakteure verloren die Unterstützung des Zentralkomitees der Partei. Bereits 1922 wurde der Proletkult als proletarische Kultur einer Übergangsgesellschaft neu ausgerichtet als Position eines erzieherischen Realismus.[14]

In der KPD wurde diese Linie unter anderem von Gertrud Alexander, der Cheffeuilletonistin der *Roten Fahne*, vertreten. Lu Märten war eine der bestimmtesten und konsequentesten Gegnerinnen dieser Kulturpolitik der Arbeitererziehung. Sie, so stellt Stakemeier heraus, „erkannte im Proletkult eine heterodoxe Öffnung der künstlerischen Praxis über die Kunst hinaus, eine Versinnlichung des proletarischen Lebens, die nicht dessen nachholende *Bildung* oder dessen bevormundende Idealisierung vorsah, sondern eine dezentrale Organisierung kollektiver Spontaneität voraussetzte, deren Konsequenzen Märten in ihren Schriften weit über die europäische Moderne hinaus verfolgte".[15]

Die ideologischen Unterschiede zwischen Märten und Alexander reichen weit zurück und stehen im Grunde stellvertretend für die kulturpolitischen Richtungskämpfe in der KPD. Chryssoula Kambas hat Lu Märtens Kunsttheorie als Ergebnis einer kritischen Befassung mit der Arts-and-Crafts-Bewegung und der Kunstgewerbebewegung, vor allem ihrer Rezeption der Schriften von Karl Marx, untersucht. Aus dieser intellektuellen Auseinandersetzung gewann Märten die Einsicht zur historischen Stellung des Künstlers in der bürgerlichen Gesellschaft sowie das Bewusstsein der Isolation des Künstlers von beziehungsweise in der Gesellschaft. Gertrud Alexander war demgegenüber an Franz Mehring und seinen Vorstellungen der ästhetischen Erziehung des Proletariats geschult. Mehring vertrat ein Geschichtsverständnis, das Geschichte als Abfolge von Klassenkämpfen begreift. Das Kunstwerk sei deshalb ein Gebilde, das immer Bewusstseinsausdruck der Klasse sei. Demgegenüber fragt Märten nach den Besonderheiten dieses Bewusstseinsprodukts, was aus ihrer Sicht mit Rekurs auf Marx nur heißen könne, „den Stoff so zu behandeln, wie ihn Marx behandelt hätte". Sie plädiert deshalb dafür, der Materie, aus welcher Kunst gemacht ist, dem Kunstkörper in der Theorie zur Geltung zur verhelfen, ihn „nicht nur geistig, sondern auch sinnlich, technisch und materiell zu begreifen. Man spricht von einer neuen Kunst, der Kunst des Proletariats usw. Da ist es nötig, eine Analyse der künstlerischen Produktion historisch und materiell vorzunehmen, weil man sonst zu leicht dabei stehenbleibt, wie der ältere Sozialismus es getan hat, nur auf den Inhalt der Kunst zu achten, auf Gesinnung, die sie ausspricht, auf Ideologie."[16] Während Franz Mehring Kunst als Ideologie auffasst und auf die Vermittlung von bildendem Wissen entlang des Vorbilds der frühbürgerlichen Literatur setzt – eine Haltung, die das Proletariat quasi zum Objekt der Bildung macht –, vertritt Lu Märten eine andere Position.

Eine historisch-materialistische Begründung der Kunst über Material und Form soll gerade verhindern, „daß das Schema dessen, was schließlich bürgerliche Kunst hieß, unbewußt übernommen wird auch in die Arbeiterkreise".

In ihren „Briefen über Kunst" fordert sie, dass eine historisch-materialistische Theorie der Künste „bestimmten wesentlichen Gesetzmäßigkeiten" nachgehen soll, um für die produzierenden Künstler und die großen Massen eine Orientierung anzubieten. Schließlich seien diese die zukünftigen Kunstproduzenten.[17]

Historischer Materialismus und Gestaltung

In der Zeitschrift *bauhaus* von 1929 treffen dieses Kontroversen aufeinander und werden in den Kontext der Agenda gestellt, die der Schriftleiter Ernst Kállai gemeinsam mit dem Herausgeber Hannes Meyer verfolgt: Es geht um Positionsbestimmungen in Bezug auf die moderne Gestaltung des Alltags. In der Rezension von Lu Märtens Buch in der Zeitschrift wird deshalb ihr Formkonzept als theoretischer Anstoß für die zeitgenössischen Bemühungen um Gestaltung hervorgehoben: „um dieser tatsache rechnung zu tragen, müssen wir den traditionellen bürgerlichen Begriff der ‚kunst‘ aufgeben und das wesen der neuen gestaltung weit über die grenzen der ‚kunst‘ auf allen gebieten des lebens, in gebilden neuer technischer bestimmtheit und neuer zweckerfüllung suchen, in formen, die nicht nur stimulantia, ersatz und schein des lebens, sondern teile und funktionen der lebenswirklichkeit sind."[18]

Auch ihr Essay „historischer materialismus und neue gestaltung" richtet sich an den Interessen der Bauhaus-Akteure aus, dennoch betritt sie damit kein unbekanntes Terrain. Schließlich hat sie sich bereits in den 1910er-Jahren zu Fragen der Erweiterung der Künste/Formen, der Wohnkultur, des Haushalts, neuer Medien wie Radio und Film als neuer Syntheseformen geäußert. Kállais Aufsatz „goldene ketten – eiserne ketten" setzt sich dann explizit mit eben jenen Positionen innerhalb der KPD zu Fragen einer proletarischen Kultur auseinander, die Kunst im Dienst des Klassenkampfs und das Kunstwerk als Bewusstseinsausdruck der Klasse verstanden. Kállai teilt damit die kritische Haltung Märtens gegenüber der am klassischen Kulturerbe ausgerichteten Arbeiterbildung.

Zugleich äußert Kállai im selben Heft in dem Artikel „wir leben nicht, um zu wohnen" aber auch seine Skepsis gegenüber den modernen Obsessionen um das Wohnen und bezweifelt, dass befreite, durch Licht und Luft strukturierte Wohnungen eine gesellschaftliche Veränderung befördern könnten. „die restlose versorgung des proletariats mit wc, bad, licht und ein paar freundlichen wänden rundherum wäre in den händen kapitalistischer sozial- und kulturpolitik ein einträgliches geschäft auf lange sicht." Schließlich ließen sich auf diese Weise die proletarischen Massen im kleinen Glück

bauhaus. vierteljahr-zeitschrift
für gestaltung, Titelseite
der Ausgabe 1, Januar 1929

befrieden.[19] Möglicherweise kannte Kállai auch Lu Märtens Aufsatz „Kunst und Proletariat" von 1925. Hier stellt sie heraus, dass es nicht darum gehen könne, proletarische Kunst lediglich als Dekoration der Wände der Arbeiterwohnungen zu verstehen, sondern zu fordern, dass diese Wände selbst gewandelt werden müssten.[20]

Das Heft der Zeitschrift des Bauhauses ist damit ein faszinierendes Zeitdokument lebendiger Kontroversen um die Frage, wie sich Kunst und Arbeit, Proletariat und Kultur, Alltag und Ästhetik vor dem Hintergrund der modernen Industriegesellschaft, ihrer Technologien, Produktionsweisen und Lebensformen auf neue Weise verbinden und dabei an die künstlerischen Avantgarden anknüpfen könnten. Im Aufsatz in der Zeitschrift der Kostufra „über ästhetik. anmerkungen eines politisch tätigen marxisten" scheinen zwei Jahre später diese so produktiven und vitalen Suchbewegungen innerhalb der linken Künstler- und Intellektuellenszene einem starren KPD-Kurs nach dem Vorbild der Sowjetunion gewichen zu sein.

Coda

Im unmittelbaren Nachkriegs-Ostdeutschland waren es linke Strömungen der Avantgarden, die einen hoffnungsvollen Neubeginn unternehmen wollten. Aus der Emigration oder Haft zurückgekehrt, waren viele von ihnen voller Optimismus, nun im aus ihrer Sicht besseren Deutschland an die Entwicklungen anknüpfen zu können, die der Nationalsozialismus brutal unterbunden hatte. Das Zeitfenster bestand jedoch nur wenige Jahre, bevor sich die stalinistische Kulturpolitik in der SBZ/DDR durchsetzte. Die Formalismusdebatte konnte dabei auf Argumente zurückgreifen, die bereits im radikalen Flügel der KPD, wozu auch die Kostufra gehörte, tonangebend waren und sich auch in Exil-Debatten um eine sozialistische/proletarische Kunst, um Realismus und Expressionismus fortschrieben. Hier sei nur an die Debatte zwischen Bertolt Brecht und Georg Lukács in der Exilzeitschrift *Das Wort* erinnert.

Lu Märtens gesammelte Aufsätze wurden 1982 unter dem Titel *Formen für den Alltag* im Dresdener Verlag der Kunst mit einem Vorwort von Heinz Hirdina veröffentlicht. Das Buch erschien zu einem Zeitpunkt, als in der DDR eine Neubesichtigung des Erbes der ästhetischen Avantgarden stattfand: Karin Hirdinas *Pathos der Sachlichkeit* nahm explizit die künstlerische Avantgarde der 1920er-Jahre inklusive des Bauhauses in den Blick. Deren neue künstlerische Methoden, Gestaltungsprinzipien und Verfahren wurden als Versuche, die bürgerliche Isolation der Kunst zu überwinden sowie Kunst mit dem Alltag zu verbinden, diskutiert. Karin Hirdina untersuchte diese Strömungen als Traditionen materialistischer Ästhetik im Spannungsfeld zwischen Produktions- und Abbildästhetik. Lu Märten wurde von ihr ausführlich zitiert.[21]

Parallel dazu legte der Theoretiker Lothar Kühne in seinem Band *Gegenstand und Raum* eine marxistische Ästhetik der Gegenständlichkeit vor, die den Zusammenhang zwischen Arbeit und Gestaltung, Produktion und Ästhetik untersuchte. Er sprach von der „kommunistischen Potenz der Serie" und bezog sich ebenfalls auf Traditionen des Bauhauses, des Konstruktivismus und des Werkbunds.[22] Anfang der 1980er-Jahre waren es kulturelle

Modernisierungsdynamiken in der späten DDR, die sich in gewachsenen Ansprüchen an Konsum-, Freizeit- und Alltagskultur Ausdruck verschafften und in den Debatten um eine marxistische Ästhetik einen intellektuellen Resonanzraum fanden. Dabei wurden Traditionslinien für den Sozialismus aktualisiert, die in den Anfangsjahren der DDR dem ideologischen Verdikt des Formalismus mit oft dramatischen Folgen ausgesetzt waren.

Auch im Westen sollte die Avantgarde aus marxistischer Sicht neu konfiguriert werden: Das von Wolfgang Fritz Haug als „Jahrhundertbuch" bezeichnete Werk *Die Ästhetik des Widerstands* von Peter Weiss, zwischen 1971 und 1980 geschrieben, begibt sich in einem komplexen Gewebe aus Handlungssträngen auf die Suche nach den Verflechtungen zwischen ästhetischem und politischem Avantgardismus im 20. Jahrhundert. Kunst wird dabei als Übungsfeld selbstständigen Denkens und Handelns, als widerständige Praxis entworfen. Eine Veranstaltungsreihe des Theaters Hebbel am Ufer in Berlin widmete sich 2016 explizit der Aktualisierung der *Ästhetik des Widerstands*. So schreibt Hans-Thies Lehmann in der begleitenden Publikation: „Ästhetik des Widerstands bedeutet vor allem Erinnerung an Widerstand mit Mitteln der Kunst [...]."[23] Es gehe um die Vergegenwärtigung des Gewesenen als dynamische Konstellationen zwischen Ästhetischem und Politischem, zwischen Handlungsmacht und Ohnmacht.

Inwiefern diese Überlegungen auch zu alternativen Bauhaus-Historiografien anstiften könnten, soll in einer abschließenden Episode kursorisch skizziert werden: Am Vorabend der brasilianischen Parlamentswahlen 2018 in São Paulo hatte *bauhaus imaginista*, ein im Rahmen des 100-jährigen Bauhaus-Jubiläums entwickeltes internationales Forschungs- und Ausstellungsnetzwerk, zu seiner Ausstellung im SESC Pompéia ein Symposium organisiert. Dort reklamierten brasilianische Intellektuelle und Künstler mit Verve das Bauhaus als kulturelle Ressource für eine emanzipative, kritische kulturelle Praxis, als Antidot gegen nationalen Populismus und den drohenden Verfall demokratischer Kultur. Und forderten damit eine Kunstgeschichte ganz im Geiste Lu Märtens ein, die nicht nur historische Auseinandersetzungen darlegen, sondern auch zeitgenössische provozieren möchte.

Anmerkungen

1   Brief von Lu Märten an Bedřich Václavek vom
    22. Oktober 1928, zit. nach Chryssoula Kambas:
    Die Werkstatt als Utopie. Lu Märtens literarische
    Arbeit und Formästhetik seit 1900. Tübingen 1988,
    S. 206 f. (Hervorhebungen im Original).

2   Lu Märten: historischer materialismus und neue
    gestaltung. In: bauhaus. vierteljahr-zeitschrift für
    gestaltung. 3 (1929), H. 1, S. 4–8.

3   Lu Märten: Wesen und Veränderung der Formen/
    Künste. Resultate historisch-materialistischer
    Untersuchungen. Frankfurt am Main 1924.

4   e. k. [Ernst Kállai]: goldene ketten – eiserne ketten.
    In: bauhaus. vierteljahr-zeitschrift für gestaltung.
    3 (1929), H. 1, S. 14.

5   über ästhetik. anmerkungen eines politisch tätigen
    marxisten. In: bauhaus. sprachrohr der studierenden.
    organ der kostufra. 2 (1931), H. 7, ohne Seitenzäh-
    lung [S. 6 f.].

6   Siehe Neolithische Kindheit. Kunst in einer falschen
    Gegenwart, ca. 1930. Hrsg. von Anselm Franke und
    Tom Holert. Zürich 2018.

7   Lu Märten: Die künstlerischen Momente der Arbeit
    in alter und neuer Zeit (1903). In: dies.: Formen
    für den Alltag. Schriften, Aufsätze, Vorträge. Dres-
    den 1982, S. 9–14, hier S. 11 (Hervorhebung im
    Original).

8   Lu Märten zit. nach Kambas 1988 (wie Anm. 1),
    S. 96.

9   Siehe Kambas 1988 (wie Anm. 1), S. 111–114.

10 Lu Märten: Kunst und Proletariat (1925). In: Märten
    1982 (wie Anm. 7), S. 109–116, hier S. 110 f.

11 Zit. nach Kerstin Stakemeier: Russische und nicht-
    russische Proletkulte. In: Franke/Holert 2018
    (wie Anm. 6), S. 97–103, hier S. 97.

12 Zit. nach Stakemeier 2018 (wie Anm. 11), S. 99.

13 Lu Märten: Proletkult (1919). In: Märten 1982
    (wie Anm. 7), S. 43–45, hier S. 44.

14 Siehe Stakemeier 2018 (wie Anm. 11), S. 101.

15 Ebenda, S. 102 (Hervorhebung im Original).

16 Lu Märten zit. nach Kambas 1988 (wie Anm. 1),
    S. 152.

17 Lu Märten zit. nach Kambas 1988 (wie Anm. 1),
    S. 153.

18 B[edřich] Václavek: lu märten: wesen und verände-
    rung der formen-künste. In: bauhaus. vierteljahr-
    zeitschrift für gestaltung. 3 (1929), H. 1, S. 26.

19 Ernst Kállai: wir leben nicht, um zu wohnen. In: bau-
    haus. vierteljahr-zeitschrift für gestaltung. 3 (1929),
    H. 1, S. 10.

20 Märten 1925 (wie Anm. 10), S. 116.

21 Karin Hirdina: Pathos der Sachlichkeit. Tendenzen
    materialistischer Ästhetik in den zwanziger Jahren.
    Berlin (Ost) 1981.

22 Lothar Kühne: Gegenstand und Raum. Über die His-
    torizität des Ästhetischen. Dresden 1981, S. 201.

23 Hans-Thies Lehmann: Fortgesetzte (fortzusetzende)
    Reflexionen zu einer Ästhetik des Widerstands. In:
    Die Ästhetik des Widerstands. Peter Weiss 100.
    Hrsg. vom HAU Hebbel am Ufer. Berlin 2016, S. 26–
    29, hier S. 29, https://issuu.com/hau123/docs/pe-
    ter_weiss_issue (abgerufen 8. Februar 2022).

„foto-bauhäusler, werdet arbeiterfotografen!"

Sandra Neugärtner

Der Aufstieg der „Arbeiterfotografie" von kleinen Fotografiezirkeln zu einer breiten internationalen Massenbewegung war bereits in vollem Gang, als im Dezember 1931 die Kommunistische Studentenfraktion (Kostufra) am Bauhaus Dessau im neunten Heft ihrer Zeitschrift folgenden Aufruf veröffentlichte: „foto-bauhäusler, werdet arbeiterfotografen!"[1] Mit ihrem Appell versuchte die Kostufra ihren Einflussbereich in sozialistischer Agitation und Propaganda auf den Bereich der Bauhaus-Fotografie auszuweiten, die im Sommersemester 1929 mit der „klasse: foto" erstmals als eigenständige Disziplin innerhalb der „werbe-werkstatt, druckerei und fotoabteilung" institutionalisiert worden war.[2] Der vorliegende Beitrag untersucht die Bauhaus-Fotografie im Spannungsfeld zwischen sachlicher „Fotografie im Gebrauchszusammenhang von Typografie, Reklame und Messebau",[3] wie sie der Leiter der Fotoklasse Walter Peterhans lehrte, den modernistischen Ansätzen des Neuen Sehens, das sich in großer Nähe zum Bauhaus entwickelte, und der Arbeiterfotografie als hochwirksamem Agitationsinstrument und als wesentlichem Bestandteil der kommunistischen Medienorganisation. Inwiefern fanden die Bestrebungen der Kostufra und somit das Propagandaverständnis der Kommunistischen Partei Deutschlands Eingang in die Bauhaus-Fotografie?

Arbeiterfotografie als Bewegung

Bei seiner Beschäftigung mit den Mechanismen der Agitation und Propaganda erörterte Wladimir Iljitsch Lenin das Potenzial der Fotografie, gesellschaftliche Veränderungen herbeiführen zu können. Er stellte fest: „Wir verstehen nicht, den Klassenkampf in den Zeitungen zu führen, wie es die Bourgeoisie getan hat."[4] Lenin lehnte die bürgerliche Fotografie als Verunklärungsinstrument ab und argumentierte, dass die Agitproparbeit an den im täglichen Leben manifestierenden Widersprüchen anknüpfen solle: „Zu wenig erziehen wir die Massen durch lebendige, konkrete Beispiele und Vorbilder auf allen Gebieten des Lebens [...]."[5] Er war überzeugt, dass die sozialistische Politik den Massen abstrakt, das heißt ohne Verknüpfung mit ihren konkreten Lebensumständen, nicht zu vermitteln sei. Entsprechend schreibt die Zeitschrift der Kostufra im besagten Aufruf, dass das Auge der proletarischen Klasse geschult werden müsse: „[...] die augen von erwachsenen und noch mehr von kindern, die nichts anderes in sich aufnehmen, werden blind für die wirklichen tatsachen des lebens." Die Bourgeoisie verhindere „mit ihren ‚kulturerrungenschaften'" wie Kino und Tagespresse die Entwicklung des proletarischen Auges geradezu und setze „dem proletarier die kleinbürgerliche brille auf die nase".[6]

Auch die *Arbeiter Illustrierte-Zeitung* (*AIZ*) registrierte, dass die von den bürgerlichen Agenturen gelieferten Fotografien die Welt der Arbeiterschaft nicht so wiedergaben, wie die Zeitschrift sie darstellen wollte. Dies lag zuallererst daran, dass die freien Fotografen, die diese Agenturen belieferten, vor allem aus dem bürgerlichen Milieu kamen.[7] Zunächst betitelt als *Sowjet-Rußland im Bild*, war die *AIZ* ursprünglich ein Organ der Internationalen Arbeiterhilfe gewesen, einer Organisation, die Willi Münzenberg 1921 gegründet hatte, nachdem er von Lenin mit der Koordination von Hilfsaktionen während einer verheerenden Hungersnot in der Sowjetunion beauftragt worden war. Münzenberg hatte daraufhin ein Mediengeflecht aus Zeitungen, Verlagen, Filmvertrieb und Filmproduktion geschaffen und auf diese Weise ein weltweit agierendes antikoloniales, antifaschistisches Netzwerk als Gegenöffentlichkeit zur bürgerlichen illustrierten Presse und Filmwirtschaft etabliert. Im März 1926 veröffentlichte die *AIZ* ein Preisausschreiben, in dem sie ihre Leserinnen und Leser aufforderte, Fotografien anzufertigen und einzusenden, um auf diese Weise an die gewünschte Art von Bildmaterial zu gelangen. Der Aufruf entsprach der Strategie der Agitprop-Abteilung des Zentralkomitees der KPD, Fotografie als „Volkskunst" zu etablieren, die zum kollektiven sozialen Handeln aktiviert. Im Sinne einer performativen Kunst ging es darum, mittels der Fotografie die *AIZ*-Leserinnen und -Leser zu mobilisieren, genauso wie die Foto-Bauhäusler im neunten Heft der Kostufra-Zeitschrift am Bauhaus. In beiden Aufrufen lag ein Aktivierungsmoment, das über die rezeptive Dimension des sogenannten Klassenauges hinausging – ein entscheidender, logischer Schritt bei der Herausbildung der Arbeiterfotografie als Bewegung. Das Preisausschreiben der *AIZ* stieß auf große Resonanz. Im August 1926 erschien die erste Ausgabe von *Der Arbeiter-Fotograf*. Im selben Jahr wurde die Vereinigung der Arbeiterfotografen Deutschlands (VdAFD) gegründet, die im April 1927 ihre erste Reichsdelegiertenkonferenz im Volkshaus Erfurt abhielt. Hermann Leupold, zwischen 1930 und 1933 Reichsvorsitzender der VdAFD und von 1932 an auch Chefredakteur der *AIZ*, erklärte: „Arbeiter-Fotografen sind nicht Fotografen an sich, sie sind eine Formation in der Front des kämpfenden Proletariats."[8] Das Ziel war eine organisierte Form des politischen Kampfes. Mit den verschiedenen Initiativen der Arbeiterfotografie ging es darum, die zunächst spontanen Aktionen zu einer einheitlichen revolutionären Bewegung zusammenzufassen. Auf Basis verschiedener Organisationsformen für die Bild-Produktion mobilisierte sich die Arbeiterbewegung schließlich international.[9] Das Rückgrat der zentralistisch aufgebauten Vereinigung in Deutschland bildeten regionale Ortsgruppen, deren Anzahl sich laut Münzenberg im Jahr 1931 bereits auf 96 belief mit insgesamt 2412 Mitgliedern. Die Zeitschrift des Verbands wurde zu diesem Zeitpunkt in einer Auflage von mehr als 7000 Exemplaren produziert.[10]

Arbeiterfotografiebewegung in Dessau und am Bauhaus

Einem Bericht im Augustheft 1929 von *Der Arbeiter-Fotograf* zufolge wurde im Sommer des Jahres in Dessau eine örtliche Arbeiterfotografengruppe gegründet, die ihre erste Versammlung am 29. Juni in der Gaststätte „Zum Alten Fritz", Ballenstedter Straße 29, abhielt.[11] Als Revisor im Vorstand der Dessauer Ortsgruppe fungierte zeitweise Werner David Feist, der von 1927 bis 1930 am Bauhaus in der Druckerei und Fotowerkstatt studierte.[12]
In Dessau kam es in dieser Zeit zu einer zunehmenden Radikalisierung der linken und rechten Kräfte, verstärkt durch die Weltwirtschaftskrise, in deren Folge die Stadt im Jahr 1931 mit ihren rund 70000 Einwohnern knapp

9000 Arbeitslose verzeichnete. Arbeitslosigkeit und die Situation der Arbeiter und Arbeiterinnen waren Themen von Albert Hennig, der sich, bevor er 1929 sein Studium am Bauhaus begann, der Arbeiterfotografiebewegung angeschlossen hatte, und auch während und nach seinem Studium Teil der Bewegung blieb. Geboren 1907 in Leipzig und aufgewachsen in einer Arbeiterfamilie, war Hennig bereits in jungen Jahren politischen Gruppierungen beigetreten, darunter der Sozialistischen Arbeiterjugend.[13]

Auch Irena Blühová und Judit Kárász, zwischen 1931 und 1932 ebenfalls Fotografie-Studentinnen am Bauhaus, waren in das Organisationsgeflecht der linken Propaganda-Maschinerie involviert. Beide Frauen engagierten sich in der Internationalen Arbeiterhilfe und waren während ihres Studiums parteipolitisch aktiv. Wie auch Hennig waren Kárász und Blühová vermutlich Mitglieder der Kostufra.[14] Ein damals unveröffentlichtes Bild zeigt Blühová am Fenster der *AIZ*-Vertriebszentrale in Dessau. Dieses Bild gehört zu einer Reportageserie für die *AIZ*, die die Arbeit ihrer Verteiler dokumentiert. Blühová und Kárász werden der Sozialfotografie zugerechnet, zu der die Arbeiterfotografie gehört.[15] Nach Deutschland kamen sie nach der niedergeschlagenen ungarischen Revolution als Teil einer auslaufenden Welle osteuropäischer Emigranten und Revolutionäre, unter denen zahlreiche Künstler und Intellektuelle waren.

Bauarbeiter auf einem Dach, 1932/1933. Fotografie von Albert Hennig

1904 in Považská Bystrica in der heutigen Slowakei geboren, trat Blühová bereits im Alter von 17 Jahren der Kommunistischen Partei der Tschechoslowakei bei. Von 1924 an wurde die Fotografie ein zentraler Bestandteil ihrer politischen Arbeit. Blühová gilt als die erste aktivistische Fotografin der Tschechoslowakei. Bis 1930 schuf sie elf Reportageserien, in denen sie das Leben der von der Gesellschaft Ausgeschlossenen dokumentierte: die sozialen Missstände des Proletariats, die Vernachlässigung von Behinderten, Obdachlosigkeit. Ihre Fotografien wurden in kommunistisch-intellektuellen Zeitschriften veröffentlicht, so 1929 in *DAV* (Menge).[16] Nach ihrem Studium war Blühová Mitbegründerin des Verbandes der Sozio-Fotografen der Slowakei und arbeitete in der nordböhmischen Stadt Liberec im Verlag Runge & Co., der zu dieser Zeit die *AIZ* druckte. 1933 eröffnete sie eine Buchhandlung in Bratislava, die zum Münzenberg-Konzern gehörte, wobei sie ihr Engagement für die *AIZ* weiter intensivierte.

Ebenso Teil des kommunistischen Netzwerks war die 1912 im ungarischen Szeged geborene Judit Kárász. Nach einer sechsmonatigen Ausbildung an der

Irena Blühová während einer Kolportage, 1931.
Fotografie von Judit Kárász

École de la Photographie in Paris trat sie 1931 in das Bauhaus ein, das sie bereits ein Jahr später gezwungen war, wieder zu verlassen, nachdem sie wegen ihrer Kandidatur als KPD-Abgeordnete bei den Wahlen 1932 aus Anhalt ausgewiesen wurde. Als Teil des linken Netzwerks, dem sie sich in Dessau angeschlossen hatte, zog sie nach Berlin in eine KPD-Wohnzelle im sogenannten Brückenhaus in der Siedlung Weiße Stadt an der Aroser Allee. Dort wohnte sie mit ihrem Mann, dem Arzt Karl Müller-Touraine, und ehemaligen Bauhäuslern zusammen. Es handelte sich vor allem um ehemalige Studierende der Reklame- und Druckwerkstatt und der Fotoklasse: Max Gebhard, Ernst Mittag und Etel Mittag-Fodor sowie Willi Jungmittag mit seiner späteren Frau Brigid Macnaghten. Außerdem gehörten zu ihrem Umfeld mehrere Mitglieder der Assoziation revolutionärer bildender Künstler Deutschlands (ASSO).[17] Diesem seit 1928 bestehenden Künstlerverbund, der sich ebenfalls in Ortsgruppen organisierte, gehörten so verschiedenartige Künstler wie Käthe Kollwitz, George Grosz, László Moholy-Nagy und Johannes R. Becher an. Auch Kárász fotografierte bei Spaziergängen durch Berlin oder auf Reisen durch Deutschland und Ungarn das sogenannte Lumpenproletariat. In Berlin arbeitete sie

Bettler. Aus dem Zyklus *Kretinismus und seine Ursachen*, 1928. Fotografie von Irena Blühová

in der Agentur Dephot zusammen mit Endre Friedmann (der später den Namen Robert Capa annahm) und anderen Fotografen, die einer engagierten fotojournalistischen Schule angehörten, darunter Hinnerk Scheper, der zwischenzeitlich Reportagen über die Sowjetunion produzierte.

An welche „foto-bauhäusler" richtete sich die Kostufra mit ihrem Aufruf am Bauhaus?

Wie außerdem noch Edith Tudor-Hart und Ivana Tomljenović gehörten Hennig, Kárász und Blühová somit zur Riege jener Fotografie-Studierenden am Bauhaus, die bereits erfüllten, zum Teil sogar bevor sie an das Bauhaus kamen, wozu die Zeitschrift der Kostufra mit „foto-bauhäusler, werdet arbeiterfotografen!" aufrief – und die zugleich Mitglieder der Kommunistischen Studentenfraktion waren. Auch Werner David Feist, Fritz Heinze, Erich Comeriner, Hajo Rose, Etel Mittag-Fodor und Willi Jungmittag repräsentierten die Sozial- oder Arbeiterfotografie bereits am Bauhaus oder – wie die beiden zuletzt Genannten – nach ihrem Studium als Arbeiterfotografen für die *AIZ* in Berlin. Einen Hinweis auf eine Kostufra-Mitgliedschaft konnte ich bei diesen letztgenannten Protagonisten nicht finden. Mindestens hatten sie engen Kontakt zu Studierenden der kommunistischen Zelle. Bei Ricarda Schwerin konnte ihre Kostufra-Zugehörigkeit hingegen nachgewiesen werden, wobei sie wiederum keine Vertreterin der Sozial- oder Arbeiterfotografie war.[18] Der Aufruf der Kostufra adressiere sicherlich zunächst einmal diese Studierenden aus dem kommunistischen Lager, die diese Art der Berichterstattung mit sozialem Impetus noch nicht für sich erwogen hatten. Genauso wird es aber auch darum gegangen sein, Blühová, Hennig und Kárász darin zu bestärken, im Umfeld einer Kunstschule, auch wenn sich diese von den elitären Universitäten unterschied, ihre Bildsprache mit sozialem Gehalt nicht aufzugeben. Der Aufruf wird zudem nicht nur die Studierenden der Fotoklasse angesprochen haben. Wie Werner David Feist schrieb: „Jeder Bauhäusler, der eine Kamera besaß, experimentierte mit der Fotografie. [...] Kurz gesagt waren wir alle Amateure, unbehindert von fachlichen Konventionen oder Verboten."[19]

Die Kostufra ließ auf der anderen Seite keinen Zweifel, wer nicht dazu qualifiziert war, dem Appell zu folgen: „wenn das bürgertum proletarier darstellt, so nur, um einen kontrast zu schaffen, einen dunklen hintergrund zu bilden auf dem sich die lichte herrlichkeit der bürgerlichen kultur, menschlichkeit, kunst und wissenschaft um so strahlender abhebt, und der den rührseeligen [sic] gelegenheit gibt, das erhabene gefühl des mitleids und der barmherzigkeit, oder des stolzen bewusstseins, dass man selber doch ein besserer mensch ist, auszukosten."[20] Die Unmöglichkeit, Fotografien im Sinne des Arbeiters zu schaffen, ergab sich auch aus der Motivation des „Kunstfotografen", die nach Franz Höllering darin bestehe, seinen einfachen Mitmenschen etwas voraus zu haben.[21] Demnach sollten ausschließlich Studierende aus dem nicht-bürgerlichen Milieu im Stande gewesen sein, die Perspektive des Arbeiters einzunehmen. Für eine Leserschaft, die als vorwiegend kommunistisch orientiert angenommen werden kann, teilte der Aufruf die Bauhäusler in jene, die sich der Arbeiterfotografiebewegung anschließen konnten und die anderen, denen das „Klassenauge" fehlte.

„die fronten stehen klar", postulierte auch der Artikel „die rote einheitsfront" in der nächsten, der zehnten Ausgabe der kommunistischen Zeitschrift am Bauhaus im Februar 1932. Auch dieser Text zieht die klare Trennlinie zwischen Proletariat und Bürgertum. Entsprechend der seit Ende der 1920er-Jahre verfolgten Sozialfaschismusthese der KPD-Führung um Ernst Thälmann bestand die Hauptaussage dieses Artikels darin, dass unter den „gewaltigen erschütterungen des kapitalistischen systems" ein „unerhörter terror der faschisten" die Folge sein werde.[22] Zu dieser Zeit beschimpfte die KPD die Angehörigen der weiter in der Mitte des politischen Spektrums zu verortenden SPD als „Sozialfaschisten", die die Arbeiterklasse gefährdeten. Als die nationalsozialistische Partei immer stärker wurde und die KPD in Dessau bei den Stadtratswahlen im August 1929 nur 10 % der Stimmen errungen hatte, änderte die KPD Dessau ihre Strategie und öffnete sich auch für Angehörige des sozialdemokratischen Lagers. Das heißt, in Dessau wie in anderen Städten, in denen sich die Situation angesichts hoher Arbeitslosenzahlen verschärfte, vertrat die KPD nunmehr eine „Einheitsfront von unten" und versuchte gemeinsame Aktivitäten mit SPD-Basismitgliedern zu entfalten. Auf der anderen Seite lehnte sie jede Zusammenarbeit mit der SPD-Führung vehement ab: „die rote einheitsfront ist die klare entschlossene front gegen die kapitalistisch-faschistische ‚eiserne' front, die sich von der grossindustrie über das zentrum bis zu den verräterischen spd-führern erstreckt."[23] Für die Kostufra am Bauhaus bedeutete dies, dass sich die politische Ausrichtung ihrer Arbeit zwar gegen das Kapital, gegen den Faschismus und gegen die SPD-Führung richtete – nicht aber per se gegen sozialdemokratische Arbeiter oder Studierende, die dem Arbeitermilieu nahe standen.

Bauhaus-Fotografie und der engagierte Realismus der Arbeiterfotografie

Welche politischen Haltungen zeichneten sich nun konkret in der fotografischen Praxis am Bauhaus ab? Im Dezember 1931, als der Aufruf der Kostufra an die „foto-bauhäusler" erschien, hatte die Fotografie dort bereits einige Generationswechsel hinter sich. In den 1920er-Jahren wurde die Bauhaus-Fotografie zunächst durch László Moholy-Nagy geprägt, der eine pädagogische Ästhetik des Neuen Sehens einführte. Indem er den eigentlichen Wert der

Fotografie nicht auf den abbildenden Bezug zum Gegenstand legte, sondern ihre produktive Dimension betonte – am deutlichsten tat er das mit dem Fotogramm –, wollte Moholy-Nagy die Fotografie aus dem Schatten der Malerei befreien. Angegriffen wurde er diesbezüglich 1927 von Ernst Kállai, der in der Zeitschrift *i 10. Internationalen Revue* das genaue Gegenteil forderte: Fotografie sei Freude am Gegenstand.[24] Kállai war in gewisser Weise der „Verdinglichungsmystifikation der Neuen Sachlichkeit"[25] aufgesessen. In diesem Fahrwasser baute Walter Peterhans von 1929 an die Werkstatt für Fotografie auf, die in Bezug auf Verwissenschaftlichung und Praxisorientiertheit mit Hannes Meyers Maximen vereinbar war. Peterhans unterrichtete eine angewandte Fotografie, die für Reklame und Messebau herangezogen werden konnte, die dabei allerdings auch weit weniger bürgerlich war, als die von Moholy-Nagy vertretene. Zugleich bedeutete das aber auch einen konservativen Rückschritt gegenüber der Ablösung der Fotografie von ihrer rein mimetischen Funktion, wie von Moholy-Nagy seinerzeit vorangetrieben.

Den Vertretern und Vertreterinnen der Sozialfotografie gelang es, das materielle Bewusstsein, das für Moholy-Nagy und Kállai beziehungsweise Peterhans etwas Unterschiedliches beinhaltete, in eine neue sozial bedeutsame Realistik zu überführen. Sozialfotografie bedeutete, den gesellschaftlichen Gegenstand selbst zum Material der Gestaltung zu erheben. Die Fotografien von Vertretern dieser Richtung gewannen am Bauhaus an formalistischer Durcharbeitung, behielten aber eine eigene vitale Ausdruckskraft, die verdeutlicht, wie sehr ihnen an einer argumentierenden Bildwirkung lag.[26] Die revolutionären Formalisierungsprozesse der Fotografie im Zuge des Konstruktivismus waren hierfür ganz entscheidend gewesen, um schließlich eine auch inhaltlich neue Stufe der politischen Aussagekraft zu erreichen. Formale Elemente des Neuen Sehens erscheinen auf Bildern, die den engagierten Realismus der Sozialfotografie zur Maxime haben, nicht mehr als das Thema des Bildes, sondern als die optische Stütze eines in tieferer Konkretheit wurzelnden Realitätssinns.

Irena Blühovás Reportagezyklus „Bauhaus" schließt auch die Scheuerin ein – eine Proletarierin, deren Gesichtszüge auf eine erschütternde soziale Realität schließen lassen und eine alternative Vision zur befreiten, modernen

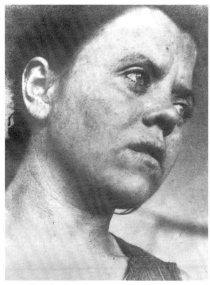

Kinder, 1930. Fotografie von Judit Kárász

Scheuerfrau am Bauhaus (Aufräumerin). Aus dem Zyklus
Bauhaus, 1932. Fotografie von Irena Blühová

Frau präsentieren.[27] Vom formal-ästhetischen Standpunkt aus reiht sich das
Bild in die Reihe der Porträts, die Blühovás Kommilitonen von Künstlern
und Studierenden kreierten, wobei sie ebenfalls extreme Blickwinkel ver-
wendeten und die Fotografie des Neues Sehens repräsentierten. Auch Blühová
vás Bild eines Fuhrmanns von 1932 nutzt die Untersicht und lenkt damit die
Aufmerksamkeit auf das Fahrzeug. Weder sieht man das Gesicht der Person,
noch setzt Blühová das Bauhaus-Gebäude als stilbildende Kulisse in Szene.
Anders die zahlreichen bürgerlichen Fotografien, die das Gebäude als Ikone
der Moderne mit dem Leben der Studierenden verknüpfen. Bei dem Bild, das
der Student T. Lux Feininger 1928 vom Bauhaus-Sportplatz anfertigte, sind
sich die Protagonisten des Aufnahmeprozesses bewusst, sodass sie vor der
Kamera entsprechend agieren. Feininger fängt die ihm zugewandten Figuren in einem bildkompositorisch wirkungsvollen Moment ein. Die Fotografien, die einen dokumentarischen Wert besitzen und im Stil der Reportage
den Alltag festhalten, stehen in einem Kontrast dazu. Anders als bei Porträts

im Sinne der Atelierfotografie drehen sich einzelne Figuren aus dem Bild heraus.

Man kann der Auffassung sein, dass am Bauhaus sukzessive eingelöst wurde, was die im April 1924 gegründete Vereinigung kommunistischer Künstler in der Parteizeitung *Die Rote Fahne* proklamiert hatte: dass „ein guter Kommunist in erster Linie Kommunist und dann erst Facharbeiter, Künstler usw. ist" und dass ihm „alle Kenntnisse und Fähigkeiten [...] nur Werkzeuge sind im Dienste des Klassenkampfes".[28] Als kollektivierender Gedanke stieß die darin explizite Forderung nach der Umgestaltung der Gesellschaft mit Mitteln der Kunst auf große Zustimmung bei linken Künstlergruppierungen. Mitglieder der Kölner Progressiven bekräftigten die Strategie genauso wie die der ASSO; die Vertreter der als L'art pour l'art charakterisierten Kunstauffassung bildeten auf der anderen Seite Gegengruppierungen aus. Bei linksorientierten Studierenden am Bauhaus fand der Standpunkt, sich vom traditionellen künstlerischen Selbstverständnis abzuwenden, ein Echo. Neue Fertigkeiten in Fotografie und Typografie, die während der Ausbildung erworben

**Stoff mit Füllfederhalter,
1933.** Fotografie von
Albert Hennig

wurden, sollten der politischen Propaganda dienen. Vor diesem Hintergrund
können die Stillleben, die Walter Peterhans von den Foto-Bauhäuslern be-
vorzugt anfertigen ließ und mit denen auch die linken Studierenden expe-
rimentierten, für diese als technische Weiterqualifikation für eine sozial
engagierte Fotografie aufgefasst werden – ebenso die Material-Studien, die
zu einer Umsetzung der materiellen Existenz eines Objektes oder Stoffes
in Hell-Dunkel-Sphären im Fotobild befähigten. Mit der technischen Ver-
tiefung in ihr Handwerk entfernten sich Hennig, Kárász und Blühová allerdings von den Bildamateuren ihrer Bewegung, für deren Bildproduktion der
marxistische Theoretiker Edwin Hoernle das „harte, undankbare Licht" als
wichtigstes Kriterium definierte.[29] Hinter Hoernles Begriff des „Arbeiter-
Auges", das die proletarische Realität in ihrer abstoßenden Hässlichkeit zu
zeigen vermochte, verbarg sich die politisch motivierte Intention, sich der
humanistischen, bürgerlichen Sicht des empathischen Künstlers zu wider-
setzen. „wir wollen keine vertuschung, keine verschleierung, kein esthetisie-
ren [sic], wir belichten hart [...]",[30] proklamierte auch die Kostufra in ihrem

Aufruf „foto-bauhäusler, werdet arbeiterfotografen!" und folgte damit Hoernles programmatischen Statement. Mit ihren hart kontrastierten Doppelbelichtungsporträts aus dem Jahr 1932, die Blühová selbst als „Versuche mit übereinanderliegenden Negativen" bezeichnete, scheint sie diesem Diktat entsprechen zu wollen – und zwar mehr als Kárász mit ihrer berühmten in Hell- und Dunkelwerten fein abgestuften Doppelbelichtung von Otti Berger mit Bauhaus-Fassade.[31] Doch in beiden Fällen handelt es sich um formale Experimente, die im Fall Blühovás lediglich die Charakteristik des harten Lichts integrieren. Beide Künstlerinnen hoben sich mit Arbeiten dieser Art rigoros von der dokumentarischen Ästhetik, die ohne „Versuche" auskam, ab.

Schlussendlich demonstrieren einige der Fotoarbeiten am Bauhaus eine zumindest partielle Synthese von bürgerlicher Hochkultur und sozialistischer Politik durch Berücksichtigung formalistischer Konzepte des Neuen Sehens. Nicht weniger bedeutsam war das andere Extrem, das ins Reklamefoto und jene Art von Fotografie Eingang fand, die sich das Ziel setzte, L'art pour l'art zu sein: der Realismus der Neuen Sachlichkeit. So waren Präzision und der gerichtete Umgang mit Licht und Form auch eine wichtige Schule für jene Foto-Bauhäusler, die die Fotografie absichtsvoll zur Entwicklung sozialer Ziele einsetzten. Zwar konzentrierten sie sich auf der Motivebene auf visuelle Stereotype für Klassenbegriffe, doch im Gegensatz zu den Fotoamateuren nutzten sie die Möglichkeiten ihres Mediums aus, um induktiv die Fülle des Sichtbaren festzuhalten. Unter formalen Gesichtspunkten ignorierten sie die Maxime der Arbeiterfotografie und somit auch die von KPD und Kostufra gezogene Trennlinie zwischen Proletariat und Bourgeoisie. Formal gesehen fungierte ihre Fotografie nicht mehr als Waffe im Klassenkampf. Der zweiseitige Beitrag in der Kostufra-Zeitschrift, der für die Notwendigkeit argumentiert, im Klassenkampf die proletarische Medienkraft zu nutzen und über die bürgerliche Fotografie zu stellen, ist sicher als Reaktion auf diese Fotopraxis am Bauhaus zu werten. Den Herausgebern ging es hierbei allerdings weniger um ästhetische Belange, wie auch das Erscheinungsbild ihrer Zeitschrift nahelegt. In den von 1930 bis 1932 erschienenen 15 vollständig überlieferten Ausgaben sucht man Fotografien vergebens; die hektografierten Blätter wurden kostengünstig im Umdruckverfahren hergestellt. Die Offenheit für

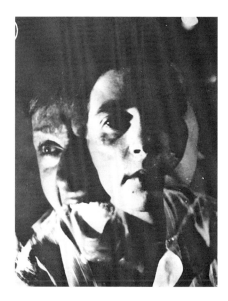

Versuch mit übereinander-
liegenden Negativen II.
Aus dem Zyklus *Bauhaus*,
1932. Fotografie von Irena
Blühová

formalistische und neu-sachliche Tendenzen war nicht mit den Prinzipien der radikalen linken Kräfte vereinbar. Letzten Endes vereitelte genau diese Offenheit das Anliegen der Kostufra, am Bauhaus auf Basis der Fotopraxis eine Gegenöffentlichkeit zu den liberalen und konservativen Kräften zu initiieren. Es handelt sich um eine Offenheit im Einklang mit neueren antifaschistischen Strategien – allen voran Demokratie –, die sich angesichts des erstarkenden Nationalsozialismus, etwa als Volksfront, jenseits des Werteverständnisses der KPD herausbildeten. Im April 1932, nur vier Monate nach dem an die „foto-bauhäusler" gerichteten Aufruf und zwei Monate nach Veröffentlichung des Artikels „die rote einheitsfront", gewann die Nationalsozialistische Deutsche Arbeiterpartei, die seit 1928 im Landtag vertreten war, mit der Deutschnationalen Volkspartei die Wahlen im Freistaat Anhalt.

Anmerkungen

1 foto-bauhäusler, werdet arbeiterfotografen! In: bauhaus. organ der kostufra. sprachrohr der studierenden. 2 (1931), H. 9, ohne Seitenzählung [S. 5 f.].
Datierung des Heftes auf Dezember 1931 durch
Karoline Lemke. Aus der Angabe „die erwerbslosen-
demonstrationen vorgestern in dessau und auch im
ganzen reich" (S. 3) sei zu folgern, dass das Heft
nach dem 17. Dezember 1931 verbreitet wurde. Am
15. Dezember hatten deutschlandweit Erwerbslo-
sendemonstrationen stattgefunden. Es sei davon
auszugehen, dass die Kostufra auf aktuelle Ereignisse zeitnah Bezug nahm (Mitteilung von Karoline
Lemke).

2 studien- und arbeitsplan der werbe-werkstatt, druckerei und fotoabteilung. In: bauhaus. junge menschen kommt ans bauhaus! [Werbebroschüre des
Bauhauses]. Dessau 1929, ohne Seitenzählung
[S. 24 f.]. Von 1930 an wurde das Fach Fotografie
auch als eigenständiges Lehrgebiet im Lehrplan
ausgewiesen.

3 Rainer K. Wick: Walter Peterhans und der Foto-
unterricht. In: Hannes Meyers neue Bauhauslehre.
Von Dessau nach Mexiko. Hrsg. von Philipp Oswalt.
Basel 2019, S. 236–250, hier S. 236.

4 N. [Wladimir Iljitsch] Lenin: Über den Charakter
unserer Zeitungen. In: ders.: Agitation und Propaganda. Ein Sammelband. Wien, Berlin 1929,
S. 168–170, hier S. 169.

5 Ebenda, S. 170.

6 foto-bauhäusler 1931 (wie Anm. 1), [S. 5].

7 Zur Rolle der Fotoagenturen und Situation der freien
Fotografen, die nicht an Presseunternehmen gebun-
den sind, siehe Gisèle Freund: Photographie und
Gesellschaft. München 1976, S. 171–174.

8 Hermann Leupold: Das Bild – eine Waffe im Klassenkampf. In: Der Arbeiter-Fotograf. 5 (1931), H. 11,
S. 271–275, hier S. 271.

9 Den Anfang machten zahlreiche Verbindungen zwischen deutschen und sowjetischen Organisationen,
wie MezhRabPom, Prometheus Film, der
Volks-Film-Verband und Union-Bild sowie die
internationalen Zweigstellen der Freunde des Sowjetischen Films (ODSK), einer Organisation, die
vorübergehend als Internationales Büro der Arbeiterfotografen sowie der Allunionsgesellschaft für
kulturelle Verbindung mit dem Ausland (VOKS)
agierte. Die jährlichen Konferenzen und Ausstellungen des VDAFD erfuhren eine zunehmende internationale Beteiligung, die ihren Höhepunkt auf der
Berliner Konferenz im Oktober 1931 fand, als ein
internationales Büro der Arbeiterfotografen gegründet wurde. Siehe Jorge Ribalta: Introduction. In: The
Worker Photography Movement (1926–1939).
Essays and Documents. Hrsg. von Jorge Ribalta.
Madrid 2011, S. 12–23, hier S. 14.

10 Siehe Willi Münzenberg: Aufgaben und Ziele der
internationalen Arbeiter-Fotografen-Bewegung. In:
Der Arbeiter-Fotograf. 5 (1931), H. 5, S. 99–101,
hier S. 99.

11 Siehe Ortsgruppen-Berichte. In: Der Arbeiter-Fotograf. 3 (1929), H. 8, S. 161.

12 Siehe Helmut Erfurth: Arbeiterfotografie in Dessau.
In: Dessauer Kalender. 33 (1989), S. 24–31, hier
S. 24.

13 Zu Albert Hennig siehe Korinna Lorz: Albert Hennig.
Ein Bauarbeiter am Bauhaus. In: Das Auge des
Arbeiters. Arbeiterfotografie und Kunst um 1930.
Hrsg. von Wolfgang Hesse. Leipzig 2014, S. 83–96.

14 Zur Zugehörigkeit von Hennig zur Kostufra siehe
Korinna Lorz/Wolfgang Hesse: Albert Hennig
(1907–98). Fotografien. Bestandsverzeichnis des
Nachlasses in den Kunstsammlungen Zwickau,
Max-Pechstein-Museum. In: Hesse 2014 (wie Anm.
13), S. 287–378. Zu Kárász und Blühová und ihrer
Mitgliedschaft bei der Kostufra siehe Julia Seckleh-
ner: "A School for Becoming Human": The Socialist
Humanism of Irena Blúhova's Bauhaus Photographs.
In: Bauhaus Bodies: Gender, Sexuality, and Body
Culture in Modernism's Legendary Art School. Hrsg.
von Elizabeth Otto und Patrick Rössler. New York
2019, S. 287–309; Andreas Haus: Die Präsenz des
Materials – Ungarische Fotografen aus dem Bau-
haus-Kreis. In: Wechselwirkungen. Ungarische
Avantgarde in der Weimarer Republik. Hrsg. von
Hubertus Gaßner. Marburg 1986, S. 472–489.

15 Für eine begriffliche Abgrenzung zwischen Sozialfotografie, sozialdokumentarischer Fotografie und
sozialengagierter Fotografie siehe Roland Günter:
Fotografie als Waffe. Zur Geschichte und Ästhetik
der Sozialfotografie. Überarbeitete und erweiterte
Neuausgabe Reinbek 1982. Günter erläutert, dass
die Grenzen zwischen den verschiedenen Dimensionen, angefangen bei der Fotografie als einfache soziale Erfahrung bis zur sozialengagierten Fotografie

fließend sind. Er spannt den Bogen von der „Bettler-fotografie" bis zu Fotoreportage, wobei die Arbei-terfotografie inmitten dieses Begriffsgeflechts un-scharf verortet ist.

16   Siehe Secklehner 2019 (wie Anm. 14), S. 291.

17   Siehe den Brief von Max Gebhard an Klaus-Jürgen Winkler, 12. Juni 1981, Universitätsarchiv Weimar, Korrespondenz zu Hannes Meyer 1979–1989, Bau-haus-Forschung Winkler, Wissenschaftsbereich Theorie und Geschichte der Architektur I/17/075.

18   Zur Kostufra-Zugehörigkeit von Schwerin (gebo-rene Meltzer) siehe Elizabeth Otto/Patrick Rössler: Bauhaus Women: A Global Perspective. London, Oxford, New York, New Dehli, Sydney 2019, S. 156.

19   Werner David Feist: My Years at the Bauhaus. Meine Jahre am Bauhaus. Berlin 2012 (Bauhäusler. Doku-mente aus dem Bauhaus-Archiv Berlin. Bd. 1), S. 99 und 101.

20   foto-bauhäusler 1931 (wie Anm. 1), [S. 6].

21   Siehe Franz Höllering: Proletarische Tendenz und bürgerliche „Kunst" in der Fotografie. In: Der Arbei-ter-Fotograf. 2 (1927/1928), H. 12, S. 3 f.

22   die rote einheitsfront. In: bauhaus. organ der kostufra. sprachrohr der studierenden. 3 (1932), H. 10, ohne Seitenzählung [S. 2 f., hier S. 2].

23   Ebenda, [S. 3]. Ich danke Marcel Bois für Hinweise zur politisch-historischen Einordnung. Laut Bois war das Konzept der „Einheitsfront von unten" zum Scheitern verurteilt, denn es verlangte von jenen So-zialdemokraten, sich gegen ihre eigene Führung zu stellen und unter dem Banner der KPD (oder ihrer Vorfeldorganisationen) auf die Straße zu gehen. Bei dem Begriff „Einheitsfront" handelte es sich demnach um einen Etikettenschwindel, da der An-satz realiter genau das Gegenteil implizierte. Mit der von der KPD-Führung um Ernst Meyer Anfang der 1920er-Jahre entwickelten außerparlamentari-schen Bündnisstrategie hatte die rote Einheits-frontpolitik Ende der 1920er-Jahre nichts mehr gemeinsam.

24   Siehe Ernst Kállai: Malerei und Photographie. In: i 10. Internationale Revue. 1 (1927), H. 4, S. 148–157, hier S. 149.

25   Andreas Haus: Die Präsenz des Materials – Ungari-sche Fotografen aus dem Bauhaus-Kreis. In: Wech-selwirkungen. Ungarische Avantgarde in der Wei-marer Republik. Hrsg. von Hubertus Gaßner. Marburg 1986, S. 472–489, hier S. 487.

26   Zur Verbindung von Arbeiterfotografie und Neuem Sehen siehe auch Rolf Sachsse: Arbeiterfotomo-derne. Die Arbeiterfotografie zwischen politischer Bewegung, Amateurfotografie und Neuem Sehen. In: Hesse 2014 (wie Anm. 13), S. 73–82.

27   Siehe Secklehner 2019 (wie Anm. 14), S. 299.

28   Arbeitsprogramm der Roten Gruppe. In: Die Rote Fahne. 7 (1924), Nr. 57, S. 2.

29   Edwin Hoernle: Das Auge des Arbeiters. In: Der Arbeiter-Fotograf. 4 (1930), H. 7, S. 151–154, hier S. 151.

30   foto-bauhäusler 1931 (wie Anm. 1), [S. 6].

31   Die Angabe „Versuche mit übereinanderliegenden Negativen" machte Blühová auf der Rückseite eines Abzugs der hier reproduzierten Fotografie. Das Ori-ginal befindet sich in der Sammlung der Stiftung Bauhaus Dessau.

Studierende auf der Terrasse des Bauhaus-Gebäudes vor der Kantine, 1931.
Links Hilde Reiss, rechts Jean Weinfeld und Selman Selmanagić

3 Studierende des Bauhauses und ihre Verbindungen zur politischen Linken

Polnisch, jüdisch, kommunistisch?
Verbindungen einiger Bauhaus-Studierender zur Kostufra 1930–1932

Anke Blümm

Ein junger Mann blickt ins helle Sonnenlicht, die Augen sind zusammengekniffen. Die Nahaufnahme zeigt ihn im Profil aus starker Untersicht. Mit der rechten Hand fasst er sich ins ungebändigte lockige Haar, in der linken Hand hält er lässig eine fast zu Ende gerauchte Zigarette. Er scheint ein kritischer Geist zu sein, der in die Zukunft blickt und genau weiß, was er will, wofür er streitet. Das Foto stammt aus dem Album seiner kroatischen Freundin Ivana Tomljenović mit Eindrücken aus ihrer Studienzeit am Bauhaus. Betitelt hat sie das Bild mit „naftalij rubinstein, poljski komun." Wer war dieser polnische Kommunist?[1] Naftali Rubinstein studierte von 1928 bis 1930 am Bauhaus,[2] zur gleichen Zeit wie die Fotografin Ivana Tomljenović, die sich mit ihm anfreundete. Ob und wann Rubinstein in die KPD eintrat, ist unklar. Tomljenović wurde jedenfalls erst in Dessau Mitglied der Kommunistischen Partei.[3]

Das Bauhaus war von seiner Gründung 1919 bis zu seinem erzwungenen Ende 1933 ein Politikum. Doch die Jahre zwischen 1930 und 1932 waren auch intern politisch besonders aufgeladen. Auf viele Bauhaus-Studierende übten kommunistische Ideen einen großen Reiz aus, und sie setzten sich aktiv und kämpferisch dafür ein: „Kein Neuling entkommt dem Einfluss dieser angespannten Atmosphäre, die dort aufgrund der fortgesetzten Streitigkeiten herrscht. Ob man will oder nicht, man ist gezwungen, Farbe zu bekennen und sich für eine Seite zu entscheiden",[4] beschrieb es der niederländische Student Frans Hausbrand, der das Wintersemester 1931/1932 am Bauhaus verbrachte.

Die Frage, wer der einzelne polnische kommunistische Bauhäusler war, führt nahtlos zu der umfassenderen Überlegung, wer insgesamt die Kommunisten am Bauhaus waren. Und entsprach dies gleichbedeutend einem Engagement für die Zeitschrift der Kostufra? Die Antwort auf diese Frage bleibt mangels eindeutiger Listen vage. Insofern sind private Zeugnisse wie das hier gezeigte Foto

naftalij rubinstein, poljski komun.

so wichtig, um den politischen Einstellungen der Bauhäusler und Bauhäuslerinnen auf die Spur zu kommen. Der vorliegende Aufsatz beabsichtigt zweierlei:
Zunächst soll ein erster Überblick über die polnischen Bauhaus-Angehörigen
wie Naftali Rubinstein gegeben werden, die bisher noch nicht im Fokus der Forschung standen. Ihre Situation muss vor dem Hintergrund der komplexen Geschichte Polens betrachtet werden, die sie geradezu für politischen Aktivismus
prädestinierte. Rubinstein und weitere polnische Studierende, die im Kontext
der Konflikte um die Kostufra am Bauhaus von 1930 bis 1932 auf unterschiedliche Weise hervortraten, werden anschließend genauer vorgestellt.

Polnische Juden

Die Studierendenschaft des Bauhauses war sehr heterogen. Von über 1250
Studierenden kam rund ein Viertel nicht aus Deutschland. Ein Grund dafür

waren die für Ausländer allgemein guten Studienbedingungen am Bauhaus. Gezielt wurden sie angeworben: „junge menschen aller länder, kommt ans bauhaus!" hieß es 1930 auf Deutsch und Tschechisch in einer Annonce in der tschechischen Zeitschrift *ReD*.[5] Die Aufnahmemodalitäten gestalteten sich liberal, jenseits formeller Anforderungen an Vorbildung und Zeugnisse. Jeder, „dessen begabung und vorbildung vom direktor als ausreichend erachtet wird", konnte aufgenommen werden.[6] Dazu kam die Tatsache, dass Ausländer, anders als an anderen Hochschulen, nur das Eineinhalbfache des Studiengeldes bezahlen mussten.[7] Attraktiv war die Institution von Anfang an vor allem für Osteuropäer gewesen. Die ungarischen Bauhäusler mit Marcel Breuer, László Moholy-Nagy oder Fred Forbát sind darunter sicher die am besten untersuchte Nationalität.[8] Ebenso standen die Jugoslawen, Tschechen und Slowaken am Bauhaus bereits im Zentrum umfassender Untersuchungen.[9]

Polnische Studierende am Bauhaus wurden bisher noch nicht systematisch betrachtet. Dies hat einen gewichtigen historischen Grund: Alle Bauhäusler, darunter auch die potenziell polnischen, waren vor dem Ersten Weltkrieg geboren, doch Polen existierte als eigenständiger Staat zu dieser Zeit nicht: Das Land war seit Ende des 18. Jahrhunderts unter den drei Imperialmächten Österreich, Russland und Preußen (seit 1871 dem Deutschen Reich) aufgeteilt.[10] Erst von 1918 an bestand mit der Zweiten Republik wieder ein unabhängiger polnischer Staat, der auch Gebiete der heutigen Länder Litauen, Ukraine und Weißrussland umfasste. Zu der Zeit gab es erstmals eine offizielle polnische Staatsangehörigkeit. Zudem war das historisch polnische Gebiet durch die schwierigen wirtschaftlichen Verhältnisse immer wieder auch Auswanderungsland gewesen, sodass bereits die Großeltern- oder Elterngeneration einiger Bauhaus-Studierender emigriert waren. Sie hatten entweder in Deutschland, der Schweiz oder Österreich eine neue Bleibe gefunden. Beispielsweise wurde der polnischstämmige Erich Comeriner in Wien geboren, sein Landsmann Rudolf Münz in Berlin und Alexander „Xanti" Schawinsky in Basel.[11]

Wer betrachtete sich also als polnisch, als er sich in den 1920er-Jahren nach Deutschland aufmachte, um an der jungen und umstrittenen Hochschule zu studieren? Bei der Beantwortung dieser Frage muss eine weitere Eigenschaft der „polnischen" Bauhaus-Studierenden berücksichtigt werden: Sie waren fast alle jüdischer Herkunft, so auch Naftali Rubinstein.[12] Sprache, religiöse Abstammung und Identität ergeben bei diesen Studierenden daher ein vielschichtiges Konstrukt, das außerhalb eindeutiger Nationalitätszuschreibungen liegt.

Die Juden bildeten die größte Minderheit im russischen und österreichischen Teilungsgebiet Polens, weswegen sich „polnische Juden" als feststehender Begriff etabliert hat. In vielen Städten und Regionen hatte sich ein spezifisch jüdisches, reiches kulturelles Leben entwickelt.[13] Die Bindung an das Geburtsland Polen war allerdings nicht bei allen Juden gleichermaßen stark, und zur polnischen Sprache bestand ein ambivalentes Verhältnis, denn für die meisten der jüdischen Bewohner Polens war Jiddisch die Muttersprache.[14] Oft sprachen sie jedoch je nach Heimatort in ihrem Alltag außerdem Russisch oder Deutsch und Hebräisch für den Ritus.

Die jiddische Sprache und Kultur bildete darüber hinaus ein Bindeglied der jüdischen Minderheiten über die unterschiedlichen Ländergrenzen hinweg, wofür seit dem 19. Jahrhundert der Begriff „Yiddishland" geprägt wurde. Neben Polen umfasste es zum Beispiel auch Ungarn, Russland und Rumänien. Wie eine zweite, transnationale Schicht legte sich diese Lebenswelt über das osteuropäische Gebiet und einte die jüdische Bevölkerung, die als Minorität in den jeweiligen Ländern oft sehr arm war, sich antisemitischen Anfeindungen ausgesetzt sah und um rechtliche Gleichstellung und politische Teilhabe rang.[15] Diese Lebenssituation bedingte das vielfach starke religiöse oder politische Engagement der Juden. Von 1880 an schlossen sich nicht wenige der zionistischen Bewegung an, die einen eigenständigen jüdischen Nationalstaat anstrebte.[16] Viele Juden wanderten bereits in dieser Zeit nach Palästina aus. Andere sahen die Zukunft im eigenen Land und traten dem 1897 gegründeten Allgemeinen Jüdischen Arbeiterbund bei, der bewusst säkular und länderübergreifend organisiert war und für sozialistische und demokratische Reformen stritt. Linke, sozialistische, auch kommunistische Ideen waren daher unter einem Großteil der polnischen Juden weit verbreitet.[17]

Dieser historische Rückblick verdeutlicht den besonderen sozio-kulturellen Hintergrund der polnischen Juden am Bauhaus. Auch die Gründung der

Zweiten Polnischen Republik brachte der jüdischen Bevölkerung nicht oder nur graduell die erhoffte Gleichberechtigung.[18] So kann Naftali Rubinsteins Situation folgendermaßen beschrieben werden: 1928 immatrikuliert er sich in Dessau zwar als polnischer Staatsangehöriger,[19] gleichzeitig kann die Wahl einer Hochschule im Deutschen Reich jedoch als Entscheidung gegen Polen gewertet werden, zumindest als Indifferenz gegenüber der neuen Republik – unabhängig von der individuellen Entscheidung für das Bauhaus. Denn für national-polnisch eingestellte Studierende wäre es nach 1918 geradezu eine patriotische Pflicht gewesen, an den neu gegründeten Institutionen in Warschau oder Posen zu studieren.[20]

Ein Überblick über die „polnischen" Bauhäusler/innen

Unter Berücksichtigung der komplexen Geschichte Polens können 29 Bauhaus-Studierende als „polnisch" identifiziert werden.[21] Folgende Studierende wurden in diese Untersuchung aufgenommen: Erstens solche, die sich im Dessauer Immatrikulationsbuch als „polnisch" bezeichnen, unabhängig von ihrem Geburtsort. Zweitens solche, die sich als „staatenlos" oder „nicht-deutsch" bezeichnen, aber im russischen oder österreichischen Teilungsgebiet Polens geboren worden waren,[22] wie zum Beispiel Jesekiel Kirszenbaum aus dem ehemals russischen Staszów.[23] Drittens einige Studierende, die sich als „palästinensisch" bezeichneten. Sie stammten aus dem russischen oder österreichischen Teilungsgebiet Polens und waren bereits als Jugendliche der zionistischen Bewegung beigetreten. Dies betrifft zum Beispiel den im heutigen Jarosław geborenen Arieh Sharon, der 1920 nach Palästina auswanderte und von 1926 bis 1929 in Dessau studierte, um später nach Palästina zurückzukehren.[24] Auch andere scheinen sich vor ihrem Studium am Bauhaus in Palästina aufgehalten zu haben.[25]
Die Gruppe der 29 aus Polen stammenden Studierenden macht bei einer Gesamtzahl von 1253 bisher bekannten Studierenden insgesamt den kleinen Anteil von 2 % aus. 15 von ihnen kamen aus dem ehemaligen russischen Teilungsgebiet, acht aus dem österreichischen. Nur zwei von ihnen waren

Frauen: Rosa Berger und Gitel Bahelfer. Die übrigen waren in anderen Ländern wie Deutschland, Österreich oder der Schweiz geboren, gaben im Immatrikulationsbuch jedoch als Staatsangehörigkeit „polnisch" an.

Die meisten der hier vorgestellten Studierenden nahmen am für alle verpflichtenden Vorkurs teil. Anschließend besuchten sie eine Bandbreite an Werkstätten, am beliebtesten war die Architekturklasse, die erst 1927 unter Leitung von Hannes Meyer eingerichtet worden war. Daneben waren die Wandmalerei, die Reklamewerkstatt, die Tischlerei und die Weberei attraktiv. Zwölf blieben weniger als ein Jahr, 17 wiederum studierten drei und mehr Semester. Sechs von ihnen erhielten einen Abschluss oder ein Diplom, was bei der geringen Größe der Gruppe für besonderen Fleiß und Ehrgeiz spricht.[26] Ihr Aufenthalt am Bauhaus verteilte sich über die ganze Zeit der Existenz der Hochschule. Fünf von ihnen begannen ihr Studium in Weimar,[27] sechs studierten unter dem Direktorat von Walter Gropius in Dessau,[28] zehn kamen in der Zeit von Hannes Meyer zwischen 1928 und 1930,[29] acht folgten vom Wintersemester 1930/1931 an unter der Leitung Ludwig Mies van der Rohes.[30] Da nicht alle Biografien hier vorgestellt werden können, sollen nun beispielhaft einige Namen genannt werden, die in der konfliktreichen Phase am Bauhaus rund um die KPD und die Kostufra, die Entlassung Hannes Meyers und den Kampf gegen den neuen Direktor Mies van der Rohe eine Rolle spielten.

Sechs polnische Studierende im Umfeld der KPD und der Kostufra

Naftali Rubinstein aus Pinsk, heute Weißrussland, trat im Sommersemester 1928 ins Bauhaus ein. Er war 18 Jahre alt und hatte das Gymnasium bis zur 10. Klasse besucht.[31] Nach Absolvierung des Vorkurses trat er in die Reklame- und Fotoabteilung ein. Soweit bekannt, bestand seit Ende der 1920er-Jahre eine kommunistische Zelle am Bauhaus, die durch den staatenlosen, in Minsk geborenen Studenten Béla Scheffler gegründet worden war und ungefähr 15 Mitglieder zählte.[32] Es ist nicht unwahrscheinlich, dass Rubinstein zu dieser Gruppe gehörte.

1930 geriet Rubinstein in das Zentrum der öffentlichen Aufmerksamkeit. Ausgelöst wurde der erste Aufruhr nach der Erinnerung von Ivana Tomljenović im Februar 1930 anlässlich eines Bauhaus-Festes, auf dem ein kommunistisches Lied gesungen wurde.[33] Daraufhin lancierte die rechte Presse eine Kampagne gegen das Bauhaus, die den seit 1928 amtierenden Direktor Hannes Meyer dazu veranlasste, die kommunistische Zelle an der Hochschule zu verbieten.[34] Als einer der Wortführer wurde Naftali Rubinstein im Frühjahr 1930 des Landes Anhalt verwiesen.[35] In dieser Zeit, im Mai 1930, erschien die erste Ausgabe der Zeitschrift der Kostufra. Mit anderen Worten: Naftali Rubinstein war zwar aktiver Kommunist, doch mit der Zeitschrift selbst hatte er nichts zu tun. Eher muss seine Relegation die übrig gebliebenen KPD-Studierenden veranlasst haben, sich mit einer Zeitschrift am Bauhaus zu Wort zu melden.

Innerhalb der nächsten Monate kulminierte die öffentliche Auseinandersetzung, und Hannes Meyer selbst wurde als Direktor abgesetzt. Ludwig Mies van der Rohe führte ein strenges Regiment ein, innerhalb dessen weitere Studierende die Hochschule von sich aus verließen oder verlassen mussten. Einer dieser Studierenden war Munio Weinraub aus Szumlany in Galizien.[36] Er hatte sein Studium im Sommersemester 1930 begonnen und sich für die Baulehre eingeschrieben. Er gehörte zu den fünf Studierenden, die die neuen Satzungen von Mies van der Rohe nicht unterschreiben wollten beziehungsweise als KPD-Mitglieder aufgrund ihrer politischen Einstellung relegiert wurden.[37] Allen Widersprüchen zum Trotz bekam er aber eine Hospitanz in Mies' privatem Architekturbüro, wo er zwei Semester an der Vorbereitung der *Deutschen Bauausstellung* 1931 beteiligt war. Im Bauhaus-Tagebuch heißt es jedoch, dass er am 29. März 1932 endgültig aus dem Bauhaus ausschied. Ein Diplom ist nicht nachweisbar.[38]

Weitere polnische Juden am Bauhaus waren Moshe Bahelfer und Isaak Butkow. Gemeinsam hatten sie im Wintersemester 1928/1929 ihr Studium begonnen. Beide stammten aus Wilna und schrieben sich direkt nacheinander im Immatrikulationsbuch ein.[39] Wenn die 29 polnischen Bauhäusler überwiegend vereinzelt aus den unterschiedlichsten Herkunftsorten kamen, so lässt sich im Kunstzentrum Wilna im heutigen Litauen doch ein gewisser

Freundeskreis von sechs Bauhäuslern und Bauhäuslerinnen vermuten.[40]
Im Sommersemester 1930 folgte zum Beispiel Gitel Golde, die Freundin von
Moshe Bahelfer nach, die ebenfalls in Wilna studiert hatte.[41] Sie und Bahelfer
heirateten und bekamen 1931 einen Sohn.

Gitel Bahelfer besuchte am Bauhaus die Druckereiwerkstatt, Butkow studierte Architektur, Bahelfer trat parallel in die Freie Malklasse, die Druckerei und die Reklamewerkstatt ein. Und auch am Bauhaus spielte die Herkunft
aus Wilna in der künstlerischen Produktion eine Rolle. Ein Foto zeigt Butkow
und Bahelfer gemeinsam auf einer der verpflichtenden Semesterausstellun-
gen im Bauhaus Dessau. Hinter Bahelfer ist neben anderen Werken ein Plakat
mit hebräischen Buchstaben zu sehen. Es handelt sich um ein Werbeplakat
in jiddischer Sprache für eine Ausstellung der Künstlergruppe Yung Vilne in
Wilna, der Bahelfer angehört hatte.[42] In der Zeitschrift der Kostufra wurde
eine weitere Ausstellung von Bahelfer kommentiert: „erinnert euch an die
ausstellung von bahelfer und vergleicht sie mit den üblichen ausstellungen
der reklame-abteilung. ihr werdet dabei entdecken: auf der einen seite politische plakate, werbung für eine überzeugung; auf der andern reklame für
einen uns wenig interessierenden gegenstand, für eine ware. […] wir identifizieren uns keinesfalls mit den von bahelfer propagierten parolen, aber wir

Demonstration am 1. Mai 1930 in Dessau, im Vordergrund Gitel Bahelfer. Fotografie von Hajo Rose

stellen fest: hier hat sich ein mensch entwickelt an der auseinandersetzung mit der heutigen gesellschaft [...]."[43] Offensichtlich hatte Bahelfer Plakate präsentiert, die die Kostufra zwar inhaltlich nicht mittragen konnte, aber von ihrem gesellschaftlichen Engagement her vorbildlich fand. Von Gitel Bahelfer existiert ein Foto auf einer Demonstration zum 1. Mai 1930 in Dessau, was ihre grundsätzliche linkspolitische Einstellung verdeutlichen mag. Ob die Bahelfers KPD-Mitglieder waren, ist unbekannt, sie können zumindest als Sympathisanten eingestuft werden.[44]

Anders verhielt es sich mit Bahelfers Freund Isaak Butkow, der seit 1929 KPD-Mitglied war.[45] Zusammen mit anderen war er im April 1932 wegen Propaganda-Aktivitäten für die KPD in Dessau verhaftet und ausgewiesen worden,[46] weshalb er seine Diplomarbeit nicht abschließen konnte. Er fand aber mit Mies van der Rohe die Übereinkunft, dass er sie selbstständig erarbeiten und später bei ihm nachreichen könne. Sein illegaler Aufenthalt am Bauhaus wurde jedoch verraten, sodass er wieder in Haft kam.[47] Empört berichtete auch die Kostufra über diesen Verrat.[48] Immerhin erhielt Butkow dennoch offiziell sein Diplom.[49]

Ein anderes Ereignis im Frühjahr 1932 hatte die Studierendenschaft aufgewühlt und polarisiert. Seit dem Wintersemester 1930/1931 war den Studierenden von der Bauhaus-Leitung verboten, in der Kantine politische Versammlungen abzuhalten. Bei einem Mittagessen am 19. März 1932 kam es jedoch zu einer längeren Diskussion über ein von Mies van der Rohe abends angesetztes Treffen. Da die Studierenden nach Aufforderung den Raum nicht verlassen wollten, holte Mies die Polizei, die die Kantine räumte. Daraufhin beschlossen mehrere Studierende, die anstehende Semesterausstellung zu boykottieren.[50]

In dieser Aktion trat der Student Jean „Jaschek" Weinfeld namentlich hervor, der seit dem Wintersemester 1930/1931 Architektur am Bauhaus studierte. Er stammte aus Warschau, war vor dem Studium nach Palästina gegangen, wo er bereits als Bauleiter im Kibbuz Beit Alfa gearbeitet hatte.[51] Im Rahmen des Eklats um die Kantinenversammlung übernahm er die persönliche Verantwortung. Die Bauhaus-Leitung schloss ihn deshalb am 23. März 1932 vom Studium aus.[52] Über die Vorgänge berichtete auch die Zeitschrift der Kostufra in zwei Ausgaben ausführlich.[53] Interessanterweise hatte in diesem Rahmen Weinfeld noch andere Rollen inne, die allerdings nur in Interviews und Briefen überliefert sind. So soll er von 1930 bis 1932 der Redaktion der Kostufra-Zeitschrift angehört haben und gleichzeitig Sekretär der Kostufra gewesen sein.[54] Die ehemalige Bauhaus-Studentin Irena Blühová erinnerte sich 1989: „Schau mal, mit dem Jaschek und einigen haben wir auch herausgegeben diesen Sprachrohr der Studenten der Bauhaus. [...] Der Jaschek war immer dabei, weil der Jaschek eigentlich der begabteste zwischen uns war. Er konnte formulieren, und den arbeitete das Gehirn unglaublich gut [...]."[55]

Wenn dieser Beitrag einen ersten Überblick über die bislang bekannten 29 aus Polen stammenden Bauhäusler gab, so standen vor allem die polnischen Studierenden zwischen 1930 und 1932 im Vordergrund. Rubinstein, Butkow, Weinraub und Weinfeld waren sicher oder höchstwahrscheinlich Mitglieder der KPD, sie fielen durch Propaganda für die Partei innerhalb und außerhalb des Bauhauses auf und wurden deswegen des Landes verwiesen oder schieden im Widerstand gegen die Bauhaus-Leitung aus. Mies van der Rohe zeigte sich strikt in der Bekämpfung der Kommunisten am Bauhaus und setzte

Studierende auf der Terrasse des Bauhaus-Gebäudes vor der Kantine, 1931. Zweite von links sitzend Hilde Reiss, vorn stehend Jean Weinfeld und Selman Selmanagić

weniger auf Diplomatie oder Verhandlung. Aber er achtete darauf, dass die Studierenden ihre Diplome, wie Butkow, oder zumindest ein Praktikum wie Weinraub erhielten. Ein Engagement für die Kostufra-Zeitschrift ist nur von einem von ihnen, Jean Weinfeld, mündlich überliefert. Diese Studierenden waren ein Teil des Kostufra-Umfelds am Bauhaus, der wesentlich durch seine multinationale Mischung aus deutschen, niederländischen, tschechischen, kroatischen und slowakischen Studierenden geprägt war.[56]

Anmerkungen

1   Es sind weitere Schreibweisen seines Vornamens bekannt: Naftalij, Naftaly und die Kurzform Naf. Hier wird durchgehend die Form Naftali verwendet.

2   Siehe Leila Mehulić: Ivana Tomljenović Meller. Zagrepčanka u Bauhausu. A Zagreb Girl at the Bauhaus. Zagreb 2010, S. 57, 73 und 93.

3   Siehe ebenda, S. 73.

4   Frans Hausbrand: Bauhaus indrukken. In: Bouwkundig Weekblad Architectura. 53 (1932), H. 18, S. 157–161, hier S. 157 (Übersetzung von Dörte Nicolaisen).

5   ReD. Měsíčník pro moderní kulturu. 3 (1929–1931), H. 5, S. 130.

6   bauhaus dessau. hochschule für gestaltung [Werbefaltblatt mit Informationen zum Studium am Bauhaus vom September 1930], zit. nach Bauhaus Berlin. Auflösung Dessau 1932. Schließung Berlin 1933. Bauhäusler und Drittes Reich. Eine Dokumentation, zusammengestellt vom Bauhaus-Archiv, Berlin. Hrsg. von Peter Hahn. Weingarten 1985, S. 25.

7   Siehe ebenda, S. 26. Die Gebührenpolitik an den Kunsthochschulen war sehr unterschiedlich. Manche erhoben keine erhöhten Gebühren für Ausländer wie die Vereinigten Staatsschulen in Berlin, manche das Doppelte wie die Akademie der Bildenden Künste in Dresden oder sogar das Dreifache wie die Akademie der bildenden Künste in Wien. Siehe die Übersicht über die Semestergebühren an den Kunsthochschulen, 8. 10. 1929, Bayerisches Hauptstaatsarchiv, Ministerium für Unterricht und Kultus, MK 14102, Bl. 39619. Mit Dank an Julia Witt.

8   Siehe Wechselwirkungen. Ungarische Avantgarde in der Weimarer Republik. Hrsg. von Hubertus Gaßner. Marburg 1986; Die Ungarn am Bauhaus. Von Kunst zu Leben. Konzeption und Katalog: Éva Bajkay. Pécs 2010.

9   Siehe Das Bauhaus im Osten. Slowakische und tschechische Avantgarde 1928–1939. Hrsg. von Susanne Anna. Ostfildern-Ruit 1997; Dora Wiebenson: Central European Architectural Students at the Bauhaus. In: Centropa. 3 (2003), H. 1, S. 5–87; Bauhaus – Networking Ideas and Practice. Hrsg. von Jadranka Vinterhalter. Zagreb 2015; Markéta Svobodová: Bauhaus a Československo 1919–1938. Studenti, koncepty, kontakty. The Bauhaus and

Czechoslovakia 1919–1938. Students, Concepts, Contacts. Prag 2016.

10   Siehe Jürgen Heyde: Geschichte Polens. 3. Aufl. München 2012, S. 72–91.

11   Schawinsky, Comeriner und Münz bezeichnen sich im Immatrikulationsbuch als „polnisch". Bisher nicht geprüft werden konnte, inwiefern und woher Comeriners und Münz' Vorfahren aus Polen kamen, da ihre Vor- und Nachnamen in Polen ungebräuchlich sind. Bei anderen Studierenden mit polnischen Nachnamen lässt sich ein polnischer Migrationshintergrund der Vorfahren nur vermuten. Sie selbst bezeichnen sich als deutsch: Erich Gallinowski, Walter Kaminski und Wilhelm Majowski.

12   Zwar ist bei einigen die Herkunft unklar, aber keiner von ihnen konnte bisher als „polnisch" und „nichtjüdisch" verifiziert werden.

13   Siehe Marian Fuks: Polnische Juden. Geschichte und Kultur. Warschau 1983; Heiko Haumann: Polen und Litauen. In: Handbuch zur Geschichte der Juden in Europa. Hrsg. von Elke-Vera Kotowski, Julius H. Schoeps und Hiltrud Wallenborn. Bd. 1. Darmstadt 2001, S. 228–274.

14   Siehe Haumann 2001 (wie Anm. 13), S. 252 f.; Enzyklopädie jüdischer Geschichte und Kultur. Hrsg. von Dan Diner. Bd. 4. Stuttgart, Weimar 2013, S. 580–585.

15   Siehe Haumann 2001 (wie Anm. 13), S. 98–101 und 250 f.

16   Siehe ebenda, S. 259.

17   Siehe Alain Brossat/Sylvia Klingberg: Revolutionary Yiddishland. A History of Jewish Radicalism. London 2016.

18   Siehe Kenneth B. Moss: An Unchosen People. Jewish Political Reckoning in Interwar Poland. Cambridge/Mass. 2021.

19   Siehe die Angaben im Immatrikulationsbuch, Stiftung Bauhaus Dessau, Sammlung, I 10799 D, Nr. 270.

20   Freundlicher Hinweis von Prof. Dr. Beate Störtkuhl. Ihr sei darüber hinaus für ihre weiteren Hinweise sehr gedankt.

21   Die Datenbasis dieses Aufsatzes bildet die Liste aller bisher bekannten Bauhäusler/innen, veröffentlicht unter: http://bauhaus.community. Von den 104 hier angezeigten Studierenden war jedoch nur ein kleiner Teil polnisch. Im Speziellen verbirgt sich dahinter die anfangs skizzierte historisch-politische Schwierigkeit: Die geocodierten Geburtsorte in der Datenbank

sind korrekterweise dem heutigen Land Polen zugeordnet. Die Grenzen der 1945 ausgerufenen Volks-
republik Polen gegenüber jenen der Zweiten Republik von 1918 bis 1939 wurden jedoch wesentlich
nach Westen verschoben. Polen verlor große Teile
seiner Ostgebiete an die Sowjetunion, darunter die
Städte Wilna und Lemberg. Dafür erhielt es im Westen die historisch deutschen Ostprovinzen Schle-
sien, Pommern, den Großteil Ostpreußens sowie
Westpreußen, das heißt die Region am Oberlauf der
Weichsel mit Danzig. Siehe Włodzimierz Borodziej:
Geschichte Polens im 20. Jahrhundert. München
2010, S. 253–260; Heyde 2012 (wie Anm. 10),
S. 111–113. Die meisten der 104 Studierenden
stammten, wie die Geburtsorte in der Datenbank
zeigen, aus diesen bis 1945 deutschen Gebieten
und bezeichneten sich daher „preußisch" oder
„reichsdeutsch".

22 Siehe Yfaat Weiss: Deutsche und polnische Juden
vor dem Holocaust. Jüdische Identität zwischen
Staatsbürgerschaft und Ethnizität 1933–1940.
München 2000, S. 22.

23 Siehe J. D. Kirszenbaum (1900–1954). The Lost
Generation. La génération perdue. Hrsg. von Nathan
Diament und Caroline Goldberg Igra. Paris 2013.

24 Siehe Wiebke Dursthoff: Kibbutz und Bauhaus.
Arieh Sharon und die Moderne in Palästina. Berlin
2016.

25 Jean Weinfeld, Shlomo Bernstein und Leo Wassermann geben „palästinensisch" als Staatsangehörigkeit an. Weinfeld nennt als Heimatadresse den Kibbuz Bet Alfa und Bernstein Tel Aviv. Wassermanns
Heimatadresse lautet „Leipzig". Siehe dazu auch
den Beitrag von Ronny Schüler in diesem Band.

26 Das entspricht einer Prozentzahl von 21; insgesamt
lassen sich 182 Studierende mit Abschluss nach-
weisen (15 % von 1253). Siehe Anke Blümm/Patrick
Rössler: Vergessene Bauhaus-Frauen – Lebensschicksale in den 1930er und 1940er Jahren. Weimar 2021, S. 11.

27 Fred Taubes, Marcus Bronstein (Mordechai Ardon),
Max Krajewski, Jesekiel Kirszenbaum und Alexander „Xanti" Schawinsky.

28 Rosa Berger, Dadek Piotrkowski, Arieh Sharon,
Jeniel Pfeffer, Moshe Vorobeichic und Erich
Comeriner.

29 Naftali Rubinstein, Moshe Bahelfer, Isaak Butkow,
Nathan Borowski, Gitel Bahelfer (geb. Golde), Leo

Baumann, Rudolf Münz, Munio Weinraub, Erwin
Schanzer und Leo Wassermann.

30 David Spis, Alexander Offenberger, Julius Rapp,
Jean Weinfeld, Ksiel Goldmann, Shlomo Bernstein,
Wolf Weinfeld und Shmuel Mestetchkin. Siehe auch
Hahn 1985 (wie Anm. 6), S. 40.

31 Siehe Semesterliste, 21.10.1929, Sammlung Bauhaus, Stadtarchiv Dessau-Roßlau, Inv. Nr. SB 121.

32 Siehe Michael Siebenbrodt: Zur Rolle der Kommunisten und anderer fortschrittlicher Kräfte am Bauhaus. In: Wissenschaftliche Zeitschrift der Hochschule für Architektur und Bauwesen Weimar. 23
(1976), H. 5/6, S. 481–485.

33 Siehe Mehulić 2010 (wie Anm. 2), S. 87.

34 Siehe Wolfgang Paul: Die politische und ideologische Lage am Bauhaus in den Jahren 1930/31 im
Spiegel der kommunistischen Hochschulzeitschrift
„bauhaus". In: Wissenschaftliche Zeitschrift der
Hochschule für Architektur und Bauwesen Weimar.
21 (1974), H. 1, S. 1–11, hier S. 11.

35 Siehe Mehulić 2010 (wie Anm. 2), S. 87 f. Naftali
Rubinstein ging nach Warschau, 1936 emigrierte er
nach Israel, wo er sich in Naftali Avnon umbenannte
und bis zu seinem Tod 1977 als selbstständiger
Fotograf und Grafiker arbeitete.

36 Siehe Wiebenson 2003 (wie Anm. 9), S. 45–47.

37 Siehe Peter Hahn: Die Schließung des Bauhauses
1933 und seine amerikanischen Nachfolgeinstitu-
tionen. In: 100 Jahre Walter Gropius. Schließung
des Bauhauses 1933. Hrsg. vom Bauhaus-Archiv,
Museum für Gestaltung. Berlin (West) 1983,
S. 63–73, hier S. 65.

38 1934 emigrierte er nach Palästina, wo er als Architekt arbeitete. Er starb 1970 in Haifa.

39 Butkow mit der Nummer 304, Bahelfer mit der Nummer 305, siehe das Immatrikulationsbuch, Stiftung
Bauhaus Dessau, Sammlung, I 10799 D.

40 Moshe Vorobeichic, Moshe Bahelfer, Isaak Butkow,
Gitel Golde, Nathan Borowski und Shmuel Bernstein.

41 Siehe Mappe 68, Prüfungsliste Wintersemester
1930/31, S. 11, Bestand Bauhaus Weimar Dessau
Berlin, Bauhaus-Archiv, Berlin.

42 Siehe Jerzy Malinowski: Painting and Sculpture by
Polish Jews in the 19th and 20th Centuries (to
1939). Warschau 2017, S. 499 und 506–507.

43 plakate. In: bauhaus. organ der kostufra. sprachrohr
der studierenden. 3 (1932), H. 10, ohne Seitenzählung [S. 4 f., hier S. 4].

44 Ende des Wintersemesters 1931/1932 ging das
    Ehepaar Bahelfer nach Paris. Beide sollen von 1933
    an im Widerstand tätig gewesen sein und überlebten
    die Shoa. Siehe David Diamant: 250 combattants
    de la Résistance témoignent. Témoignages recueillis
    de septembre 1944 à décembre 1989. Paris 1991.

45 Siehe Verurteilt zur Höchststrafe: Tod durch Er-
    schießen. Todesopfer aus Deutschland und deut-
    scher Nationalität im Großen Terror in der Sowjet-
    union 1937/1938. Hrsg. von Ulla Plener und Natalia
    Mussienko. Berlin 2006, S. 28.

46 Siehe Esther Bánki: De „Bauhäuslerin" Zsuzska
    Bánki. 1912–1944. Magisterarbeit, Universität
    Nijmegen 1990, S. 31.

47 Siehe ebenda, S. 31 f.

48 Siehe … in unschuld waschen sie sich die hände … In:
    BAUHAUS. ORGAN DER KOSTUFRA. sprachrohr der
    studierenden. 3 (1932), H. 13, ohne Seitenzählung
    [S. 8 f.].

49 Siehe Anke Blümm/Patrick Rössler: Eine „schulbil-
    dende" Wirkung des Unterrichts? Architekturstu-
    dierende am Bauhaus unter Ludwig Mies van der
    Rohe 1930–1933. Eine quantitativ-qualitative
    Untersuchung. In: Architectura. 48 (2018), H. 1/2,
    S. 56–74, hier 71. Tragisch ist sein weiterer Lebens-
    lauf. Er ging 1932 als Architekt in die Sowjetunion,
    wo er 1938 im Zuge der stalinistischen „Säuberun-
    gen" erschossen wurde.

50 Siehe Tagebuch des Bauhauses. Winter-Semester
    1931/32, zit. nach Hahn 1985 (wie Anm. 6), S. 38 f.

51 Siehe das Immatrikulationsbuch, Stiftung Bauhaus
    Dessau, Sammlung, I 10799 D, Nr. 270, Nr. 85; Prü-
    fungsliste Sommersemester 1931, Stiftung Bau-
    haus Dessau, Sammlung, I 8386 D, S. 10.

52 Siehe Tagebuch des Bauhauses. Winter-Semester
    1931/32, zit. nach Hahn 1985 (wie Anm. 6), S. 38 f.

53 Siehe FRIEDEN IM HAUSE? In: bauhaus. organ der
    kostufra. sprachrohr der studierenden. 3 (1932),
    H. 12, ohne Seitenzählung [S. 6–8]; AN DIE HERREN
    MEISTER UND DIREKTOR -- „PERSÖNLICH".
    Ebenda, ohne Seitenzählung [S. 9–13]; … in
    unschuld waschen sie sich die hände … 1932
    (wie Anm. 48), [S. 8 f.].

54 Siehe Bánki 1990 (wie Anm. 46), S. 25 f. Jean
    Weinfeld emigrierte 1933 nach Paris, wo er als frei-
    schaffender Architekt arbeitete. Er überlebte die La-
    gerhaft bei Paris 1940–1944 und war nach 1945
    wieder freischaffend tätig. Unter anderem hat er sich

    durch den Entwurf neuartiger Musikinstrumente
    hervorgetan. Er starb 1992.

55 Interview mit Irena Blühová in Bratislava, November
    1989, Sammlung Esther Bánki.

56 Siehe Hahn 1985 (wie Anm. 6), S. 38 f., 51, 54–56
    und 68 f.

Bauhäusler und Arbeiterzionismus

Ronny Schüler

„Die Studenten bekannten sich größtenteils zum Sozialismus verschiedener Prägung und einige Juden zum sozialistischen Zionismus", erinnerte sich der Absolvent Ze'ev Joffe im Jahr 1980 an seine Zeit am Bauhaus. „Der Kommunismus wurde im Bauhaus fast zur Staatsreligion, als nach Gropius der Architekt Hannes Meyer, ein stämmiger Schweizer, Direktor wurde."[1] Joffe studierte vom Sommer 1927 an in Dessau[2] und erlebte in den folgenden Semestern den Direktorenwechsel und den damit einhergehenden Wandel im politischen Klima unter den Schülern und Meistern.[3] Ze'ev, damals noch Wolf Joffe, wurde 1908 als Sohn einer jüdischen Familie im lettischen Libau (heute: Liepāja) geboren, das damals zum russischen Zarenreich gehörte. Als linker Zionist war er bereits 1926 ins britische Mandatsgebiet Palästina ausgewandert und hatte an der Jerusalemer Kunstgewerbeschule Bezalel studiert.[4] Am Bauhaus setzte er diese Studien fort, bevor er mehrere Jahre in Berlin als Karikaturist, Schriftsteller und Kritiker wirkte und schließlich im Februar 1935 angesichts der wachsenden Bedrohung durch die Nationalsozialisten über Prag nach Palästina zurückkehrte.

Der Lebensweg von Ze'ev Joffe lenkt unsere Aufmerksamkeit zunächst auf die verschiedenen Migrationspfade, die aufgrund von Verfolgung und Vertreibung über das Bauhaus in die Welt führen: Er gehört zu den etwa 200 jüdischen Bauhaus-Angehörigen[5] und innerhalb dieser Gruppe zu jenen, deren Geburtsort in Osteuropa und auf dem Gebiet der zerfallenden Vielvölkerreiche der Romanows und der Habsburger lag. Außerdem zählt er zu dem kleinen Kreis von 27 ehemaligen Bauhäuslern, die sich zeitweise oder dauerhaft in Palästina und später in Israel niederließen. Und schließlich ist er einer von nur sechs Studierenden, die bereits vor ihrer Zeit am Bauhaus in die Region ausgewandert waren.[6]

Diese 27 Bauhäusler teilten eine Gemeinsamkeit: Sie kamen mit jener Bewegung in Kontakt, die Ze'ev Joffe den „sozialistischen Zionismus" nannte.

Analog zu seinen Schilderungen vom Bekenntnis der Studierenden zum „Sozialismus verschiedener Prägung" liegt dem *Labour Zionism* („Arbeiterzionismus") keine einheitliche marxistische oder sozialistische Geschichtsanalyse zugrunde. Es handelt sich vielmehr um eine facettenreiche Bewegung konkurrierender Gruppen, die sich im Wettbewerb mit den Fraktionen des politischen, praktischen oder kulturellen Zionismus durchgesetzt hat. Ein Blick auf die vielfältigen Beziehungen ehemaliger Bauhäusler zum Arbeiterzionismus sensibilisiert für ihre individuellen Motive, kulturellen Prägungen und persönlichen Erfahrungen. Außerdem hebt er die Besonderheiten einer Bewegung hervor, die im Spektrum der linken politischen Strömungen Europas isoliert blieb.

Bauhäusler in Palästina

Betrachtet man die Gruppe der Studierenden, die sich vor oder nach ihrer Zeit am Bauhaus in Palästina und Israel niederließen, so lassen sich nur einzelne von ihnen der Kostufra und ihrem Umfeld zuordnen. Unzweideutig ist die Stellung von Selman Selmanagić (1905–1986), der die KPD-Zelle am Bauhaus bis zu ihrer Auflösung leitete.[7] Er ging 1934 nach Palästina, freilich – da muslimischen Glaubens – nicht als Zionist, sondern um die „angebliche hochkonjunktur zu studieren" und das „gewirr der verschiedenen voelker, rassen und religionen" zu erleben.[8] Er arbeitete zeitweise im Büro von Richard Kauffmann, dem Chefarchitekten der Palestine Land Development Company, kehrte aber 1939 ins Deutsche Reich zurück. Ebenso gehörten Ricarda Meltzer (1912–1999) und ihr späterer Ehemann Heinz Schwerin (1910–1948) zur Kostufra oder ihrem Umfeld. Beide erhielten im Rahmen der Ausweisung kommunistischer Studierender aus Anhalt im Frühjahr 1932 Hausverbot und mussten das Bauhaus ohne Abschluss verlassen.[9] Nach Stationen in Frankfurt am Main und Prag gelangten sie über die Schweiz und Ungarn 1935 nach Palästina. Dort gründete Heinz Schwerin zunächst mit Selman Selmanagić ein gemeinsames Büro[10] und eröffnete 1936 zusammen mit Ricarda die Werkstatt Schwerin Wooden Toys in Jerusalem. Auch sie betonen, dass sie „nicht als zionisten nach palästina kamen, sondern aus mangel an anderen möglichkeiten".[11] Zum Freundeskreis von Selmanagić, Meltzer und Schwerin gehörte auch Munio Weinraub (1909–1970). Er war bereits 1930 vorübergehend vom Unterricht suspendiert worden, nachdem er sich am Protest gegen die Entlassung Hannes Meyers beteiligt hatte. Übergangsweise erhielt Weinraub die Möglichkeit zur Mitarbeit im Berliner Büro von Ludwig Mies van der Rohe,[12] verließ das Bauhaus aber ohne Abschluss anlässlich des Umzugs der Hochschule nach Berlin. Auch er bemühte sich, wie Schwerin sein Studium an der Frankfurter Kunstschule fortzusetzen, wurde aber 1933 wegen der Verbreitung illegaler Flugschriften in die Schweiz abgeschoben und wanderte im Juni 1934 nach Palästina aus.[13] Weinraub hatte bereits in seiner Heimat Kontakt zu der sozialistisch-zionistischen Jugendbewegung HaSchomer HaTza'ir. Im Unterschied zu allen Vorgenannten hatte Isaac (Jean) Weinfeld (1905–1992) bereits einige Jahre in Palästina gelebt, bevor er ans Bauhaus kam. Seine polnische Heimat hatte er im Jahr 1923 verlassen und sich dem Kibbuz Beit Alfa angeschlossen,[14] der ein Jahr zuvor durch Mitglieder von HaSchomer HaTza'ir gegründet worden war. Auch Weinfeld wurde im Zuge der Auseinandersetzungen um die Kostufra von der Bauhaus-Leitung im Frühjahr 1932 ohne Abschluss der Hochschule verwiesen.[15] Er kehrte jedoch nicht nach Palästina zurück, sondern emigrierte 1933 nach Paris.[16]

Der Blick auf diesen kleinen Kreis skizziert das Spektrum in Bezug auf die Herkunft, den Lebensweg und das politische Engagement. So waren bei Weitem nicht alle Palästina-Emigrantinnen und -Emigranten jüdischen Glaubens. Auch eine zionistische Gesinnung stellte kein allgemein verbindendes Motiv dar, ebenso wenig eine politisch linke Haltung. Dennoch lassen sich einige Tendenzen erkennen, denn spätestens in Palästina und Israel wurde die Arbeiterbewegung für die meisten Bauhäusler zu einem bestimmenden Faktor im Privat- und Berufsleben, da der Arbeiterzionismus bis in die 1970er-Jahre die dominierende politische Kraft im Land blieb.

Bereits in den 1960er-Jahren hat Hans Maria Wingler eine Unterscheidung jüdischer Bauhäusler nach ihrer Herkunft vorgenommen: In Weimar stammten die Studierenden vorwiegend aus assimilierten bürgerlichen Familien. „In Dessau hingegen kamen zahlreiche Juden aus dem europäischen Osten hinzu, denen der Gemeinschaftsgedanke des Bauhauses als ein verheißungsvoller Schritt zur Verwirklichung ihrer eigenen sozialen Utopie erschien."[17]

Von den fünf Bauhäuslern, die in Weimar eingeschrieben waren und später nach Palästina auswanderten, stammte nur Max Bronstein (später: Mordecai Ardon, 1896–1992) aus Osteuropa. Mit 13 Jahren war er der Enge seines streng religiösen Elternhauses entflohen und im galizischen Tarnów mit der jüdischen Arbeiterpartei in Kontakt gekommen, bevor er nach Berlin ging. Durch Zufall machte er die Bekanntschaft der Kunstförderin Else Schlomann, die ihn dem Weimarer Bauhaus empfahl.[18] Seine Kommilitonin Ruth Vallentin (später: Ruth Cidor-Citroën, 1906–2002) hingegen entstammte dem jüdischen Großbürgertum Berlins und war auf Empfehlung von Bruno Adler, einem Freund der Familie, als jüngste Bauhaus-Studentin nach Weimar gegangen.[19] Sie neigte weder dem Zionismus noch dem Sozialismus zu – eine Haltung, die unter assimilierten Familien in Westeuropa sehr verbreitet war.

Wingler zufolge trugen jüdische Studierende aus Osteuropa vor allem in der Dessauer Zeit zur Dynamisierung, aber auch zur Politisierung am Bauhaus bei.[20] Von den 21 Palästina-Emigrantinnen und -Emigranten, die in Dessau studierten, stammten elf aus Osteuropa oder aus polnischen Familien. Auch alle Studierenden, die bereits vor ihrer Zeit am Bauhaus in Palästina gelebt hatten, waren – mit Ausnahme des Leipzigers Hans Herrmann (Chanan) Frenkel – osteuropäischer Herkunft. Bei ihnen bestimmte die sozialistisch-zionistische Gesinnung den weiteren Lebensweg.

Entstehungsbedingungen des Arbeiterzionismus

Innerhalb der jüdischen Nationalbewegung bildet der Arbeiterzionismus eine starke Fraktion. Er verbindet die Idee einer nationalen Wiedergeburt mit dem Ideal einer klassenlosen Gesellschaft und grenzt sich so gegen andere Fraktionen wie den praktischen, den politischen und den religiösen Zionismus ab. Die Entstehung des Zionismus wird heute allgemein mit der Person Theodor Herzls (1860–1904) assoziiert. Herzl und seine Mitstreiter verfolgten eine politische Strategie: Sie strebten den Schutz einer europäischen

Großmacht – Großbritannien, Frankreich oder Deutschland – an, um mit der massenhaften Ansiedlung und dem Staatsaufbau zu beginnen. Bei der Zielregion hatte man sich zunächst nicht auf Palästina festgelegt, der jüdische Staat sollte aber nach europäischem Vorbild entstehen.

Herzls Fraktion, den *politischen Zionisten*, stand die Gruppe der *praktischen Zionisten* gegenüber. Sie hatte ihr geistiges und personelles Zentrum in Osteuropa, wo bereits seit 1881 zionistische Ideen entwickelt und konkrete Siedlungsmaßnahmen ergriffen worden waren. Nach Vordenkern wie Moses Hess und Zwi Hirsch Kalischer konstatierte Leo Pinsker als Reaktion auf die Pogrome in Odessa von 1881, dass die Überwindung des Judenhasses in Europa nicht durch Aufklärung, Integration und Assimilation erreicht werden könne.[21] Er rief die Juden zur Selbsthilfe und zur Suche nach einem gesichert Ort als nationale Heimstätte auf.[22] Kurz darauf entstand die frühzionistische Bewegung Chibbat Zion („Zionsliebe") mit ersten jüdischen Gründungen in Rischon Le-Zion,[23] Petach Tikwa, Gadera, Zichron Ja'akow und Rosh Pina. Im Zuge der ersten neuzeitlichen Einwanderungsbewegung (*Alija*) kamen so zwischen 1882 und 1903 etwa 5000 zionistisch gesinnte Einwanderer ins Land – die *Chaluzim* („Pioniere"). Während Herzl mit seinen Ideen bei den westeuropäischen Juden auf Skepsis stieß, fand er in den Reihen der praktischen Zionisten aus Osteuropa Zuspruch; sie bildeten auf den Zionistischen Kongressen eine große Fraktion. Sie wollten jedoch nicht auf eine politische Lösung und eine europäische Schutzmacht warten, sondern die osmanischen Behörden durch massenhafte Einwanderung vor vollendete Tatsachen stellen.[24]

Die dritte wichtige Fraktion bildete der sozialistische Zionismus oder *Arbeiterzionismus*. Sie wurde durch die Partei Po'alei Zion („Arbeiter Zions") angeführt, die eine Verknüpfung von Sozialismus und Zionismus anstrebte. Wie der *praktische* so hat auch der *sozialistische Zionismus* seine Ursprünge in Osteuropa: einerseits in der antisemitisch motivierten Diskriminierung und Verfolgung und andererseits in der wirtschaftlichen Notlage. Gegen Ende der 1880er-Jahre lebten 90 % der jüdischen Bevölkerung im Ansiedlungsrayon im Westen Russlands, auf den sich das Aufenthalts- und Arbeitsrecht der jüdischen Bevölkerung beschränkte, in proletariatsähnlichen Verhältnissen.[25] Im Herbst 1897 wurde in Vilnius der Allgemeine Jüdische Arbeiterbund in Litauen,

Polen und Rußland (Bund) gegründet, der bis in die 1930er-Jahre zur stärksten politischen Kraft des polnischen Judentums avancierte. Der Bund war jedoch eine dezidiert antizionistische Partei und sah den Weg zur Erlangung der Gleichberechtigung allein in der sozialistischen Revolution. Als Reaktion auf diese Absage an den Zionismus entstanden von 1901 an einzelne zionistische Gruppen aus Arbeitern und Intellektuellen, etwa in Warschau, Vilnius und Odessa. Auf den Zionistischen Kongressen bildeten die Abgeordneten von Po'alei Zion eine starke Fraktion, die sich unter anderem für Palästina als einzig denkbare Zielregion einer jüdischen Staatsgründung aussprach. Insgesamt ist der *Arbeiterzionismus* jedoch keine kohärente und geschlossene politische Bewegung. Er setzt sich aus einer Vielzahl von Gruppen, Verbänden, Organisationen und Parteien zusammen. Gemeinsam ist ihnen, dass sie das kollektive System der Kibbuzim als Wirtschafts- und Lebensform favorisieren.[26]

Die Arbeiterbewegung in Palästina

Die politischen Auseinandersetzungen und Richtungsentscheidungen auf den zionistischen Kongressen dürften für die Palästina-Emigrantinnen und -Emigranten unter den Bauhäuslern nur von mittelbarer Bedeutung gewesen sein. Zu der Zeit, als sie studierten – also zwischen 1919 und 1933 – hatte sich bereits ein jüdisches Gemeinwesen in Palästina etabliert. Nach den frühzionistischen Siedlungen der 1880er-Jahre waren 1909 die erste jüdische Stadt Tel Aviv, 1910 der erste kollektivistische Kibbuz in Degania und 1921 der erste genossenschaftliche Moschaw in Nahalal gegründet worden. Parallel dazu hatten die verschiedenen Institutionen der Zionistischen Organisation ihre Arbeit aufgenommen und den jüdischen Aufbau in der Region vorangetrieben.[27] Begünstigt wurde die politische Organisierung der jüdischen Gemeinschaft in Palästina (*Jischuw*) durch die britische Eroberung und die Übertragung des Völkerbundmandats an Großbritannien. Bereits im April 1920 hatte der Jischuw ein eigenes Parlament gewählt, das 1928 durch die Mandatsregierung als Selbstverwaltungsorgan anerkannt wurde.[28] Die Parteienlandschaft stand in enger Verbindung zu den verschiedenen Lagern der Zionistischen Organisation und zu den politischen Gruppierungen der ersten Einwanderungsbewegungen (*Alijot*). Die wichtigste Kraft bildeten die Arbeiter- und Linksparteien, die ihren Stimmenanteil in der Delegiertenversammlung von 37 % im Jahr 1920 auf 59,7 % im Jahr 1944 steigerten und sich gegen die liberal-bürgerlichen und die religiösen Parteien durchsetzen konnten.[29] Innerhalb der Linken existierte eine radikale antizionistische Minderheit, die von der Kommunistischen Partei angeführt wurde. Im Jischuw blieb diese einzige jüdisch-arabische Partei weitestgehend isoliert, da sie die Verbindung von Zionismus und Sozialismus ablehnte.[30] Die wichtigste sozialistisch-zionistische Partei war der 1905 gegründete lokale Ableger der Po'alei Zion. Im Jahr 1919 schloss sie sich unter Führung von David Ben-Gurion mit einer Gruppe parteiloser Sozialisten um Berl Katznelson zur Achdut HaAwoda („Einheit der Arbeit") zusammen. Die ebenfalls 1905 gegründete Partei HaPo'el HaTza'ir („Der junge Arbeiter") vereinigte sich 1930 mit Achdut HaAwoda zur Mapai („Partei der Arbeiter von Eretz Israel"), die bis zur Staatsgründung die stärkste Partei in der Delegiertenversammlung blieb.[31]

Im Verlauf dieses schrittweisen Vereinigungsprozesses setzte sich in den beteiligten Parteien eine pragmatisch-konstruktive Haltung durch, die das dogmatische Festhalten an rein marxistischem Gedankengut zugunsten der Gründung und des Aufbaus eines jüdischen Gemeinwesens in den Hintergrund treten ließ. Eine entwickelte Industrie gab es in Palästina seinerzeit noch nicht, die Voraussetzungen für den Klassenkampf waren deshalb nur unzureichend gegeben. „Hier hat sich unsere Gedankenwelt von Grund auf erneuert, und wir fanden neue Wege für unsere Arbeit", erklärte David Ben-Gurion 1919: „Wir haben nicht die Aufgabe, Revolutionäre zu sein, sondern müssen tatkräftig eine neue Gesellschaft aufbauen."[32] In den Ausführungen Aaron David Gordons, des geistigen Vaters von HaPo'el HaTza'ir, tritt der Nationalismus noch deutlicher zutage: „Wir stehen nicht vor der Alternative zwischen dem Nationalgedanken und dem Gedanken des Sozialen; für uns ist der Nationalgedanke allumfassend."[33]

Gleichwohl ging es vor allem darum, dass die Arbeit von und für Juden erobert werden soll. Infolge der verschiedenen *Alijot* erhöhte sich der Druck auf dem Arbeitsmarkt und die Konkurrenz durch palästinensische Arbeitskräfte.

Anstelle eines Schulterschlusses des jüdischen und palästinensischen Proletariats zur Bekämpfung des osmanischen Feudalismus und des anschließen-
den britischen Imperialismus arrangierte sich die jüdische Arbeiterbewegung
mit der Mandatsmacht. Vor allem die Bewegung HaSchomer HaTza'ir („Der
Junge Wächter"), die sich erst schrittweise von einer unpolitischen galizischen Jugendbewegung zum Kibbuzverband entwickelte und schließlich
als Partei konstituierte, favorisierte die Zusammenarbeit mit den Briten, um
die Industrialisierung der Region zu fördern und so die Voraussetzungen für
den Klassenkampf zu verbessern. Damit stand sie im klaren Widerspruch
zur antiimperialistischen Politik der Komintern, die die Mandatsherrschaft
ablehnte.[34]
Mit der kleinen, aber prägenden Bewegung HaSchomer HaTza'ir verbindet
sich eine weitere Dimension des sozialistischen Zionismus. Ihre Wortführer Meir Ja'ari und David Horowitz betonten das Primat des Geistes gegenüber dem Materialismus und unterstrichen, „daß das Ziel des Sozialismus die
Herstellung von wirtschaftlichen Bedingungen sei, die die volle Entwicklung
der Persönlichkeit und die Freiheit des Individuums innerhalb der genossen-
schaftlichen Gemeinschaft gewährleisten".[35]
Zusammenfassend können also drei wesentliche Spannungsfelder skizziert
werden, die den Arbeiterzionismus im Gegensatz zum europäischen Sozialismus und Kommunismus charakterisieren: Das Primat des nationalen Aufbaus gegenüber dem Klassenkampf, das Primat des Nationalismus gegenüber
dem Internationalismus und das Primat des Individualismus gegenüber dem
Materialismus.

Bauhäusler und die Arbeiterbewegung in Palästina

Die politischen Kämpfe und ideologischen Weichenstellungen waren für jene
Bauhäusler, die sich zeitweise oder dauerhaft in Palästina und Israel niederließen, in der Regel kaum relevant. Sie waren Angehörige einer Generation,
die an verschiedenen Punkten ihrer Lebenswege mit dem Arbeiterzionismus
in Kontakt kamen – als Mitglieder einer Jugendbewegung, als Angehörige

eines Kibbuz, als Auftragnehmende einer Arbeiterorganisation oder als Arbeitende in einem Genossenschaftsbetrieb.

HaSchomer HaTza'ir

Die sozialistisch-zionistische Jugendbewegung HaSchomer HaTza'ir spielt vor allem in den Biografien jener Studierenden eine wichtige Rolle, die bereits vor ihrer Zeit am Bauhaus nach Palästina ausgewandert waren. Formell wurde die Bewegung 1919 gegründet, ihre Vorläufer waren jedoch schon seit 1912 als Pfadfindergruppen in Galizien und Kongresspolen entstanden. 1916 schloss sie sich mit der sozialistischen Bewegung Ze'irei Zion zusammen.[36] HaSchomer HaTza'ir verband die Ideen der britischen *Boy Scouts* mit den romantischen Tendenzen der deutschen Wandervögel und dem Studium politischer und kultureller Theorien. Die Bewegung war in *kwuzot* („Gruppen") organisiert, um die Mitglieder auf die Emigration nach Palästina und den Aufbau einer neuen, sozialistischen jüdischen Nation vorzubereiten. Die ersten Gruppen wanderten in November 1918 aus.

Der Bauhaus-Absolvent Arieh Sharon (Lushiek Kurzmann, 1900–1984) trat HaSchomer HaTza'ir in jungen Jahren in seiner Heimat Jaroław bei und wanderte 1920 als Chef einer *kwuzah* nach Palästina aus. Dort wirkte er an Gründung und Aufbau des Kibbuz Gan Shmuel mit, bevor er 1926 nach Deutschland zum Studium am Bauhaus ging. Sein Kommilitone Isaac (Jean) Weinfeld war ebenfalls bereits 1923 ausgewandert[37] und lebte bis zum Eintritt ins Bauhaus im Kibbuz Beit Alfa, der im Jahr zuvor durch HaSchomer HaTza'ir gegründet worden war. Zu den bisher bekannten Mitgliedern zählen weiterhin Munio Weinraub[38] und Tolek (Naftali) Rubinstein (1910–1977).[39] Sie wanderten jedoch erst in den 1930er-Jahren aus. Jezekiel Kirszenbaum (1900–1954) hingegen ließ sich ungeachtet seiner Mitgliedschaft bei HaSchomer HaTza'ir nie in Palästina oder Israel nieder.

Das Archiv von HaSchomer HaTza'ir befindet sich heute in Givat Haviva in einem Gebäude, das den 1960er-Jahren nach Plänen von Shmuel Mestechkin (1908–2004) errichtet wurde. Anders als sein Bruder Mordecai

Mestechkin (später: Kiryati) war er kein Mitglied der Bewegung.[40] Dessen ungeachtet avancierte er nach seiner Rückkehr aus Deutschland 1934 zu einem der wichtigsten Planer für all jene Kibbuzim von HaSchomer HaTza'ir, die sich nach 1927 zu HaKibbuz HaArzi zusammenschlossen.

HaKibbuz HaArzi

Durch den Zusammenschluss der Kibbuzim Merchavia, Ein Shemer, Ma'aberot und Mishmar HaEmek entstand der Verband HaKibbuz HaArzi ("Der Landeskibbuz"). Der Verband wuchs schnell, und 1943 wurde ein eigenes zentrales Planungsdepartement unter der Leitung von Shmuel Mestechkin etabliert. Er übernahm fortan die Gesamtplanung zahlreicher Kibbuzim sowie den Entwurf vieler Wohn- und Gemeinschaftsbauten.

Gemeinschaftseinrichtungen für die Kibbuzim waren seit den 1930er-Jahren eine anspruchsvolle und beliebte Bauaufgabe, in der sich der kollektive und basisdemokratische Geist der Bewegung materialisierte. Bedeutende Speisesäle (*Chederei Ochel*), die das soziale und politische Zentrum eines jeden Kibbuz bilden, wurden von Arieh Sharon in Givat HaShlosha (1936–1939)[41] und Munio Weinraub in Kfar Masaryk (1958–1963)[42] entworfen. Weinraub gestaltete überdies die Ausstellung zu den ländlichen Siedlungen auf der Levante-Messe in Tel Aviv von 1936.[43]

Munio Weinraub Gitai, Speisesaal im Kibbuz Kfar Masaryk, 1958–1963

Von zentraler Bedeutung waren die Kibbuzim für die Besiedlung Palästinas durch die *Chaluzim*. Zu ihnen zählte auch Hans Herrmann (Chanan) Frenkel (1905–1957). Als überzeugter Zionist hatte er in Deutschland seit 1925 an der *Hachshara* ("Tauglichmachung") teilgenommen und gehörte 1926 zu den Mitbegründern des Kibbuz Cheruth ("Freiheit") bei Hameln. Er wanderte im August 1928 nach Palästina aus, arbeitete zunächst in Ein Tivon und Ein Harod und wirkte schließlich am Aufbau von Givat Brenner mit.[44] Überdies waren die Kibbuzim für viele Immigranten aus Europa eine wichtige Station, um in ihrer neuen Heimat Arbeit zu finden und die notwendigen Sprachkenntnisse zu erlangen. So erhielt Mordecai Ardon 1933 den Rat, zunächst in einen Kibbuz zu ziehen und Hebräisch zu lernen. Über diese pragmatische Erwägung hinaus fühlte er sich durch das kollektive Gemeinschaftsleben angesprochen und zog nach Kiryat Anavim in der Nähe von Jerusalem. Ein halbes Jahr arbeitete er dort als Bienenzüchter, bevor er in verschiedenen Schulen in Jerusalem als Kunstlehrer tätig wurde und 1935 schließlich an die Bezalel-Schule wechselte.[45] Der Maler Erich (Ari) Glas (1897–1973) ließ sich nach seiner Flucht aus Deutschland im Kibbuz Yagur nieder,[46] und der Grafikdesigner Georg Ernst Gross (später: Shlomo Ben David, 1906–1969) lebte nach seiner Auswanderung ein Jahr lang im Kibbuz Kfar Giladi. Später zog er nach Tel Aviv, übernahm aber gelegentlich Grafik- und Gestaltungsaufträge für den Verband HaKibbuz HaMe'uchad.[47] Auch der Fotograf Erich Comeriner (1907–1978)[48] und der bereits erwähnte Ze'ev Joffe[49] ließen sich zunächst in einem Kibbuz nieder, bevor sie sich in Tel Aviv selbstständig machten. Weiterhin arbeitete Stefan Wolpe (1902–1972) von 1934 an in verschiedenen Kibbuzim als „musikalischer Instrukteur" und wirkte anschließend als Kompositionslehrer am neu gegründeten Konservatorium in Jerusalem.[50]

Histadrut

Die wichtigste Institution und gleichzeitig der zentrale politische und wirtschaftliche Machtfaktor der linken Parteien im britischen Mandatsgebiet war die Histadrut („Der Zusammenschluss"). Sie wurde im Dezember 1920 als gemeinsame Initiative von Po'alei Zion und HaPo'el HaTza'ir gegründet und wählte David Ben-Gurion zu ihrem ersten Vorsitzenden. Zu dieser Zeit und auch noch in den ersten Jahrzehnten nach der Gründung Israels war die Histadrut nicht nur eine Gewerkschaft, sondern eine „allgemeine Organisation der Arbeit",[51] die darüber hinaus die drei Bereiche Soziale Sicherheit, Bildung und Kultur sowie Gemeinwirtschaft dominierte. Damit agierte sie nie als Mobilisierungsfaktor im Klassenkampf, sondern forcierte als ein Schlüsselakteur des konstruktiven gesellschaftlichen und nationalen Aufbaus die Industrialisierung des Landes. Die Histadrut wirkte in dieser Funktion in beinahe sämtliche Lebensbereiche des Jischuw und stützte sich dabei auf eine ausgedehnte Infrastruktur mit verschiedensten Bauaufgaben.

Die Arbeiterorganisation etablierte sich als wichtigste Auftraggeberin für die Architekten und Ingenieure des Jischuw. So verdankte Arieh Sharon seinen beruflichen Durchbruch dem Wettbewerb für den Histadrut-Pavillon auf der Levante-Messe von 1932. Die Gestaltung der zugehörigen Ausstellung wurde von Moshe Vorobeichic (später: Raviv, 1904–1995) übernommen, der gleichzeitig mit Sharon in Dessau studiert hatte.[52] Auch der Hauptsitz der Histadrut in Tel Aviv (*Beit Brenner*) wurde 1935 von Sharon fertiggestellt,[53] der darüber hinaus in vielen ihrer Tätigkeitsbereiche mit Bauten präsent war: Im Auftrag der Wohnungsbaugesellschaft Chevrat Shikun errichtete er gemeinsam mit anderen Architekten zwischen 1931 und 1939 die Arbeiterwohnanlagen Me'onot Ovdim in Tel Aviv.[54] Für die Vertriebs- und Konsumgenossenschaft HaMashbir führte Sharon bis 1938 das zentrale Lager- und Verwaltungsgebäude in Tel Aviv aus. Das Ohel-Theater am Dizengoff-Platz entstand

zwischen 1938 und 1940 für die gleichnamige Theaterkompanie der Histadrut, und bereits 1935 wurde das Beilinson Hospital in Petach Tikwa für Kupath Cholim, die Krankenkasse der Histadrut, fertiggestellt.[55] Auch andere ehemaliger Bauhäusler arbeiteten im Auftrag der Histadrut. Munio Weinraub[56] und sein Partner Al Mansfeld entwarfen für Haifa mit *Beit HaPoalim* das Zentralbüro (1938–1946) und das Finanzamt (1964) der Histadrut[57] sowie einige Fabrik- und Gesellschaftsbauten. Chanan Frenkel errichtete sein wichtigstes Gebäude, die Blutbank in Jaffa (1956),[58] im Auftrag der Krankenkasse Kupath Cholim. Bei der Textilkünstlerin Ruth Cohn (später: Kaiser, 1909–1910) kann eine indirekte Verbindung zur Histadrut vermutet werden: Zwischen 1935 und 1943 leitete sie Spinnerei- und Weberei-Kooperativen in Haifa und Tel Aviv,[59] die wahrscheinlich der Chevrat Ovdim angehörten. Der Bauhäusler Shmuel Mestechkin fungierte überdies als Hausarchitekt der Organisation HaNo'ar HaOved („Die Arbeitende Jugend"), die 1924 als eigene Interessenvertretung der arbeitenden Jugendlichen innerhalb der Histadrut gegründet worden war.[60] Mestechkin hatte sich bereits während seiner Ausbildung in Jerusalem politisch engagiert und zählte zu den Gründungsmitgliedern von HaNo'ar HaOved.[61] Nach seiner Zeit am Bauhaus entwarf er sämtliche Niederlassungen der Organisation in Jerusalem (1939), Tel Aviv (1941) und Haifa (1945) sowie den späteren Hauptsitz *Mishkan Brenner weChaveriu* in Tel Aviv (1970). Überdies baute Mestechkin 1945 das Erholungsheim *Beit Berl* (*Katznelson*) in Na'an, dem ersten eigenen Kibbuz von HaNo'ar HaOved. Dieses

Gebäude, erklärte er später, sei die Verkörperung aller ihm während seiner Ausbildung am Bauhaus vermittelten Grundsätze von „Schlichtheit und Sorgfältigkeit in den Proportionen und in den Ausdrucksformen".[62]

Zusammenfassung

Dieser Rückblick auf die Lebenswege jener Bauhäusler, die auf die ein oder andere Weise mit dem Arbeiterzionismus in Kontakt kamen, ist durch das Interesse an Mustern und Kohärenzen bestimmt. Tatsächlich lassen sich Tendenzen feststellen: So scheinen etwa die jüdischen und mehrheitlich assimilierten Studierenden aus Westeuropa das Bauhaus als eine avantgardistische Ausbildungsstätte wahrgenommen zu haben, die in der jungen Weimarer Demokratie neue Perspektiven eröffnete – unabhängig von der politischen Agenda. Aus Osteuropa und vor allem aus Polen kamen viele Studierende ans Bauhaus, die ihr vielfach tiefreligiöses Umfeld verlassen hatten und den diskriminierenden Zugangsbeschränkungen in ihrer Heimat ausweichen wollten. Gleichzeitig herrschte in den neu entstandenen Nationalstaaten Osteuropas ein höherer Politisierungs- und Organisationsgrad der jüdischen Gesellschaft als in Westeuropa.

So kristallisieren sich einige „Musterlebensläufe" heraus: Arieh Sharon trat in seiner polnischen Heimat HaSchomer HaTza'ir bei, leistete mehrere Jahre lang Aufbauarbeit in Palästina und setzte diese nach seiner beruflichen Qualifikation am Bauhaus umso tatkräftiger fort. Chanan Frenkel führte seine zionistische Gesinnung zunächst von Leipzig aus zur „Tauglichmachung" nach Hameln, bevor er auswanderte und ebenfalls zu Ausbildungszwecken zeitweilig zurückkehrte. Munio Weinraub hingegen knüpfte erst nach seiner Ausbildung am Bauhaus an sein sozialistisch-zionistisches Jugendengagement an und wirkte am Aufbau des Jischuw mit. Dies entspricht durchaus Hans Maria Winglers Vermutung zur Anziehungskraft des Bauhauses auf jüdische Studierende: „Es scheint, daß den Juden das vom Bauhaus postulierte Ideal der Arbeitsgemeinschaft, das zugleich gemeinschaftliche Verantwortung bedeutet, auf besondere Weise entsprach, weil es mit dem zionistischen Ideal der ‚Erlösung durch Arbeit' identifiziert werden konnte."[63]

Gleichwohl sind die Biografien aller genannten Absolventinnen und Absolventen durch den Holocaust und die Gründung des Staates Israel geprägt, durch Entwicklungen also, die während ihrer Studienzeit kaum erahnt werden konnten. Welche Aussagen über die individuelle Motivation lassen sich treffen? Es deutet sich an, dass die meisten jüdischen Bauhäusler, auch jene, die sich später mehr oder weniger freiwillig in Palästina und Israel niederließen und mit dem Arbeiterzionismus in Kontakt kamen, dem Kommunismus – und damit auch der Kostufra – distanziert gegenübergestanden haben dürften. Dies mag der Fall gewesen sein, wenn sie aus bürgerlich-assimilierten Familien stammten oder als engagierte Zionisten eine gänzlich unvereinbare Auffassung von Nationalismus und Sozialismus vertraten. Nicht zuletzt bleibt angesichts des Durchschnittsalters von knapp 22 Jahren beim Eintritt ins Bauhaus zu berücksichtigen, was Michael Siebenbrodt bereits 1976 konstatiert hat: Viele Studierende hätten zwar durchaus nach einer „gesellschaftlichen Alternative zum Imperialismus und aufkeimenden Faschismus" gesucht oder „überhaupt erst nach einem eigenen politischen Standpunkt. Oft lockte auch das ‚Abenteuer' des politischen Kampfes."[64]

Anmerkungen

1   Ze'ev Joffe: Erinnerungen an das Bauhaus. In: Israel-Nachrichten. 20. Juni 1980, S. 6–8.

2   Siehe „Joffe, Wolf", Datenbank der Forschungsstelle für Biografien ehemaliger Bauhaus-Angehöriger (BeBA), https://bauhaus.community/gnd/121347521X (abgerufen 1. April 2022).

3   Nach eigenen Angaben verbrachte Ze'ev Joffe vier Semester am Bauhaus in Dessau, belegen lassen sich indessen nur zwei. Ich danke Ita Heinze-Greenberg für diese Information; sie hatte Joffe in den 1980er-Jahren interviewt.

4   Siehe Ita Heinze-Greenberg: Bezalel und Bauhaus. In: David. Jüdische Kulturzeitschrift. H. 112, 2017, ohne Seitenzählung, https://davidkultur.at/artikel/bezalel-und-bauhaus1 (abgerufen 1. April 2022).

5   Siehe Hans M. Wingler: Forschungsskizze „Die jüdische Komponente des Bauhauses", November 1963, Bauhaus-Archiv, Berlin, Mappe Wingler 72 – Arbeit und Werk, Notizen zu verschiedenen Bauhausthemen.

6   Neben Joffe waren dies die Architekten Arieh Sharon, Hans Herrmann (Chanan) Frenkel, Isaac (Jean) Weinfeld, Shlomo Bernstein und Shmuel Mestechkin.

7   Siehe Michael Siebenbrodt: Zur Rolle der Kommunisten und anderer fortschrittlicher Kräfte am Bauhaus. In: Wissenschaftliche Zeitschrift der Hochschule für Architektur und Bauwesen Weimar. 23 (1976), H. 5/6, S. 481–485, hier S. 481; Aida Abadžić Hodžić/Ines Sonder: Ein kommunistischer Muslim im Lande Israel. In: Bauhaus. Die Zeitschrift der Stiftung Bauhaus Dessau. 1 (2011), H. 2, S. 68–75; „Selmanagić, Selman", BeBA, https://bauhaus.community/gnd/117479462 (abgerufen 2. April 2022).

8   Brief von Selman Selmanagić an Hajo Rose vom 1. Oktober 1935, zit. nach Abadžić Hodžić/Sonder 2011 (wie Anm. 7), S. 70.

9   Die Zeitschrift der Kostufra berichtete im April 1932 über die Absetzung Heinz Schwerins als Studierendenvertreter wegen revolutionärer Umtriebe. Siehe: AN DIE HERREN MEISTER UND DIREKTOR – „PERSÖNLICH". In: bauhaus. sprachrohr der studierenden. organ der kostufra. 3 (1932), H. 12, S. 8–12.

10   Siehe Patrick Rössler/Elizabeth Otto: Frauen am Bauhaus. Wegweisende Künstlerinnen der Moderne. München 2019, S. 156–161.

11   Brief von Ricarda Schwerin an Hannes Meyer vom 4. März 1948, zit. nach Ines Sonder/Werner Möller/Ruwen Egri: Vom Bauhaus nach Palästina. Chanan Frenkel, Ricarda und Heinz Schwerin. Leipzig 2013, S. 108.

12   Weinraub arbeitete von November 1930 bis April 1931 für Ludwig Mies van der Rohe; siehe Richard Ingersoll: Munio Gitai Weinraub. Bauhaus Architect in Eretz Israel. Mailand 1994, S. 26.

13   Ebenda, S. 31.

14   Ich danke Anke Blümm für diesen Hinweis.

15   Die Zeitschrift der Kostufra berichtete im April und Mai 1932 über die die Auseinandersetzungen vom Frühjahr und die Erteilung des Hausverbots für Weinfeld. Siehe AN DIE HERREN MEISTER 1932 (wie Anm. 9); … in unschuld waschen sie sich die hände … In: bauhaus. organ der kostufra. sprachrohr der studierenden. 3 (1932), H. 13, ohne Seitenzählung [S. 8 f.].

16   Siehe Franz Ehrlich. Ein Bauhäusler in Widerstand und Konzentrationslager. Hrsg. von Volkhard Knigge und Harry Stein. Weimar 2009, S. 159.

17   Wingler 1963 (wie Anm. 5), S. 2.

18   Siehe Daliah Ardon Ish-Shalom: Ardon: A Comprehensive Catalogue. Jerusalem 2019, S. 12 f.

19   Siehe Ruth Cidor-Citroën: Vom Bauhaus nach Jerusalem. Stationen eines jüdischen Lebens im 20. Jahrhundert. Berlin 2004, S. 28 f.

20   Wingler 1963 (wie Anm. 5), S. 2.

21   Leon Pinskers (1821–1891) Schrift „Autoemancipation!" Mahnruf an seine Stammesgenossen von einem russischen Juden erschien 1882 anonym in Berlin.

22   Siehe Scott Uri: Hoveve Ziyon. In: Enzyklopädie jüdischer Geschichte und Kultur. Hrsg. von Dan Diner. Bd. 3. Stuttgart, Weimar 2012, S 99 f.

23   Rishon LeZion wurde von Mitgliedern einer jüdischen Studentenorganisation an der Universität Charkiw gegründet, die sich unter dem hebräischen Akronym BILU („Haus Jakob, geht, lasst uns aufbrechen!") formierte.

24   Siehe Patrick Kury/Erik Petry: Basel. In: Enzyklopädie jüdischer Geschichte und Kultur. Hrsg. von Dan Diner. Bd. 1. Stuttgart, Weimar 2011, S. 267–275, hier S. 269.

25 Siehe Patrick Pickhan: Bund. In: Diner 2011 (wie Anm. 24), S. 465–470, hier S. 466.

26 Siehe Kury/Petry 2011 (wie Anm. 24), S. 272.

27 Im Auftrag der Zionistischen Organisation (Histadrut HaZionit) wirkten neben dem Palästinaamt (Misrad HaEretz-Yisra'eli) die sogenannten „Nationalen Institutionen": die Jewish Agency (Sochnut HaYehudit), der Nationalfonds (Keren Kayemet LeYisra'el) und der Gründungsfonds (Keren HaYessod LeYisra'el).

28 Am 19. April 1920 wurde die Delegiertenversammlung (Assafet HaNiwharim) gewählt, welche wiederum den Nationalrat (Wa'ad Le'umi) wählte. Dieser übernahm die Funktion eines Parlaments für den Jischuw. Die Exekutive verkörperte der Vorstand des Nationalrats (Hanhalat HaWa'ad HaLe'umi). Siehe Michael Wolffsohn: Israel. Geschichte, Politik, Gesellschaft, Wirtschaft. 7. Auflage Wiesbaden 2007, S. 49 f.

29 Siehe Wolffsohn 2007 (wie Anm. 28), S. 88 f.

30 Siehe Michael Wolffsohn: Politik in Israel. Entwicklung und Struktur des politischen Systems. Opladen 1983, S. 37–38 und 46–52.

31 Eine Skizze zur Entwicklung der Parteien im Arbeiterlager findet sich bei Manuela Maschke: Die Israelische Arbeiterorganisation Histadrut. Vom Staat im Staate zur unabhängigen Gewerkschaft. Frankfurt am Main 2003, S. 276.

32 David Ben-Gurion, Parteitagsrede vom 22. Februar 1919, zit. nach Wolffsohn 1983 (wie Anm. 30), S. 39.

33 Zit. nach Wolffsohn 1983 (wie Anm. 30), S. 42.

34 Siehe Elkana Margalith: Die sozialen und intellektuellen Ursprünge der jüdischen Jugendbewegung „Haschomer Haza'ir", 1913–1920. In: Archiv für Sozialgeschichte. 10 (1970), S. 261–289, hier S. 288; Wolffsohn 1983 (wie Anm. 30), S. 61.

35 Margalith 1970 (wie Anm. 34), S. 284.

36 Siehe Margalith 1970 (wie Anm. 34); Wolffsohn 1983 (wie Anm. 30), S. 58–63

37 Siehe Knigge/Stein 2009 (wie Anm. 16), S. 159.

38 Siehe Ingersoll 1994 (wie Anm. 12), S. 19.

39 Siehe Klaus Honnef/Frank Weyers: Und sie haben Deutschland verlassen ... müssen. Fotografen und ihre Bilder 1928–1997. Bonn 1997, S. 39.

40 Siehe Muki Tsur/Yuval Dani'eli: Li-venot u-le-hibanot bah. Sefer Shemuel Mestets'kin. Adrikhalut hakibuts be-Yisrael. Mestechkin builds Israel. Architecture in the Kibbutz. Tel Aviv 2008, S. 15.

41 Siehe Eran Neuman: Aryeh Sharon adrikhal ha-medinah. Arieh Sharon. The Nation's Architect. Tel Aviv 2018, S. 194 f.

42 Siehe Ingersoll 1994 (wie Anm. 12), S. 145 f.

43 Siehe ebenda, S. 34.

44 Siehe Myra Warhaftig: Deutsche jüdische Architekten vor und nach 1933 – Das Lexikon. 500 Biographien. Berlin 2005, S. 153 f.; Sonder/Möller/Egri 2013 (wie Anm. 11), S. 23.

45 Siehe Ardon 2019 (wie Anm. 18), S. 19 f.

46 Siehe The Israel Museum: Information Center for Israel Art: Ari Glas, https://museum.imj.org.il/artcenter/newsite/en/?artist=Glass,%20Ari (abgerufen 1. April 2022).

47 Siehe The Israel Museum: Information Center for Israel Art: Shlomo Ben David, https://museum.imj.org.il/artcenter/newsite/en/?artist=Ben%20David,%20Shlomo&list=B (abgerufen 1. April 2022).

48 Siehe Honnef/Weyers 1997 (wie Anm. 39), S. 110–112.

49 Ich danke Ita Heinze-Greenberg für diesen Hinweis.

50 Siehe die Kurzbiografie von Stefan Wolpe in: Das frühe Bauhaus und Johannes Itten. Hrsg. von Rolf Bothe. Ostfildern-Ruit 1994, S. 497–498.

51 Zur Entwicklungsgeschichte siehe Maschke 2003 (wie Anm. 31).

52 Siehe Sigal Davidi: The "New Architecture" of the 1934 Levant Fair: Constructing Identity for Jewish Society in Mandatory Palestine. In: Vermittlungswege der Moderne – Neues Bauen in Palästina (1923–1948). Hrsg. von Jörg Stabenow und Ronny Schüler. Berlin 2019, S. 151–164, hier S. 161.

53 Siehe Neuman 2018 (wie Anm. 41), S. 102–105.

54 Siehe ebenda, S. 78 f., 98–101, 126 f. und 138–141.

55 Siehe ebenda, S. 122–125, 146 und 148 f.

56 Siehe auch Ronny Schüler: In the Shadow of Memory – Munio Weinraub Gitai and Shmuel Mestechkin. In: Taking a Stand? Debating the Bauhaus and Modernism. Hrsg. von Andrea Bärnreuther. München 2021, S. 384–396.

57 Siehe Ingersoll 1994 (wie Anm. 12), S. 34 und 50 f.

58 Siehe Sonder/Möller/Egri 2013 (wie Anm. 11), S. 46–51.

59 Siehe die Kurzbiografie von Ruth Kaiser in: Gunta Stölzl. Weberei am Bauhaus und aus eigener Werkstatt. Hrsg. von Magdalena Droste. Berlin (West) 1987, S. 154 f.

60 Siehe Maschke 2003 (wie Anm. 31), S. 79.
61 Siehe auch Schüler 2021 (wie Anm. 56).
62 Zit. nach Myra Warhaftig: Sie legten den Grundstein.
   Leben und Wirken deutschsprachiger jüdischer
   Architekten in Palästina 1918–1948. Tübingen,
   Berlin 1996, S. 150.
63 Wingler 1963 (wie Anm. 5), S. 2.
64 Siebenbrodt 1976 (wie Anm. 7), S. 481.

Mission ohne Rückkehr.
Architekten des Bauhauses im sowjetischen Exil

Andreas Schätzke

Im Sommer 1931 veröffentlichte die Kommunistische Studentenfraktion am Bauhaus in ihrer Zeitschrift einen persönlich gehaltenen Bericht aus der Sowjetunion, der sich vorwiegend mit dem dortigen Architekturgeschehen befasste. „gebaut wird in allen ecken und enden", heißt es in diesem Brief „eines früheren bauhäuslers". „man hat den eindruck, dass ganz moskau ein bauplatz ist."[1] In der KPD-Zelle am Bauhaus spielten Studierende, deren Ausbildungsschwerpunkt im Bereich der Architektur lag, eine wichtige Rolle. Anhand ihrer Zeitschrift, die von 1930 bis 1932 erschien und in der nahezu alle Beiträge anonym veröffentlicht wurden, lassen sich Mitglieder oder Sympathisanten der Kostufra jedoch bis auf wenige Ausnahmen nicht identifizieren. Hinweise geben vor allem autobiografische Zeugnisse, die wesentlich später entstanden oder publiziert worden sind. Zu den Architekten, die auf Grundlage solcher Quellen der kommunistischen Gruppe oder ihrem Umkreis zugerechnet werden können, gehören Waldemar Alder, Isaak Butkow, Ernst Mittag, Konrad Püschel, Béla Scheffler, Heinz Schwerin, Selman Selmanagić, Werner Taesler und Philipp Tolziner.[2]

Den Themen Wohnen, Architektur und Städtebau widmete sich die Zeitschrift der Kostufra allerdings vergleichsweise selten.[3] Es ist anzunehmen, dass den eher improvisiert wirkenden Heften keine systematische Planung zugrunde lag, sondern die Beiträge meist spontan zusammengestellt wurden. Schwerpunkte zur Architektur finden sich in den Ausgaben 5 und 6 aus dem Jahr 1931. In Heft 5 erschienen unter anderem ein Grundsatzartikel mit dem Anspruch, „die sogenannte moderne architektur" aus dem Blickwinkel des Marxismus zu kritisieren,[4] und der eingangs zitierte Brief aus Moskau. Die folgende Nummer befasst sich mit Vorträgen des ehemaligen Frankfurter Dezernenten für Städtebau Ernst May und des früheren Kölner Stadtbaumeisters Kurt Meyer über ihre Arbeit in der Sowjetunion. Außerdem enthält diese Ausgabe einen Kommentar zur *Proletarischen Bauausstellung,* die von linksgerichteten Architekten und Studenten in Berlin als Gegenveranstaltung zur *Deutschen Bauausstellung* organisiert worden war.[5] In Heft 7 erschien der Abdruck eines Vortrags, den der ehemalige Bauhaus-Direktor Hannes Meyer im Oktober 1931 in Leipzig über das Bauen in der Sowjetunion gehalten hatte.[6] Generell widmeten sich die Beiträge über Architektur und Stadtplanung weniger den Verhältnissen in Deutschland oder der Ausbildung am Bauhaus, sondern im Dienst der KPD-Agitation vorwiegend dem Geschehen in der Sowjetunion, deren Leitbild nicht nur diese Thematik dominierte. In einen solchen Zusammenhang gehört auch der 1931 veröffentlichte Brief eines ehemaligen Studenten, der Konrad Püschel zugeschrieben werden kann.[7] Püschel hielt sich zu dieser Zeit als Angehöriger der von Hannes Meyer geleiteten „Bauhaus-Brigade" in Moskau auf und zeichnete ein überwiegend positives Bild des dortigen Alltags, seiner Arbeit und – mit Einschränkungen – auch des sowjetischen Bauwesens.

Aufbrüche

Trotz aller politisch-ideologischen Differenzen sahen sich das Deutsche Reich und die junge Sowjetunion, die beiden großen Verlierer des Weltkriegs, in den 1920er- und frühen 1930er-Jahren auf manchen Feldern durch ähnliche Interessen verbunden. In der Außenpolitik, im Handel und auf militärischem Gebiet führte dies zu einer Vielzahl offizieller und verdeckter Kooperationen. Ein enges Geflecht an Beziehungen auf formeller und informeller Ebene bestand darüber hinaus in Teilen der organisierten Arbeiterschaft ebenso wie unter führenden Vertretern der Wirtschaft, aber auch zwischen Wissenschaftlern, Publizisten, Künstlern oder Architekten.

Zu Beginn der 1930er-Jahre ließen sich neben Angehörigen anderer Berufe auch zahlreiche deutsche Architekten von der Sowjetunion anwerben. Sie kamen nicht als Einwanderer, sondern wurden für bestimmte Aufgaben verpflichtet und erhielten in der Regel auf einige Jahre befristete Verträge.[8] Viele sahen darin eine Möglichkeit, der bestehenden oder drohenden Arbeitslosigkeit in Deutschland zu entgehen, oft kamen auch Neugier und Abenteuerlust hinzu.[9] Zwar befürwortete nur eine Minderheit unter ihnen die politischen Ziele des kommunistischen Staates, doch übte die Sowjetunion, die als einer der anregendsten Schauplätze der Moderne wahrgenommen wurde, auf Architekten aus Deutschland, Österreich, der Schweiz, den Niederlanden, Ungarn oder der Tschechoslowakei eine starke Anziehungskraft aus. Seit den 1920er-Jahren galt das Interesse vor allem den Protagonisten der russischen Avantgarde wie El Lissitzky, Konstantin Melnikow, Moissei Ginsburg und den Brüdern Alexander, Leonid und Wiktor Wesnin. Ihre utopischen Entwürfe und technizistischen Visionen faszinierten ebenso wie ihre realisierten Bauten, die neuen kollektiven Formen des Zusammenlebens dienen sollten. Zudem schien es in der UdSSR dank staatlicher Programme und einer forcierten Industrialisierung möglich zu sein, Projekte in großer Zahl und von bislang kaum gekannten Ausmaßen – bis hin zur Errichtung ganzer Städte – zu verwirklichen.[10] Die Sowjetunion ihrerseits hatte Bedarf an Ausländern, die dem Mangel an Fachkräften abhelfen und zu Vorhaben im Rahmen des ersten Fünfjahrplans, auf dessen Erfüllung die Wirtschaft seit Herbst 1928 ausgerichtet war, herangezogen werden sollten.

1930 wurden Ernst May und Hannes Meyer mit der Leitung von Arbeitsgruppen beauftragt, die vor allem an der Planung von Wohnbauten und Bildungseinrichtungen und am Aufbau neuer Industriestädte beteiligt werden sollten. Der kurz zuvor als Direktor des Bauhauses entlassene Meyer, sozialistisch orientiert, ohne einer Partei anzugehören, stellte eine Gruppe politisch Gleichgesinnter zusammen, die aus seinen ehemaligen Studenten René Mensch, Klaus Meumann, Konrad Püschel, Béla Scheffler, Philipp Tolziner, Antonín Urban und Tibor Weiner bestand. Die „Bauhaus-Brigade" wurde in das Staatliche Institut für die Projektierung und den Bau höherer und mittlerer technischer Lehreinrichtungen (Giprowtus) integriert.[11] Püschel, Scheffler, Tolziner und Weiner hatten bereits während ihres Studiums zusammengearbeitet, so 1929 bei einem von Mart Stam betreuten Entwurf für die Großsiedlung Haselhorst der Reichsforschungsgesellschaft für Wirtschaftlichkeit im Bau- und Wohnungswesen in Berlin-Spandau.[12] 1930 hatten Tolziner und

Weiner aus eigener Initiative ein strikt funktionalistisches, auf kollektives Zusammenleben ausgerichtetes „Gemeinschaftswohnhaus" entwickelt, das „für die arbeiter einer fabrik des sozialisierten staates mit einheitlicher arbeitszeit" konzipiert und offenkundig auch von ähnlichen Projekten in der Sowjetunion angeregt worden war.[13] Angehörige der „Bauhaus-Brigade" wurden gelegentlich über ihre alltäglichen Aufgaben hinaus in der Fachöffentlichkeit wahrgenommen. Für Giprowtus beteiligten sich Tolziner, Urban und Weiner, von Hannes Meyer als „Konsultant" unterstützt, 1931 an dem international beachteten Wettbewerb für einen Palast der Sowjets in Moskau.[14] Im selben und im folgenden Jahr leitete Meyer mit Unterstützung des Bauhaus-Absolventen Peer Bücking eine von sieben „Brigaden", die im Rahmen eines beschränkten Wettbewerbs Vorschläge zu einem Generalplan für die sowjetische Hauptstadt erarbeiteten.[15] Im Sommer 1931 zeigte das Staatliche Museum für Neue Westliche Kunst in Moskau eine Ausstellung über das Bauhaus, die sich auf die Zeit unter der Leitung Hannes Meyers konzentrierte. Die Schau zeichnete ein wenig realistisches Bild dieser knapp zweieinhalb Jahre, in denen versucht worden sei, so Meyer im begleitenden Katalog, die Hochschule „in ein ‚Rotes Bauhaus' – eine marxistische Lehreinrichtung für Architektur" umzuwandeln.[16] Erwähnt wurde die Ausstellung auch in der Zeitschrift der Kostufra,[17] von der Meyer wiederum zwei Ausgaben, die Nummern 3 und 4, als Exponate gewählt hatte, um seine Entlassung als Direktor zu thematisieren.

Wesentlich größeres Gewicht als der Einsatz dieser kleinen Gruppe junger Absolventen mit nur geringer Berufserfahrung besaß die Verpflichtung Ernst Mays, die wegen der erhofften positiven Effekte für die deutsche Wirtschaft auch vom Auswärtigen Amt befürwortet wurde. In Frankfurt am Main mit weitreichenden Kompetenzen ausgestattet, gehörte May zu den prominentesten Vertretern des Wohnungs- und Siedlungsbaus in der Weimarer Republik. Er brach mit knapp zwanzig Fachleuten, bei denen es sich überwiegend um ehemalige Mitarbeiter des Frankfurter Hochbauamts handelte, nach Moskau auf. Die meisten von ihnen hatten auf fünf Jahre befristete Verträge mit der Zekombank, der sowjetischen Zentralbank für Kommunalwirtschaft und Wohnungsbau, geschlossen. May wurde als Chefingenieur des

DAS BAUHAUS AUF DEM

Formschöne und praktische Möbel, die der revolutionäre Bauhausschülerkreis entworfen
hat. Sie sind den Bedürfnissen arbeitender
Menschen angepaßt und sollten durch billige
Serienherstellung allen zugänglich werden

Der Rollschrank für eine Person nützt
nicht nur jeden kleinen Raum sinnvoll aus,
sondern ist auch leicht transportierbar

Dessau, die Hauptstadt des Staates Anhalt, besaß 1924/25 den Ehrgeiz, das Bauhaus, welches in Weimar wegen seiner sozialistischen Tendenzen aufgeflogen war, vor seinen Toren neu erstehen zu lassen. Der Gründer des Bauhauses, Gropius, erbaute für diese "Hochschule der Gestaltung" in Dessau ein neues Gebäude: einen Komplex aus Stahlskelett, vielem Glas und weißen Gründers — war, in dieser "Hochschule für Gestaltung" eine "Kathedrale des Sozialismus" entstehen zu lassen. Was wurde aus dieser "Kathedrale des Sozialismus" in einem kapitalistischen Staat? Das Bauhaus ist nicht nur ein pädagogischer Lehrbetrieb, sondern besitzt gleichzeitig Produktiv-Werkstätten. Es wurde in Dessau der kapitalistischen Produktionsweise unterworfen. Die Werkstätten produzierten, aber sie schufen Luxusgegenstände, die für das Proletariat wertlos sind. In

diesem Zustand verließ 1928 Gropius das Institut, und der Schweizer Architekt Hannes Meyer wurde Direktor. Er erkannte den Widerspruch in der Bauhaus-Idee und der Bauhaus-Produktion. Er wollte diesen Widerspruch beseitigen, indem er die Parole "Volksbedarf statt Luxus" in die Bauhauswerkstätten hineintrug und eine Baulehre auf marxistischer Grundlage einführte.

Muster eines einfachen
Schreib- und Arbeits-
tisches mit Bauhauslampe

Laubenganghäuser bei Dessau, die unter der Leitung von Hannes Meyer gebaut wurden. Hier wurde der praktische Beweis geliefert, daß für 37,50 Mark Monatsmiete eine gesunde Zweieinhalbzimmer-wohnung mit Bad u. Küche entstehen kann, wenn die privatkapitalistischen Hausagraturier ausgeschaltet werden

Das "Bauhaus", die Zeitenzeitung der revolutionären Studierenden, stellte einige unangenehme Fragen an die Regierungsaufträglinge Gropius und Kandinsky, die die Hetze gegen den Marxisten Hannes Meyer und die mit ihm verbundenen Studierenden duldeten und förderten

Auch das gefiel dem reaktionären Dessau nicht! Die Agitproptruppe "Kolonne Links" bei den Bauhaus-schülern

18

Beitrag „Das Bauhaus auf dem Wege zum Faschismus" in der *Arbeiter-Illustrierte-Zeitung*, Ausgabe 1, Januar 1931. Erwähnt werden verschiedene Ereignisse am und um das Bauhaus im Jahr 1930, unter anderem die Entlassung Hannes Meyers als Direktor, die Relegation einiger Studenten und Meyers Übersiedlung in die Sowjetunion. Auf der linken Seite

WEGE ZUM FASCHISMUS

als Institut eines kapitalistischen Staates ist ein revolutionäres Bauhaus eine Illusion. Entweder verbiegt man es — wie unter Gropius, zur formalistischen Luxusproduktion, oder die Dinge nehmen ihren Lauf wie im Sommer 1930: Der Leiter des Bauhauses, Hannes Meyer, wird vom Magistrat Dessau wegen seiner marxistischen Gesinnung durch fristlose Entlassung gemaßregelt. Der Protestaktion der Studierenden erwidert man mit

schärfstem Terror. Man schließt die Kantine. Man treibt die Studierenden aus ihren Wohnateliers. Fünf ausländische Studierende werden ohne Begründung binnen 24 Stunden aus der Stadt Dessau ausgewiesen. Allerdinge waren sie die engeren Mitarbeiter des entlassenen Direktors. Neue Statuten werden aufgestellt. Sämtliche 170 Studierende müssen sich einer sogenannten „Neu-Aufnahme" unterziehen.

Abfahrt der Ausgewiesenen. Als die Studierenden gegen die Maßregelung von Hannes Meyer protestierten, schloß man die Kantine, trieb die Schüler aus ihren Wohnateliers und wies fünf ausländische Studierende ohne jede Begründung binnen 24 Stunden aus

VON DESSAU NACH MOSKAU

Der entlassene Bauhausdirektor Hannes Meyer wurde wenige Wochen später nach der Sowjet-Union berufen. Er erhielt eine Professur an der „WASI" der staatlichen Hochschule für Architektur. Gleichzeitig wurde er als leitender Architekt an das staatliche Institut „GIPROWTUS" berufen. Dieses gehört zu „GLAWPROM-KADR", der Zentral-Organisation für den technisch-industriellen Nachwuchs. GIPROWTUS baut in der ganzen Sowjet-Union die technischen Hochschulen und die höheren technischen Lehranstalten und Ausbildungs-

stätten mit den zugehörigen Wohnkombinaten. So fand Hannes Meyer ein riesiges Arbeitsfeld vor, und eine Anzahl seiner engeren Mitarbeiter aus dem Bauhaus konnte ihm folgen. Durch diese Berufung wird es Hannes Meyer und seinen Mitarbeitern möglich gemacht, das im Bauhaus Dessau begonnene Werk einer proletarisch orientierten Architektur und einer marxistischen Erziehung zum Bauen auf breiterer Basis weiterzuführen und an der Entwicklung des Bauwesens in der Sowjet-Union von bestimmender Stelle aus mitzuwirken.

Hannes Meyer, der gemaßregelte Bauhausleiter, hat, wie so viele andere Wissenschaftler und Künstler von Rang, denen das kapitalistische System keine Entwicklungsmöglichkeiten gab, den Weg in die Sowjet-Union gefunden, wo er wertvolle Mitarbeit am sozialistischen Aufbauwerk leisten kann. Von links nach rechts: Hannes Meyer, jetzt Leiter des Allrussischen Zentralinstituts für die technisch-industriellen Nachwuchs, Mordwinoff, Betriebsrat der staatl. Hochschule für Architektur, Scheffler, der ebenfalls vom Dessauer Magistrat ausgewiesen wurde und Salamatin, ein „Roter Direktor!"

In einer Resolution, die von 2000 Studierenden, Professoren und Dozenten, in einer Gewerkschaftskonferenz an „WASI" verfaßt wurde, heißt es u. a.: „. . . . Die Konferenz konstatiert, daß die Tatsache des Eintreffens von Hannes Meyer in der USSR von neuem bestätigt, daß innerhalb der Grenzen des kapitalistischen Systems keine freie Entwicklung der Wissenschaft und der Kunst möglich ist. Zu dieser Einsicht kamen und kommen fortgesetzt viele Wissenschaftler von Weltruf auf den verschiedensten Gebieten der Kultur, daß nur in der USSR einer höheren Entwicklung von Wissenschaft, Technik und Kunst der Weg offen steht, in diesem Lande, wo der Sozialismus gestaltet wird. Sie kommen zur Einsicht, daß ihr Weg nur mit der Partei des revolutionären Proletariates, mit der kommunistischen Partei, mit denen, die am Sozialismus bauen, gehen kann".

Versammlung des Betriebsrats der staatl. Hochschule für Architektur. Die Delegierten von 2000 Studenten, Professoren und Dozenten sprechen einmütig den gemaßregelten Bauhäuslern ihre Solidarität aus und begrüßen es, daß durch die Berufung von Hannes Meyer und seiner Zelle nach der Sowjetunion das proletarisch orientierte Bauwesen neue wertvolle Mitarbeiter erhält

ist die dritte Ausgabe der Zeitschrift der Kommunistischen Studentenfraktion abgebildet. Die Fotografie auf der rechten Seite oben rechts zeigt Hannes Meyer, Arkadi Mordwinow, Béla Scheffler und den Direktor des Giprowtus W. N. Salamatin (von links) in einer improvisierten Bauhaus-Ausstellung Ende 1930 in Moskau.

Projektplanungsbüros bei der Zekombank Vorgesetzter von mehreren hundert Mitarbeitern und erhielt eine nominell einflussreiche Position im Städtebau der Sowjetunion.[18]

Mit der Neuausrichtung der architektonischen und städtebaulichen Doktrin der Sowjetunion, die um diese Zeit begann, waren die Voraussetzungen, unter denen die ausländischen Fachleute ihre Aufgaben übernommen hatten, bald nicht mehr gegeben. Seit den frühen 1930er-Jahren wurde der Pluralismus, der Theorie und Praxis des Bauens in der Sowjetunion anfangs gekennzeichnet hatte, beschnitten; traditionsorientierte Auffassungen verdrängten weitgehend die Positionen der Avantgarde. Diese Veränderungen zeichneten sich schon 1931/1932 in den Ergebnissen des Wettbewerbs für den Palast der Sowjets ab. Verbindlich wurden in den folgenden Jahren das Leitbild der kompakten, hierarchisch strukturierten Stadt und ein oftmals ins Monumentale gesteigerter Historismus, der nationale Bautraditionen wieder zur Geltung bringen sollte.[19]

Die Sowjetunion als Exilland

Zu einem Exilland wandelte sich die Sowjetunion in den 1930er-Jahren vor allem für solche Architekten, die zuvor auf der Grundlage befristeter Arbeitsverträge eingereist waren und nicht in das mittlerweile nationalsozialistisch regierte Deutschland zurückkehren konnten oder wollten. Ernst May, seine Mitarbeiter Fred Forbát, Gustav Hassenpflug, Eugen Kaufmann, Walter Schwagenscheidt und einige andere hatten die UdSSR allerdings schon 1933, zumeist ernüchtert von innersowjetischen Machtkämpfen und dem Ausmaß der technischen und organisatorischen Schwierigkeiten, wieder verlassen. May war während seines Aufenthalts scharf kritisiert und von den anfangs übertragenen Aufgaben teilweise entbunden worden. Im Jahr darauf verließen auch der Niederländer Mart Stam, der ebenfalls zu Mays Stab gehört hatte, und seine Frau Lotte Stam-Beese das Land.[20]

Im Verlauf der 1930er-Jahre war die Sowjetunion das Ziel mehrerer tausend deutschsprachiger Emigranten. Fast ausnahmslos handelte es sich um

Kommunisten, da die Parteizugehörigkeit im Normalfall eine unerlässliche Bedingung war, um als politisch Verfolgter einreisen zu dürfen. Die Sowjetunion praktizierte eine streng reglementierte, mithilfe der Parteiapparate gesteuerte und kontrollierte Zuwanderung.[21] Wer auf der Flucht vor der nationalsozialistischen Diktatur in das Land kam, hatte in die bolschewistische Diktatur unter der Führung Josef Stalins zumeist große, jedoch fast immer illusionäre Hoffnungen gesetzt. Vor allem in der zweiten Hälfte der 1930er-Jahre gehörten auch ungezählte deutsche Immigranten zu den Opfern der „Säuberungen" innerhalb und außerhalb der Partei. Vermutlich mehr als zwei Drittel der KPD-Mitglieder im sowjetischen Exil wurden verhaftet, etliche hundert von ihnen ermordet. Einen wesentlichen Anteil daran hatte die „Deutsche Operation" des Volkskommissariats für innere Angelegenheiten (NKWD) gegen deutsche Staatsangehörige wegen angeblicher Spionage in den Jahren 1937 und 1938.[22]

Spätestens 1937 machte sich auch für die ausländischen Architekten eine zunehmende Abschottung der Sowjetunion bemerkbar. Als die Behörden in vielen Fällen keine weitere Aufenthaltsgenehmigung erteilten und die Arbeitsmöglichkeiten schon seit Längerem stark eingeschränkt worden waren, kehrten sie großenteils in ihre Heimatländer zurück. Manche wanderten in andere Staaten weiter, unter ihnen einige der ersten Angehörigen der „Gruppe May" wie Albert Löcher (über Frankreich in die USA), Erich Mauthner (über Großbritannien nach Südafrika), Wilhelm Schütte und Margarete Schütte-Lihotzky (über Frankreich in die Türkei), aber auch der anfangs am Giprogor, dem Staatlichen Institut für die Projektierung von Städten, tätige und während seines Aufenthalts in der Sowjetunion aus der Kommunistischen Partei ausgeschlossene Hans Blumenfeld (über Frankreich in die USA). Mit neuem Ziel verließen die Sowjetunion auch die ehemaligen Bauhaus-Studierenden Gerda Niegeman-Marx (mit ihrem Ehemann Johan Niegeman, der kurzzeitig Lehrbeauftragter am Bauhaus gewesen war, in die Niederlande), Werner Taesler (nach Schweden) und Tibor Weiner (über Frankreich nach Chile). Schon 1936 hatte die Abschiebung von Hunderten deutscher und österreichischer Emigranten in ihre Herkunftsländer begonnen. Die Betroffenen wurden zur Ausreise gedrängt, des Landes verwiesen oder direkt den deutschen und österreichischen Behörden übergeben. Diese Praxis bewirkte über die massenhaften Morde im Zuge der „Säuberungen" hinaus eine zusätzliche deutliche Dezimierung der im Land befindlichen Emigranten.[23] Dies alles führte dazu, dass sich schließlich nur sehr wenige deutsche Architekten während der 1930er- und 1940er-Jahre als Exilanten in der Sowjetunion aufhielten. Unmittelbar nach der nationalsozialistischen Machtübernahme emigrierten aus Deutschland die jungen KPD-Mitglieder Heinz Abraham (an den Baufachschulen in Görlitz und Breslau ausgebildet), Benny Heumann (Absolvent der Technischen Hochschule Berlin) und Werner Schneidratus (Sohn eines KPD-Funktionärs und bis 1931 Student in Moskau) in die Sowjetunion. Die anderen befanden sich bereits im Land. Zu den erfahrenen und etablierten Architekten gehörten Kurt Meyer, der 1930 eine leitende Position im Kölner Städtebauamt aufgegeben hatte, um sich Planungsaufgaben in Moskau zu widmen, und Martin Knauthe, der in Halle ein eigenes Büro betrieben hatte und sich 1932 zur Mitarbeit bei einem Salzbergbautrust im westlichen Uralvorland verpflichten ließ. Auch drei junge Absolventen der Technischen Hochschule Berlin, Kurt Liebknecht und die beiden KPD-Mitglieder Gerhard Kosel und Ludwig Grusemann, hatten Anfang der 1930er-Jahre zeitlich begrenzte Verträge erhalten und blieben anschließend in der Sowjetunion.

Für einige der Bauhäusler, die 1930/1931 als Angehörige der von Hannes Meyer geleiteten Gruppe eingereist waren, wurde die UdSSR ebenfalls zu einem Exilland – weniger für den Tschechoslowaken Antonín Urban, aber in mancher Hinsicht für das staatenlose KPD-Mitglied Béla Scheffler und gewiss für die beiden Deutschen Klaus Meumann und Philipp Tolziner. Gleiches galt für ihre ehemaligen Dessauer Kommilitonen, die nicht zur „Bauhaus-Brigade" gehörten: den Deutschen Peer Bücking, der sich 1930 in Prag der Gruppe Levá fronta angeschlossen hatte, und Leo Wassermann, der die Staatsbürgerschaft des britischen Mandatsgebiets Palästina besaß und Mitglied der KPD war. Hannes Meyer kehrte 1936 in seine Schweizer Heimat zurück. Von der einstigen „Bauhaus-Brigade" verließen bis 1937 auch der Schweizer René Mensch, der Deutsche Konrad Püschel und der Ungar Tibor Weiner die Sowjetunion.[24]

Während des „Großen Terrors"

Nicht einmal die Hälfte der Architekten aus Deutschland, die in der Sowjetunion Zuflucht gesucht hatten, überlebte das Exil. Nahezu alle wurden während des „Großen Terrors" Opfer von Repressionen. Martin Knauthe und Kurt Meyer starben in den 1940er-Jahren in Arbeitslagern; Ludwig Grusemann wurde 1937 verhaftet, danach verlor sich seine Spur.[25] Von den ehemaligen Bauhäuslern unter den Architekten überlebte außer dem im Russischen Kaiserreich geborenen Max Krajewski, der die polnische Staatsangehörigkeit besaß,[26] allein Philipp Tolziner. Peer Bücking, Klaus Meumann und Leo Wassermann wurden ebenso wie Antonín Urban und der aus Wilna stammende Isaak Butkow 1938 hingerichtet.[27] Auch Béla Scheffler wurde der Spionage angeklagt und 1942 erschossen.[28] Die Anschuldigungen und Urteile waren willkürlich und ihre Hintergründe in den meisten Fällen nicht zu durchschauen.

Trotz allem haben diese Exilanten Spuren in der Geschichte der Architektur und des Städtebaus der Sowjetunion hinterlassen. Den wohl bedeutendsten Beitrag leistete kein Bauhäusler, sondern Kurt Meyer, der zwischen 1930 und 1935 an der Ausarbeitung eines Generalplans für Moskau beteiligt war.[29]

Auch Bauten, die in der Sowjetunion um die Mitte der 1930er-Jahre errichtet wurden, trugen, zumal abseits der Metropolen, gelegentlich noch charakteristische Merkmale der Moderne. So entstanden beim Aufbau eines Zentrums der Maschinenbauindustrie nahe Swerdlowsk am Ural, der Ende der 1920er-Jahre begonnen worden war, über einen längeren Zeitraum Gebäude, an denen sich sowohl moderne als auch traditionelle Attribute finden ließen: noch durch den Konstruktivismus beeinflusste Volumen ebenso wie eine achsensymmetrische Gliederung, Fensterbänder ebenso wie historisch inspirierte Fassadendetails. Gleichzeitig mit den Fabrikanlagen des Uraler Werks für Maschinenbau (Uralmasch) errichtete man nahe gelegene Siedlungen. Deren Wohnhäuser, Verwaltungsgebäude und Infrastrukturbauten wurden von zumeist jüngeren sowjetischen Architekten geplant, die sich in den 1920er-Jahren der Moderne verschrieben hatten.[30]

Von einer solchen Umgebung konnte Béla Scheffler durchaus annehmen, dass sie seinen Neigungen und Fähigkeiten entsprach. Scheffler war in Minsk

geboren worden, aber in Hamburg aufgewachsen. Er sprach nicht nur Deutsch, sondern auch Russisch, und hatte sich bereits einige Jahre in der KPD und der Kostufra engagiert, bevor er im Herbst 1930 mit Hannes Meyer nach Moskau aufbrach. Der entlassene Direktor und der 28-jährige Absolvent des Bauhauses bereiteten dort den Aufenthalt ihrer „Brigade" vor, die im Februar des folgenden Jahres vollzählig war. Als Mitglied einer kommunistischen Partei stand Scheffler in der Sowjetunion kein Arbeitsvertrag zu. Er verdiente zeitweise weniger als ein Facharbeiter und erhielt seinen Lohn nur unregelmäßig; unter den Folgen mangelhafter Ernährung litt seine Gesundheit.

Nach seiner Tätigkeit mit Hannes Meyer im Giprowtus und einer kurzen Phase als Assistent an der Moskauer Hochschule für Architektur und Bauwesen WASI wurde Scheffler 1932 nach Swerdlowsk entsandt und in der Projektierungsabteilung von Uralmasch eingesetzt. Unter der Leitung von Pjotr Oranski war er vermutlich vor allem mit Aufgaben des Innenausbaus befasst. Unter seiner Beteiligung entstanden das 1935 weitgehend fertiggestellte Gebäude der Werksleitung sowie das Klubhaus und das Stadion, deren erste Bauabschnitte ebenfalls in dieser Zeit abgeschlossen wurden. 1938 geriet Scheffler in Haft, kam aber nach mehr als einem Jahr frei und konnte sogar wieder eine Arbeit bei der Stadt Swerdlowsk aufnehmen. 1941 wurde er abermals verhaftet, nun als deutscher Spion beschuldigt und zum Tod verurteilt.[31]

Die Herrschaft Stalins überlebten die emigrierten deutschen Architekten Heinz Abraham, Benny Heumann, Gerhard Kosel, Kurt Liebknecht, Werner Schneidratus und – als einziger Bauhaus-Angehöriger – Philipp Tolziner. Auch von ihnen entgingen jedoch die meisten in den 1930er- und 1940er-Jahren nicht der Verfolgung: der Verhaftung, dem willkürlichen Vorwurf der Spionage, den Verhören unter Androhung oder Einsatz von Gewalt, dem Arbeitslager, dem Gefängnis oder der Verbannung.

Der aus München stammende Philipp Tolziner gehörte keiner kommunistischen Partei an, verstand sich aber seit seiner Jugend als „Zionist und Sozialist".[32] Mit der Bauhaus-Gruppe im Giprowtus sah er sich in Moskau vor umfangreiche Aufgaben im Zuge der landesweiten Errichtung technischer Lehranstalten gestellt. Um sie trotz des gravierenden Mangels an Fachkräften und modernen Baustoffen zu erfüllen, forderte Hannes Meyer, wie Tolziner sich erinnerte, „maximale Standardisierung und Typisierung, angefangen von Planungs- und Konstruktionselementen bis zu Schulgebäuden in einfachsten, gebräuchlichsten Konstruktionen und üblichen Baumaterialien".[33]

Methoden einer weitreichenden analytischen Planung, die ihnen durch ihre Ausbildung geläufig waren, versuchten die Bauhäusler auch in der Sowjetunion anzuwenden. Zu Tolziners Projekten gehörte eine typisierte Ausbildungsstätte für 150 Schüler, die an eine Fabrik angeschlossen war und die er als zweigeschossige Holzskelettkonstruktion plante. Mit dem Entwurf wollte er demonstrieren, dass sich der Vorteil einer günstigeren Flächenverteilung bei geringerem Gebäudevolumen ergab, wenn die innere Erschließung nicht wie üblich durch Korridore, sondern mittels einer zentralen Halle erfolgte. Die vom Volkskommissariat für Bildung und von weiteren Institutionen herausgegebene Zeitschrift *Sowjetskaja Architektura* veröffentlichte Ende 1933 einen ausführlichen Beitrag über das Projekt.[34] Nach seiner Tätigkeit im Giprowtus arbeitete Tolziner von 1933 an beim Projektierungstrust Gorstrojprojekt, wo er unter der Leitung des Schweizers Hans Schmidt gemeinsam mit Konrad Püschel und Tibor Weiner an den Planungen für die Industriestadt Orsk im Süden des Urals beteiligt war.[35]

1935 erhielt Tolziner die sowjetische Staatsbürgerschaft. Wie Klaus Meumann, Béla Scheffler und Antonín Urban wurde er 1938 verhaftet, entging

п. тольцинер

К ВОПРОСУ О ТИПЕ ШКОЛЫ-ХОЛЛА *

Школы ФЗУ, за малыми исключениями, основаны на одном принципе: вдоль коридора с двух сторон тянутся ряды учебных помещений. Коридор освещен естественным светом, проникающим через торцевые окна. Такое расположение повторяется во всех этажах. Оно соответствует типу коридорной школы Западной Европы. Эта система получила свое наиболее четкое завершенное выражение во второй половине XIX в., преимущественно в Германии, где зрелый капитализм воспитывал подрастающее поколение «в прусском духе», готовя человеческий материал, годный для эксплоатации. Негигиеничные коридоры с их полумраком оказывают свое «воспитательное» воздействие на ученика в смысле волевого угнетения. Коридор служит дорогой в классное помещение — единственный элемент школьного здания.

* Помещая, по просьбе Вузстройпроекта, статью иностранного специалиста арх. П. Тольцинера, редакция считает необходимым отметить, что принцип школьного здания, предлагаемого автором для школ ФЗУ, не является в нашей практике новым и в основном широко использован в проектировании и строительстве начальных школ и ФЗС. Соглашаясь с автором, что в проектировании и строительстве школ ФЗУ продолжает еще преобладать тип школы с коридорной системой, редакция полагает, что для школы ФЗУ проект автора представляет бесспорный интерес.

инж.-арх. Палехова по данному проекту.

Редакция

Школьный двор, направление и положение строительного организма, — все это диктуется капиталистической скупостью в использовании зеленых участков в строительстве. Таковы факторы, характеризующие капиталистическую школу-казарму.

Октябрьская революция поставила одной из важнейших проблем — проблему воспитания кадров. Существующие школы далеко не могли удовлетворить потребностей. Возникли новые типы школ, техникумов, высших учебных заведений. Педагогические методы продолжали многообразный и глубокий путь развития и претерпели коренное изменение.

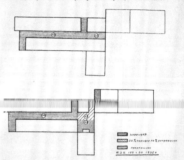

Размеры коридора и рекреационного зала в типовой школе, 1932
Les dimensions du corridor et de la salle de récréation d'une ecole-type de l'année 1932
Grösse der Korridor- und Rekreations-Fläche im Schultyp, 1932

Однако типом школы продолжало оставаться здание с коридорной системой. Методы обучения, его цели и вся совокупность работы в школе являются факторами социалистического строительства; ученик — сознательный и активный участник этого строительства. И вместе с этим школьное здание зачастую не соответствует этим задачам, будучи замкнуто в рамки старой, традиционной системы проектирования. Новое содержание требует новой формы.

Предложенный проект типовой ФЗУ на 150 мест является результатом стремления разрешить эти противоречия.

Самое существенное в этом проекте: широко открытый светлый холл является центром школы, к нему примыкают все учебные, административные и общественные помещения. Холл освещается солнечным светом почти весь день. В нем ученики проводят время, когда они не заняты в кабинетах, лабораториях, аудиториях и т. д. Холл расположен на уровне земли; он широко открыт на воздух, который занимает равноправное положение с закрытыми помещениями. С отгороженной площадкой школы на воздух холл пространственно представляет единое целое. Это освобождает человека от ощущения тесноты и скованности, дает ему чувство простора. Главная лестница по замыслу автора должна выполнять больше чем обычную функцию сообщения, — она должна дать ощущение движения.

Генплан. Главный корпус; расположен вдоль улицы в северо-западном направлении. Под прямым углом к нему запроектирован физкультурный корпус; в южной части — площадка для занятий на воздухе; в северной — хозяйственный двор.

Размеры коридора и рекреационного зала в типовой школе, 1933
Les dimensions du corridor et de la salle de récréation d'une ecole-type de l'année 1933
Grösse der Korridor- und Rekreations-Fläche im Schultyp, 1933

Beitrag von Philipp Tolziner über typisierte Fabrikschulen in der Zeitschrift
Sowjetskaja Architektura, Ausgabe 6, November 1933

Вид со стороны площадки. — Vue donnant sur la terrasse. — Perspektive vom sds Sortpiatz

Аксонометрия. — Axonometrie. — Axonometrie

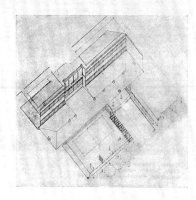

Вид на холл во II этаже. — Vue sur le hall du I étage. — Ansicht der Halle des I Etage

Главная лестница в холле. — Escalier principal dans le hall. — Haupttreppe in der Halle

37

227

jedoch der Todesstrafe. Unter dem Vorwurf der Spionage wurde er zu zehn Jahren Haft in einem Arbeitslager bei Solikamsk im Westen des Urals verurteilt. Die anschließende Verbannung in der Region dauerte bis 1961, Tolziner fand aber eine Anstellung im Projektierungsbüro des Chefarchitekten von Solikamsk. Von 1951 an erschloss er sich dort ein neues Tätigkeitsfeld in der Denkmalpflege. Abgesehen von Reisen, die ihn in späteren Jahren auch in den Osten und in den Westen Deutschlands führten, blieb Philipp Tolziner ungeachtet seiner teils bitteren und demütigenden Erfahrungen bis zu seinem Lebensende in Russland, wo er 1996 in Moskau starb.[36]

Danach

Nur wenige Architekten, die zu Beginn der 1930er-Jahre in die Sowjetunion aufbrachen, identifizierten sich mit den erklärten Zielen des kommunistischen Staates. Die dem System innewohnende Gewalt hatten sie verkannt. Im Nachkriegsdeutschland fanden ihre Lebensläufe im Zusammenhang mit der Rezeption des Bauhauses anfangs kaum Beachtung. Seit den 1970er-Jahren richtete sich dann zwar ein stärkeres Interesse auf die Beziehungen der Hochschule und ihrer Angehörigen zur Sowjetunion, das auch die Zeit des Exils einschloss. Das Wissen über die meisten dieser Biografien blieb allerdings lange Zeit fragmentarisch, da viele Quellen unbekannt oder nicht zugänglich waren, aber auch, weil solche Schattenseiten der Bauhaus-Geschichte nur geringe Aufmerksamkeit erfuhren. Dies galt zum einen für die westdeutsche Historiografie.[37] In der DDR, wo manche Zeitzeugen und schriftlichen Quellen leichter verfügbar gewesen wären, ließen die politischen Verhältnisse eine öffentliche Beschäftigung mit solchen Themen, abgesehen von wenigen Ausnahmen, nicht zu. Dieses Schweigen spiegeln auch die Publikationen über das Exil von Bauhaus-Angehörigen in der Sowjetunion wider.[38] Diejenigen, die Repressionen erfahren hatten oder Kenntnisse darüber besaßen, rührten in der DDR nicht an dem fast völligen Tabu, mit dem solche Geschehnisse dort bis zuletzt belegt waren.

Anmerkungen

1 briefe aus russland. In: bauhaus. sprachrohr der studierenden. organ der kostufra. 2 (1931), H. 5, ohne
Seitenzählung [S. 12–14, hier S. 13].

2 Zu Alder siehe Etel Mittag-Fodor: Not an Unusual
Life, for the Time and the Place. Ein Leben, nicht einmal ungewöhnlich für diese Zeit und diesen Ort. Berlin 2014 (Bauhäusler. Dokumente aus dem Bauhaus-
Archiv Berlin. Bd. 3), S. 119–123. Zu Butkow siehe
Max Gebhard: Kommunistische Ideen im Bauhaus.
In: bauhaus 3. Leipzig 1978 (Galerie am Sachsenplatz Leipzig. Katalog 9), S. 10–12. Zu Mittag siehe
Mittag-Fodor 2014, a. a. O., S. 119–123. Zu Püschel siehe Konrad Püschel: Wege eines Bauhäuslers. Erinnerungen und Ansichten. Dessau 1996
(Bauhausminiaturen. Bd. 2), S. 45. Zu Scheffler
siehe Gebhard 1978, a. a. O., S. 10–12. Zu Schwerin
siehe Jutta Schwerin: Ricardas Tochter. Leben zwischen Deutschland und Israel. Leipzig 2012, S. 29–
40. Zu Selmanagić siehe Selman Selmanagić: Entwurf einer Arbeitersiedlung. In: Form + Zweck.
8 (1976), H. 6, S. 31 f. Zu Taesler siehe Werner
Taesler: Flüchtling in drei Ländern. Ein Bauhaus-
Architekt und Sozialist in Deutschland, der Sowjetunion und Schweden. Kommentierte Edition seiner
Aufzeichnungen. Hrsg., kommentiert und mit einem
Nachwort versehen von Ekkehard Henschke. Stuttgart 2019, S. 30. Zu Tolziner siehe Philipp Tolziner:
Mit Hannes Meyer am Bauhaus und in der Sowjetunion (1927–1936). In: Hannes Meyer. 1889–
1954. Architekt, Urbanist, Lehrer. Hrsg. vom
Bauhaus-Archiv, Berlin, und vom Deutschen Archi-
tekturmuseum, Frankfurt am Main, in Verbindung
mit dem Institut für Geschichte und Theorie der
Architektur an der ETH Zürich. Berlin (West) 1989,
S. 234–263, hier S. 245–250.

3 Siehe dazu auch den Beitrag von Magdalena Droste
in diesem Band.

4 die sogenannte moderne architektur. In: bauhaus.
sprachrohr der studierenden. organ der kostufra.
2 (1931), H. 5, ohne Seitenzählung [S. 5–8].

5 sozialistischer städtebau in der u.d.s.s.r. vortrag von
ernst may. In: bauhaus. organ der kostufra. sprachrohr der studierenden. 2 (1931), H. 6, ohne Seitenzählung [S. 7 f.]; über den vortrag von stadtbaurat
meyer, leiter des sozialistischen städtebaues

moskau, gehalten anlässig [sic] der proletarischen
bauausstellung. Ebenda, [S. 12 f.]; die proletarische
bauausstellung. Ebenda, [S. 11].

6 vortrag hannes meyer in leipzig. In: bauhaus. sprachrohr der studierenden. organ der kostufra. 2 (1931),
H. 7, ohne Seitenzählung [S. 8–12].

7 Der Autor weist auf Ähnlichkeiten zwischen der inneren Organisation, die er an Moskauer Gemein-
schaftswohnungen festgestellt hatte, und „unserem
projekt für vogelgesang" hin; briefe aus russland
1931 (wie Anm. 1), [S. 13 f.]. 1930 hatte Konrad
Püschel gemeinsam mit Leo Wassermann als
Diplomarbeit am Bauhaus einen Umbau des Gutes
Vogelgesang bei Torgau für eine genossenschaft-
lich-kollektive Nutzung geplant; siehe Püschel 1996
(wie Anm. 2), S. 48 f.

8 Siehe u. a. Christian Borngräber: Ausländische
Architekten in der UdSSR: Bruno Taut, die Brigaden
Ernst May, Hannes Meyer und Hans Schmidt. In:
Wem gehört die Welt – Kunst und Gesellschaft in der
Weimarer Republik. Hrsg. von der Neuen Gesell-
schaft für Bildende Kunst. Berlin (West) 1977,
S. 109–137; Kurt Junghanns: Deutsche Architek-
ten in der Sowjetunion während der ersten Fünfjahr-
pläne und des Vaterländischen Krieges. In: Wissen-
schaftliche Zeitschrift der Hochschule für
Architektur und Bauwesen Weimar. 29 (1983), H. 2,
S. 121–140; Anatole Kopp: Foreign Architects in
the Soviet Union during the First Two Five-Year
Plans. In: Reshaping Russian Architecture. Western
Technology, Utopian Dreams. Hrsg. von William C.
Brumfield. Cambridge, New York, Port Chester,
Melbourne, Sydney 1990, S. 176–214; Barbara
Kreis: Grenzen der Moderne und Konfrontation
westlicher Architekten mit den sowjetischen Reali-
tät. In: Architektur und Exil. Kulturtransfer und archi-
tektonische Emigration 1930 bis 1950. Hrsg. vom
Bernd Nicolai. Trier 2003, S. 37–59.

9 Siehe zum Beispiel Kurt Liebknecht: Mein bewegtes
Leben. Aufgeschrieben von Steffi Knop. Berlin (Ost)
1986, S. 50; Damals in der Sowjetunion: Aufbruch
und Ankunft. Gespräch mit Margarete Schütte-Lihotzky, Wien [Teil 1]. In: Form + Zweck. 19 (1987),
H. 4, S. 11–14; Püschel 1996 (wie Anm. 2), S. 56.

10 Zur vergleichenden Rezeption siehe Jean-Louis
Cohen: Schwierige Begegnung. Die Architektur der
russischen Avantgarde zwischen Ost und West. In:
Baumeister der Revolution. Sowjetische Kunst und
Architektur 1915–1935. Essen 2011, S. 12–21.

11 Siehe Konrad Püschel: Die Tätigkeit der Gruppe
    Hannes Meyer in der UdSSR in den Jahren 1930
    bis 1937. In: Wissenschaftliche Zeitschrift der
    Hochschule für Architektur und Bauwesen Weimar.
    23 (1976), H. 5/6, S. 468–472; Tolziner 1989 (wie
    Anm. 2), S. 250–263; Klaus-Jürgen Winkler: Der
    Architekt Hannes Meyer. Anschauungen und Werk.
    Hrsg. von der Sektion Architektur, Hochschule für
    Architektur und Bauwesen Weimar. Berlin (Ost)
    1989, S. 131–180; Püschel 1996 (wie Anm. 2),
    S. 56–91; Daniel Talesnik: The Itinerant Red
    Bauhaus, or the Third Emigration. Diss. Columbia
    University, New York 2016; Tatiana Efrussi: „bau-
    haus-erfahrungen nicht anwendbar"? Die Bau-
    hausbrigade in Moskau. In: Hannes Meyers neue
    Bauhauslehre. Von Dessau nach Mexiko. Hrsg. von
    Philipp Oswalt. Basel 2019, S. 426–440.

12 Siehe Bauhaus Dessau. Die Sammlung. Hrsg. von
    Lutz Schöbe, Wolfgang Thöner und Claudia Perren.
    Bielefeld, Berlin 2019, S. 296 f.

13 Siehe Klaus-Jürgen Winkler: Baulehre und Entwer-
    fen am Bauhaus 1919–1933. Weimar 2003,
    S. 96–101.

14 Siehe Tolziner 1989 (wie Anm. 2), S. 253–260.

15 Vier der sieben „Brigaden" wurden von sowjetischen
    Architekten geleitet, unter ihnen Nikolai Ladowski,
    German Krasin und Wladimir Kratjuk, die übrigen
    drei von den ausländischen Experten Ernst May,
    Hannes Meyer und Kurt Meyer. Die Wettbewerbs-
    ergebnisse wurden in mehreren Zeitschriften vorge-
    stellt; siehe u. a. P[jotr] Goldenberg/B[oris] Golden-
    berg: Sadatschi sozialistitscheskoi rekonstrukzii
    Moskwy. In: Sowjetskaja Architektura. 1933, H. 1,
    S. 6–25, und – beschränkt auf die unter Leitung von
    Ernst May, Hannes Meyer und Kurt Meyer entstan-
    denen Beiträge – Das Problem Groß-Moskau. In:
    Die neue Stadt. 6 (1932/1933), H. 10, S. 224–228.

16 Siehe Tatiana Efrussi: Nach dem Ball. Die Bauhaus-
    Ausstellung in Moskau. In: Hannes Meyer und das
    Bauhaus. Im Streit der Deutungen. Hrsg. von
    Thomas Flierl und Philipp Oswalt. Leipzig 2018,
    S. 381–394.

17 Siehe [Arkadi] Mordwinow: „das bauhaus in des-
    sau". In: bauhaus. sprachrohr der studierenden.
    organ der kostufra. 2 (1931), H. 8, ohne Seitenzäh-
    lung [S. 13–16] (mit einer kritischen Vorbemerkung
    der Redaktion versehene Übersetzung eines Bei-
    trags aus: Sowjetskaja Architektura. 1931, H. 1/2,
    S. 8–11).

18 Siehe Thomas Flierl: „Vielleicht die größte Aufgabe,
    die je einem Architekten gestellt wurde". Ernst May
    in der Sowjetunion (1930–1933). In: Ernst May.
    1886–1970. Hrsg. von Claudia Quiring, Wolfgang
    Voigt, Peter Cachola Schmal und Eckhard Herrel.
    München, London, New York 2011, S. 156–195;
    Standardstädte. Ernst May in der Sowjetunion
    1930–1933. Texte und Dokumente. Hrsg. und ein-
    geleitet von Thomas Flierl. Unter Mitarbeit von Anne
    Flierl. Berlin 2012.

19 Siehe Barbara Kreis: Moskau 1917–35. Vom Woh-
    nungsbau zum Städtebau. O. O. [Düsseldorf] 1985;
    Alexej Tarchanow/Sergej Kawtaradse: Stalinisti-
    sche Architektur. München 1992, bes. S. 13–95;
    Hugh D. Hudson: Blueprints and Blood. The Stalini-
    zation of Soviet Architecture, 1917–1937. Prince-
    ton 1994; Städtebau im Schatten Stalins. Die inter-
    nationale Suche nach der sozialistischen Stadt in der
    Sowjetunion 1929–1935. Hrsg. von Harald Boden-
    schatz und Christiane Post. Berlin 2003; Dmitrij
    Chmelnizki: Die Architektur Stalins. Bd. 1. Stuttgart
    2007, bes. S. 47–267.

20 Siehe Evgenija Konyševa/Mark Meerovič: Linkes
    Ufer, rechtes Ufer. Ernst May und die Planungsge-
    schichte von Magnitogorsk (1930–1933). Berlin
    2014, S. 158–169.

21 Zum Exil in der Sowjetunion siehe Carola Tischler:
    Flucht in die Verfolgung. Deutsche Emigranten im
    sowjetischen Exil. 1933 bis 1945. Münster 1996;
    Oleg Dehl: Verratene Ideale. Zur Geschichte deut-
    scher Emigranten in der Sowjetunion in den 30er
    Jahren. Unter Mitarbeit von Natalja Mussienko. Mit
    einem Nachwort hrsg. von Ulla Plener. Berlin 2000.
    In hohem Maß beschönigend verfuhren die Autoren
    (Klaus Jarmatz, Simone Barck, Peter Diezel u. a.)
    des in der DDR entstandenen Bandes Exil in der
    UdSSR. Leipzig 1979 (Kunst und Literatur im antifa-
    schistischen Exil 1933–1945. Bd. 1); in sehr gerin-
    gem Umfang wird der Terror gegenüber und unter
    deutschen Emigranten in der zehn Jahre später er-
    schienenen Neuausgabe angesprochen: Exil in der
    UdSSR. Bandverantwortliche: Simone Barck und
    Klaus Jarmatz. 2., völlig neu bearbeitete und erwei-
    terte Auflage Leipzig 1989.

22 Zu den Opfern stalinistischen Terrors unter den
    Emigranten siehe u. a. Hermann Weber: „Weiße
    Flecken" in der Geschichte. Die KPD-Opfer der Sta-
    linschen Säuberungen und ihre Rehabilitation. 2.,
    überarbeitete und erweiterte Auflage Frankfurt am

Main 1990; In den Fängen des NKWD. Deutsche
Opfer des stalinistischen Terrors in der UdSSR.
Hrsg. vom Institut für Geschichte der Arbeiterbewe-
gung. Berlin 1991; Siegfried Bahne: Die Verfolgung
deutscher Kommunisten im sowjetischen Exil. In:
Kommunisten verfolgen Kommunisten. Stalinisti-
scher Terror und „Säuberungen" in den kommunisti-
schen Parteien Europas seit den dreißiger Jahren.
Hrsg. von Hermann Weber und Dietrich Staritz in
Verbindung mit Siegfried Bahne und Richard
Lorenz. Berlin 1993, S. 236–242; Tischler 1996
(wie Anm. 21), bes. S. 87–119; Dehl 2000 (wie
Anm. 21).

23 Siehe Hans Schafranek: Zwischen NKWD und Gestapo. Die Auslieferung deutscher und österreichischer Antifaschisten aus der Sowjetunion an Nazi-
deutschland 1937–1941. Frankfurt am Main 1990.

24 Eine Vielzahl biografischer Fakten zum Exil deutscher Architekten in der Sowjetunion vermittelt
trotz des veralteten Forschungsstands, mancher
Irrtümer und der starken politisch-ideologischen
Färbung, die Beschönigungen und Auslassungen
zur Folge hat, der Überblick von Junghanns 1983
(wie Anm. 8).

25 Siehe In den Fängen des NKWD 1991 (wie Anm.
22), S. 86, 118 und 151.

26 Max Krajewski (1901–1971) studierte von 1923 bis
1927 am Bauhaus, arbeitete anschließend im Büro
von Walter Gropius und siedelte 1931 in die Sowjetunion über. Siehe Max Sinowjewitsch Krajewski:
Meine Lehr- und Arbeitsjahre am Bauhaus. In: Wissenschaftliche Zeitschrift der Hochschule für Architektur und Bauwesen Weimar. 23 (1976), H. 5/6,
S. 565–571; Winkler 2003 (wie Anm. 13), S. 56 f.

27 Siehe Nicholas Sawicki: Antonín Urban. In: Cen-
tropa. 3 (2003), S. 32–34; ders.: Peer Bücking. In:
Centropa. 3 (2003), S. 39 f.; Verurteilt zur Höchst-
strafe: Tod durch Erschießen. Todesopfer aus
Deutschland und deutscher Nationalität im Großen
Terror in der Sowjetunion 1937/1938. Hrsg. von
Ulla Plener und Natalia Mussienko. Berlin 2006,
S. 28 f. und 103 (zu Butkow und Wassermann); As-
trid Volpert: Suche nach einem Ort für das Gemein-
schaftshaus. Der Dessauer Bauhausarchitekt Phil-
ipp Tolziner in der Sowjetunion 1931–1996. In:
Tauwetter, Eiszeit und gelenkte Dialoge. Russen und
Deutsche nach 1945. Hrsg. von Karl Eimermacher
und Astrid Volpert unter Mitarbeit von Gennadij
Bordjugow. München 2006, S. 931–966, hier

S. 953 f. (zu Meumann, Tolziner, Urban und Wassermann); Leningradski martirolog. 1937–1938. Bd. 7:
Janwar 1938 goda. Sankt Petersburg 2007, S. 70
(zu Bücking); Markéta Svobodová: Bauhaus a
Československo 1919–1938. Studenti, koncepty,
kontakty. The Bauhaus and Czechoslovakia 1919–
1938. Students, Concepts, Contacts. Prag 2016,
S. 96–100 (zu Urban). Für ergänzende Informationen zu Klaus Meumann danke ich Anke Blümm.

28 Siehe Neiswestny architektor Bauchausa na Urale.
W tschest 100-letnego jubileja Bely Scheflera.
Texte: Astrid Volpert und Nina Obuchowa. Jekate-
rinburg 2002; Volpert 2006 (wie Anm. 27), S. 954.

29 Siehe Evgenija Konyševa: Der Architekt Kurt Meyer
als Spezialist für Städtebau in der UdSSR. In: Von
Adenauer zu Stalin. Der Einfluss des traditionellen
deutschen Städtebaus in der Sowjetunion um 1935.
Hrsg. von Harald Bodenschatz und Thomas Flierl.
Berlin 2016, S. 36–100; Elke Pistorius/Christiane
Post: Kurt Meyer 1888–1944. Städtebauer in Köln
und Moskau. Berlin 2021.

30 Siehe Astrid Volpert: Von der historischen Bauaufgabe zum Denkmal. In: Bauhaus na Urale. Sochra-
nie nasledija. Zum Erhalt des Erbes. Zusammengestellt von L[udmila] Tokmeninowa und A[strid]
Volpert. Jekaterinburg 2010, S. 40–51.

31 Siehe Volpert/Obuchowa 2002 (wie Anm. 28).

32 Zit. nach Winfried Nerdinger: Philipp Tolziner. Lebenswege eines Münchner Bauhäuslers. In: Münchner Beiträge zur jüdischen Geschichte und Kultur.
6 (2012), H. 2, S. 55–61, hier S. 55.

33 Tolziner 1989 (wie Anm. 2), S. 251.

34 P[hilipp] Tolziner: K woprosu o tipe schkoly-cholla.
In: Sowjetskaja Architektura. 1933, H. 6, S. 36–39.
Siehe auch Tolziner 1989 (wie Anm. 2), S. 255 und
261.

35 Siehe Konrad Püschel: Die erste Aufbauperiode der
sozialistischen Stadt Orsk im Ural. In: Wissenschaftliche Zeitschrift der Hochschule für Architektur und
Bauwesen Weimar. 14 (1967), H. 5, S. 451–458;
Püschel 1996 (wie Anm. 2), S. 78–90.

36 Siehe Volpert 2006 (wie Anm. 27).

37 Siehe zum Beispiel Borngräber 1977 (wie Anm. 8);
Tolziner 1989 (wie Anm. 2).

38 Siehe zum Beispiel Püschel 1976 (wie Anm. 11);
Junghanns 1983 (wie Anm. 8); Christian Schädlich:
Das Bauhaus und die Sowjetunion. In: Dessauer
Kalender. 31 (1987), S. 3–8; Winkler 1989 (wie
Anm. 11).

Kommunistischer Aktivismus nach dem Bauhaus. Willi Jungmittags Arbeiterfotografie und der Widerstand gegen den Nationalsozialismus

Elizabeth Otto

Die kommunistischen Bauhaus-Schülerinnen und -Schüler brachten ihr politisches Engagement durch verschiedene Aktivitäten zum Ausdruck, wie Zeitzeugenberichte und wissenschaftliche Untersuchungen deutlich zeigen.[1] Gerhard Franke ermittelte in seiner grundlegenden Studie 22 Bauhaus-Mitglieder, die im Widerstand gegen den Nationalsozialismus aktiv waren[2] – eine erstaunliche Zahl angesichts der Tatsache, dass weniger als 1 % der Gesamtbevölkerung am Widerstand beteiligt war, selbst wenn man diesen weit definiert.[3]

Dieser Aufsatz konzentriert sich auf den Bauhaus-Fotografen Willi Jungmittag (geboren am 8. April 1908) und untersucht, wie dieser ein links-aktivistisches und kreatives Leben in der Endphase der Weimarer Republik und während der NS-Diktatur führte. Jungmittag wurde am 20. November 1944 im Zuchthaus Brandenburg-Görden wegen der Vorbereitung zum Hoch- und Landesverrat hingerichtet. Da der Widerstand oft in relativ kleinem Rahmen stattfand, die Widerständler ihre Identität in der Regel verbargen und die NS-Behörden bestrebt waren, alle Spuren dieses Widerstands zu verwischen,[4] sind entsprechende Belege in den Archiven oft spärlich und nur bruchstückhaft überliefert. Jungmittags Fall bildet hierin keine Ausnahme. Anhand wichtiger Beispiele für seine Arbeit und neu verfügbarer Informationen kann ich Möglichkeiten und Grenzen der Arbeit gegen das NS-Regime umfassender untersuchen und den Forschungsstand[5] ergänzen.

Die Veröffentlichung der detaillierten Memoiren von Biddy Youngday, Jungmittags Frau, im Jahr 2012 markiert insofern einen Wendepunkt, als sie ein tieferes Verständnis seines Lebens und seines Werks ermöglichen. Der Bericht vermittelt eindrucksvoll das Engagement des Paars für den Kommunismus und beschreibt Aspekte ihrer Widerstandsarbeit; er zeigt aber genauso die im Laufe der Zeit zunehmenden Schwierigkeiten eines effektiven Widerstands. Brigid Macnaghten, die sich später Biddy Youngday nannte, wurde am 18. Dezember 1904 in Großbritannien geboren. „Youngday" ist ihre eigene Übersetzung von „Jungmittag" und der Familienname, den sie nach der Rückkehr in ihr Geburtsland nach dem Zweiten Weltkrieg verwendete.[6] Willi Jungmittag wuchs im linksgerichteten Milieu einer Arbeiterfamilie auf. Er absolvierte eine Ausbildung zum Schriftsetzer und kehrte nach einer einjährigen Wanderschaft nach Bremen zurück, wo er eine Stelle in der Werbeabteilung der Kaffee-Handels-Aktiengesellschaft (Kaffee HAG) annahm. Youngday berichtet: „Das war 1928, als das Bauhaus in Dessau auf dem Höhepunkt seines Ruhmes war. Kaffee HAG gab ihm ein Stipendium, um dorthin zu gehen und Layout und Design zu studieren. Es war kein großes Stipendium, aber seine Eltern unterstützten ihn, und er ging hin. Damit eröffnete sich ihm eine neue Welt."[7] Jungmittag verbrachte die nächsten zweieinhalb Jahre am Bauhaus und spezialisierte sich dort auf die Druckerei und die Fotografie-Werkstatt; er wurde Mitarbeiter der Letzteren – eine Position, die er bis Mitte Juli 1930 innehatte.[8] Zwei seiner Fotografien, *Holzaufnahme* und *Alter Schuh*, wurden von László Moholy-Nagy für die Ausstellung des Deutschen Werkbunds *Film und Foto* (FiFo) 1929 in Stuttgart ausgewählt.[9] Das Bauhaus-Milieu förderte auch sein aufkeimendes politisches Engagement: In Bremen hatte er sich bereits der Sozialistischen Arbeiterjungend angeschlossen und war Gewerkschaftsmitglied im Verband der Deutschen Buchdrucker geworden; während seiner Zeit am Bauhaus trat er der KPD bei. Er scheint eher ein Kostufra-Sympathisant als ein Kernmitglied gewesen zu sein, aber seine engsten Bauhaus-Freundschaften mit Albert Buske, Max Gebhard, Albert Mentzel (Flocon), Ernst Mittag, Lotte Rothschild (Mentzel) und Heinz Schwerin entstammten diesem Umfeld. Fotografien von Jungmittag – immer erkennbar an seiner charakteristischen Mütze und seinem Pullover – wurden von anderen Freunden aus diesem Kreis aufgenommen, darunter Etel Fodor (Mittag) und Ivana Tomljenović.[10] Ein Foto von Fodor zeigt ihn zusammen mit Monica Bella Ullmann (Broner) während einer lustigen Episode: *Das erste Mal betrunken* lautet der Titel des in der Sammlung des Bauhaus-Archivs Berlin erhaltenen Schnappschusses. Diese Freundschaften sollten auch nach Jungmittags Weggang vom Bauhaus nach Berlin von Bedeutung bleiben.

Brigid Macnaghten stammte aus privilegierten Verhältnissen; ihr monatliches Einkommen aus einer Familienerbschaft ermöglichte ihr ein sorgenfreies, kreatives Leben. Sie studierte Kunst, zunächst an der Slade Art School in London und von 1925 an in Paris, wo sie sich auf die Malerei konzentrierte. 1928 zog sie gemeinsam mit ihrer Schwester Mary nach Berlin.[11] Dort setzte sie ihr Kunststudium fort und bildete sich in Fotografie bei Lucia Moholy aus, die sie über ihren Freund und späteren Schwager, den kommunistischen Bildhauer und Maler Peter (Laszlo) Peri, kennenlernte.[12] Macnaghtens Kurzsichtigkeit hinderte sie allerdings an einer ernsthaften Beschäftigung mit der Fotografie.[13] Sie besuchte auch einmal das Bauhaus, bevor sie Jungmittag kennenlernte; zusammen mit ihrer Schwester und einem Freund nahm sie an einem der berühmten Feste in Dessau teil. Als der Abend zu Ende ging, hullten sich die Schwestern – so Youngdays Erinnerungen – in ihre Pelzmäntel und schliefen auf dem Boden in einer der Toiletten.

In den späten 1920er-Jahren interessierte sich Macnaghten zunehmend für Politik, insbesondere für den Kommunismus. In Berlin lernte sie Jungmittag kennen, passenderweise am 1. Mai 1930, zusammen mit Etel Fodor und Ernst Mittag, die beide wie Jungmittag Mitglieder der KPD waren.[14] Macnaghten trat noch am selben Tag in die Partei ein. Wahrscheinlich als Reaktion auf die Entlassung von Hannes Meyer aus dem Direktorat verließ Jungmittag das Bauhaus im Juli 1930, gemeinsam mit vielen der kommunistischen Studierenden. In Berlin zog er mit Macnaghten zusammen. Am 1. August 1930 trafen beide in London ein, in der Hoffnung, dort für die *Arbeiter-Illustrierte-Zeitung (AIZ)* fotografieren zu können.[15] Immer wieder findet sich die Angabe, Jungmittag sei ein *AIZ*-Fotograf gewesen.[16] Es erweist sich jedoch als schwierig, seine dort abgedruckten Aufnahmen eindeutig zu identifizieren, da er wie die meisten *AIZ*-Fotografen in der Zeitschrift nicht namentlich genannt wird. Auch in diesem Fall ermöglicht uns Youngdays Bericht präzisere Kenntnis der von Jungmittag veröffentlichten Fotografien.

Nach ihrer Ankunft in London trat Macnaghten neben ihrer KPD-Mitgliedschaft auch der Kommunistischen Partei Großbritanniens bei. Dies brachte

Rubrik „Aus aller Welt" in der *Arbeiter-Illustrierte-Zeitung*, Ausgabe 36, August 1931. Die beiden rechten Fotografien vom Bergarbeiterstreik in Cumberland stammen vermutlich von Willi Jungmittag

sie in Kontakt mit dem Sekretär der Londoner Sektion, Humphrey Slater, den sie bereits aus ihrer gemeinsamen Studienzeit an der Slade Art School kannte. Slater bat sie und Jungmittag, nach Cumberland zu reisen, um von dort über den Bergarbeiterstreik in Whitehaven zu berichten.[17] Laut Lesley Park fand dieser Streik zwischen dem 24. Juni und dem 13. August 1931 statt, die Arbeit wurde am 24. August vollständig wieder aufgenommen.[18] Youngday berichtet, wie das Paar es vermied, an einem Protestmarsch teilzunehmen, weil

Montage zweier Fotografien vom Bergarbeiterstreik in Cumberland, vermutlich von Willi Jungmittag, in der Zeitung *The Daily Worker*, Ausgabe 510, August 1931

beide „Angst hatten, dass Willi, wenn er von der Polizei beim Fotografieren der Demonstration erwischt würde, deportiert werden würde". Stattdessen, schreibt sie, „gingen wir in die von den Bergarbeiterfrauen organisierte Streikkantine; sie war hervorragend organisiert. Das Gefühl, dass Menschen zusammenkommen, um etwas für eine Idee zu tun – so etwas hatte ich noch nie erlebt. […] Wir […] fuhren mit dem Nachtbus nach London, um unsere Fotos entwickeln zu lassen. Sie waren gut. Der *Daily Worker* nahm uns einige ab, ebenso die *AIZ* in Deutschland."[19] Fotos aus dieser Serie erschienen in der regelmäßigen Rubrik „Aus aller Welt" auf der Rückseite der *AIZ*-Ausgabe vom 24. August 1931. Der kleine Ausschnitt rechts zeigt eine Frau bei der Arbeit in der improvisierten Streikkantine und Männer, die sich aus einer Wanne zu ihren Füßen bedienen. Auf dem größeren Foto, das aus einer unauffälligen Position im hinteren Teil der Menge aufgenommen wurde, sind Männer und Frauen zu sehen, die einem der Organisatoren des Streiks zuhören.

Wie Youngday berichtet, verkauften sie auch Fotos an die britische kommunistische Zeitung *The Daily Worker*, die ebenfalls anhand ihrer Beschreibungen leicht zu identifizieren sind. Die Ausgabe vom 27. August enthält eine Montage von zwei nicht zugeordneten Jungmittag-Fotos. Unter der Schlagzeile „Against All Cuts!" (Gegen alle Kürzungen!) ist ein ernst dreinblickender Jim Ancrum, einer der Organisatoren des Whitehaven-Streiks, mit einer Menge versammelter Bergarbeiter im Hintergrund zu sehen. Dieses Beispiel

Montage von Fotografien der walisischen Stadt Tonypandy, vermutlich von Willi Jungmittag, in der *Arbeiter-Illustrierte-Zeitung*, Ausgabe 40, Oktober 1931

n Tan y Pandy, einem Bergarbeiterort in Süd-Wales, der schon während des Krieges einen so tapferen Streik durchführte, daß Lloyd George ihn durch Soldaten unterdrücken mußte, sammelten sich jetzt tausende hun-

einhalb Jahrhunderten als willige Manschoten ge- ... das ein Geschehen, das sie mehr aus der Erinne- rung der Arbeiterklasse verschwinden wird. Wer- den sich die Matrosen von Invergordon zu einem Krieg gegen die Sowjet- Union, zur Niederschla- gung des inneren Feindes, zu neuen Metzeleien in den Kolonien verwenden lassen? Können sie bei stummen Demonstrationen und Streiks stehen blei- ben? Sie werden es eben- sowenig können, wie der kapitalistische Nibelun- genhort, die Bank von England, wieder gesunden kann. Denn die Fronten werden klarer von Tag zu Tag; hier das tot- kranke, von keinen gelben und rosaroten Aerzten zu heilende System des Ka- pitalismus und dort die zur Abrechnung bereiten hungernden Massen, die auf dem Vormarsch sind, weil sie von Tag zu Tag deutlicher erkennen, daß sie nichts mehr zu ver- lieren, aber eine Welt zu gewinnen haben!   L. K.

us ganz Süd-Wales waren Erwerbslose nach Tan y Pandy gekommen, um einen Hunger-Marsch nach Bristol zu machen

Englische Arbeiterkinder, deren Väter schon jahrelang erwerbs- los sind, nehmen sich in die Züge der marschierenden Mar- schierenden ein

für Arbeiterfotografie zeigt eindrucksvoll, wie der Einzelne buchstäblich für die Menge der stimmlosen Arbeiter aufsteht.

Wie Gerhard Franke schreibt, erinnerte sich Erich Rinka, Reichssekretär der Vereinigung der Arbeiterfotografen, ausdrücklich an Jungmittags Fotografien der „Hungerarmeen" marschierender arbeitsloser Bergarbeiter. Auf dieser Grundlage schrieb Franke Jungmittag eine bestimmte Seite mit *AIZ*-Fotos zu.[20] Das Veröffentlichungsdatum dieser Fotos, der 16. November 1932, also mehr als ein Jahr, nachdem Macnaghten und Jungmittag England verlassen hatten, macht eine solche Zuschreibung jedoch unwahrscheinlich. Aber die *AIZ* befasste sich mehrmals mit dem Thema der „Hungerarmeen", und eine

Seite mit Fotografien, die ein Jahr zuvor in der Ausgabe vom 1. Oktober 1931 erschien, passt eindeutig zu Jungmittag. Das größte Bild zeigt drei kleine, verlassen wirkende Kinder, deren Väter laut Text seit Jahren arbeitslos sind. Sie sind vor einen dramatischen Hintergrund montiert, eine wüste Landschaft aus beengten Arbeiterwohnungen inmitten von Kohlegruben in der walisischen Stadt Tonypandy. Unten links ist eine Gruppe von Männern aus demselben Ort abgebildet, die sich laut Bildunterschrift auf einen Hungermarsch nach Bristol vorbereiten. Wie auf dem *AIZ*-Foto vom 27. August, das eine Menschenmenge zeigt, die einem Streikorganisator zuhört, hat Jungmittag diese Männer von hinten und aus einem niedrigen Blickwinkel aufgenommen, sodass seine Kamera nicht zu sehen war. Tonypandy ist die Stadt, die Youngday als Ort ihrer Arbeit nach Whitehaven nennt, als sie nach Südwales reisten. Sie berichtet, dass sie in den Häusern der Bergarbeiter „außerordentlich" gastfreundlich aufgenommen worden seien. Von dort aus fuhren sie weiter nach Bristol und überbrachten die Nachricht, dass die Hungermarschierer unterwegs waren.[21]

Sie berichtet auch, dass der *Daily Worker* Fotos von dieser Reise ankaufte. Eines vom 12. Oktober 1931 zeigt die Menge der Hungermarschierer, die nach Bristol aufgebrochen sind, um am Trades Union Congress teilzunehmen. Die Bildunterschrift datiert dieses Foto auf den vorausgegangenen September und gibt an, dass einer der abgebildeten Männer, der Arbeiteraktivist Wal Hannington, in der Zwischenzeit inhaftiert worden war; die Überschrift des Fotos fordert seine Freilassung. Auch Youngday erwähnt Hannington als Anführer des Marsches, dem sie beiwohnten.[22]

Bis 1931 hatten Jungmittag und Macnaghten gute Kontakte in die kommunistische Szene und besaßen einige Kameras, ein elektrisches Blitzgerät und einen Vergrößerer. Nach mehreren Zusammenstößen mit der Polizei – darunter einer, bei dem sie gefragt wurden, ob sie Russisch sprechen könnten – wurden sie jedoch unsicher, ob sie länger in England bleiben könnten, denn die Botschaft war klar: Sie wurden als prosowjetische Aktivisten beobachtet. Hinzu kam, dass Macnaghtens Familie sich gegen ihre Beziehung mit Jungmittag aussprach. Später im selben Jahr kehrte das Paar nach Berlin zurück, in der Hoffnung, in die Sowjetunion weiterreisen zu können. Diesen Plan

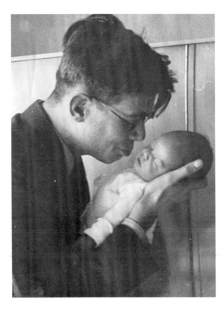

unterstützten auch ihre Kontaktpersonen bei *The Daily Worker* und der pro-sowjetischen britischen Monatszeitschrift *Russia Today*, die beide Bedarf an hochwertigen Fotos von dort hatten. Zurück in Berlin, machte ihnen aller-dings ein Vertreter der Komintern klar, dass sie ihre Reise selbst finanzieren müssten, weshalb sie diesen Plan schweren Herzens aufgaben.[23]

Ein anderer Fotograf, ein Bekannter Jungmittags, reiste nach Spanien, um dort für die *Berliner Illustrirte Zeitung* zu fotografieren, und bot ihm einen Platz im Beiwagen seines Motorrads an. Sie brachen im Frühjahr oder Früh-sommer 1932 auf.[24] Macnaghten vermerkt, dass Jungmittag „sehr schöne Fotos von dem Arbeiterleben in Spanien machte".[25] Er kehrte im August des-selben Jahres zurück. Als die nationalsozialistischen Gewaltakte Anfang der 1930er-Jahre in alarmierendem Umfang zunahmen, spielten Freunde aus dem Kostufra-Kreis wie die Gebhards, Buske und Mentzel weiterhin eine wichtige Rolle im Leben des Paars. Im September 1932 zogen sie in die neuen, modernen Wohnungen der Siedlung Weiße Stadt in Reinickendorf, mit den Gebhards als Nachbarn.[26] Bei den Reichstagswahlen im November 1932 zogen sie den Zorn der örtlichen Nazis auf sich, indem sie ein prokommunistisches

Transparent zwischen ihren Balkonen aufspannten. Die Nazis versuchten, es mit einem Enterhaken herunterzureißen, und drohten, in ihre Wohnungen einzubrechen. Auch die gegenseitige Unterstützung unter den Bauhäuslern setzte sich fort; im folgenden Jahr gaben sie Gebhard und Buske Geld, als diese knapp bei Kasse waren.[27] Eine Fotografie von Jungmittag, vermutlich aus dem Jahr 1932, zeigt Albert Mentzel mit einem seiner Kinder als Neugeborenes, mit ziemlicher Sicherheit seine älteste Tochter Ruth.[28]

Die Freundin der Jungmittags Etel Mittag-Fodor erinnerte sich später an die Stimmung nach der Machtübernahme im Januar 1933: „Die Kommunistische Partei wurde für illegal erklärt. Wir mussten ein neues Leben beginnen, verborgen, voller Intrigen, Gefahr und Unsicherheit."[29] Über das Frühjahr 1933 schreibt Youngday: „Ständig gab es Schauergeschichten von Verhaftungen, Prügeln und sogar Morden. Wir waren sehr verängstigt. Wir bekamen ein oder zwei illegale Rundbriefe. Ich las sie auf der Toilette sitzend, bereit, sie herunterzuspülen, wenn es klingelte."[30] Jungmittag und Macnaghten heirateten zum Leidwesen der Brauteltern, die ihnen eine Zeit lang ihr Einkommen sperrten. Mit dem Motorrad reisten die Frischvermählten in der Hoffnung, eine Stadt zu finden, die einen wirksamen Widerstand gegen die Nazis leistete, zunächst nach Düsseldorf und dann nach Hamburg; aber sie wurden enttäuscht. Sie hörten stattdessen Radiosender aus Moskau und London. Nach einigen Monaten zogen sie zurück nach Berlin und fanden eine Wohnung im obersten Geschoss des Hauses Gubitzstraße 47a im Bezirk Prenzlauer Berg. Sie waren laut Youngday die Einzigen in ihrem Haus, die an Feiertagen keine Hakenkreuzfahne aufhängten.[31]

Oberflächlich betrachtet, scheinen die Jungmittags, wie die meisten kommunistischen Aktivisten in Deutschland, die politische Arbeit weitgehend aufgegeben zu haben. Ihr Widerstand reduzierte sich deutlich: Sie blieben in Kontakt mit Gleichgesinnten, lasen kommunistische Rundbriefe, hörten ausländische Nachrichten und weigerten sich, eine Fahne aufzuhängen. 1934 kam ihre erste Tochter zur Welt; sie nannten sie nach der marxistischen Theoretikerin Clara Zetkin. Eine zweite Tochter, Gerda, wurde fünf Jahre später geboren. Die Jungmittags gründeten ein Fotostudio, das auf Kinderporträts spezialisiert war.[32] Das Bauhaus-Archiv besitzt vier Exemplare dieser

kommerziellen Arbeiten, die die Bandbreite von Jungmittags professionellen
Kinderfotografien zeigen, von eher herkömmlichen Porträts bis hin zu ver-
spielten und spontanen Aufnahmen. Eine besonders ausdrucksstarke Fotografie zeigt ein blondes Kind, das sich vergnügt dem imaginären Abenteuer
seines Spielflugzeugs hingibt.

Trotz ihrer zur Schau getragenen Konformität blieben Jungmittag und Macnaghten wachsam gegenüber Möglichkeiten der Widerstandsarbeit, und ab
und zu boten sich auch Gelegenheiten dafür. Im Herbst 1934 etwa bat eine
Parteiorganisatorin Jungmittag, „einen Job für die Partei zu machen". Zusammen mit einem anderen Aktivisten wurde er nach Berlin-Neukölln geschickt, um das Grab eines ermordeten Genossen zu fotografieren, damit die
Bilder zu Propagandazwecken verwendet werden könnten. Als sie auf dem
Friedhof ankamen, fand gerade das Begräbnis eines Nationalsozialisten statt,
doch sie schmückten das Grab schnell mit einer großen roten Schleife, machten die Fotos und liefen davon. Youngday berichtet nicht, ob die Kommunistische Partei diese Aufnahmen verwendete.[33]

Ende der 1930er-Jahre gab Jungmittag sein Fotostudio auf und arbeitete zunächst auf dem Bau und später nach einer Umschulung zum technischen
Zeichner bei der Bamag-Meguin AG in Berlin-Moabit.[34] Er hielt das Familien-
leben weiterhin in Fotos fest – eines aus den späten 1930er-Jahren zeigt Clara
neben ihrer Mutter auf einem Regal oder Tisch sitzend, wie sie stricken oder
häkeln lernt. Mutter und Kind scheinen völlig in ihre Arbeit und ihre eigene
kleine Welt vertieft zu sein.

Dennoch blieb das Leben der Familie von äußeren Ereignissen nicht unbe-
rührt. Youngday erzählt, wie die Familie unter verschärften Rationierungen
und den alliierten Bombenangriffen litt, die häufig ganze Nächte im Luft-
schutzkeller bedeuteten. Im Sommer 1943 wurden Macnaghten und die Kinder in das Dorf Kuckerneese in Ostpreußen evakuiert. Jungmittag blieb in
der Überzeugung zurück, dass er „allein eine bessere Chance haben würde,
wenn die [Luft-]Angriffe schlimmer würden".[35] Im Januar 1944 erhielt Jungmittag endlich wieder eine Chance, etwas Konkretes für den Widerstand zu
tun. Bernhard Bästlein, ein gefangen genommener und zum Tode verurteilter

243

KPD-Aktivist, war Ende Januar 1944 während eines Bombenangriffs aus der Strafanstalt Berlin-Plötzensee entkommen. Eine gemeinsame Freundin bat Jungmittag, Bästlein in seiner Wohnung zu verstecken, und Jungmittag willigte ein.[36] In einem Brief Bästleins vom Februar 1944 heißt es: „Bei Freunden kam ich gut unter. Sie sorgen nach besten Kräften für mich, und ich tue weiter meine Pflicht. Der Krieg geht mit Riesenschritten seinem Ende entgegen, und ich will meinen Teil dazu beitragen. Ob ich das Ende erleben werde, vermag ich natürlich nicht zu sagen, aber schön wäre es."[37] Macnaghten war besorgt, aber sie verstand die Bedeutung, die diese Tat für ihren Mann besaß: „Willi war sehr aufgeregt und hatte das Gefühl, dass er endlich etwas tun würde. [...] Ich hielt es in diesem Stadium für romantisch zu glauben, dass man in Deutschland irgendetwas tun könnte, um die Macht der Nazis zu brechen, aber ich konnte sehen, dass es für Willi absolut notwendig war zu handeln."[38] Es gibt kaum konkrete Informationen darüber, was Jungmittag als Angehöriger der heute als Saefkow-Jacob-Bästlein-Organisation bekannten Widerstandsgruppe genau tat. Die Unterbringung von Bästlein war in den Augen des Regimes bereits Verrat, aber Jungmittag erzählte seiner Frau auch, dass er und Bästlein planten, Waffen für den Widerstand zu beschaffen. Im Mai reiste die ganze Familie gemeinsam für einen zweiwöchigen Urlaub nach Nidden, und seine Frau scheint über die Hintergründe nicht viel erfahren zu haben. Im Juni erhielt Macnaghten hundert Mark, die Jungmittag geschickt hatte, beunruhigenderweise ohne einen erklärenden Brief. Dann erreichte sie schließlich ein nicht unterzeichnetes Telegramm: „Volltreffer, sofortige Rückkehr nach Berlin."[39] Sie wusste, dass ihrem Mann etwas Verhängnisvolles widerfahren war, und kehrte sofort nach Berlin zurück. Am 5. Juni 1944 war Jungmittag von der Gestapo verhaftet und des Hochverrats beschuldigt worden. Am 7. September 1944 befand ihn der Volksgerichtshof der Vorbereitung zum Hoch- und Landesverrat für schuldig. Karen Holtmann berichtet, dass sowohl seine Akte als auch die eines anderen Gruppenmitglieds, Otto Marquardt, „mit der kurzen Bemerkung, dass die sich der Zugehörigkeit zur ,Volksgemeinschaft' als ,unwürdig' erwiesen hatten und deshalb zum Tode verurteilt wurden", endet.[40] Das Urteil wurde am 20. November 1944 im Zuchthaus Brandenburg vollstreckt.

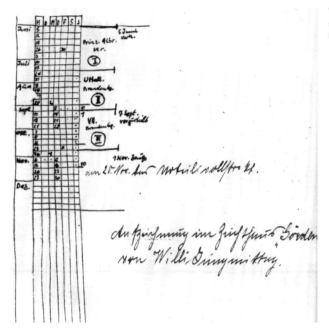

Willi Jungmittags während
seiner Haft angefertigter
Kalender, 1944

Es verbietet sich, allzu vereinfachte Bilder von „Widerstandshelden" zu zeichnen; stattdessen sind der Widerstand und die Widerständler in ihrer Ambivalenz zu erforschen.[41] Generell hat sich die neuere Forschung zum Nationalsozialismus und Holocaust von der früheren Neigung entfernt, historische Akteure in Täter, Opfer oder Zuschauer zu kategorisieren, und betont stattdessen, dass sich diese Kategorien oft nicht gegenseitig ausschließen.[42] Opfer in der einen Situation konnten in einer anderen zu Tätern werden, wie Primo Levi in seiner Studie über die „Grauzone" menschlicher Beziehungen in den Konzentrationslagern darlegte.[43] Auch in Jungmittags Geschichte finden sich solche Widersprüche: In seinem Pass befand sich zum Zeitpunkt seiner Verhaftung ein norwegisches Visum, das er einerseits zur Flucht nutzen wollte, falls seine Widerstandtätigkeit entdeckt würde. Er dokumentiert aber andererseits auch einen der kleinen Wege, auf denen selbst er dem Regime diente, denn die Firma, für die er arbeitete, stellte Maschinen her, die an der Ostfront eingesetzt wurden, und Jungmittag sollte nach Norwegen geschickt werden, um technische Zeichnungen für ein Projekt im Rahmen der deutschen Pläne zur Entwicklung einer Atombombe zu erstellen.[44]

Bevor er hingerichtet wurde, fertigte Jungmittag, der Bauhäusler und technische Zeichner, eine letzte Arbeit an: einen Kalender, der das letzte halbe Jahr seines Lebens festhielt. Tage und Monate sind in einem Raster angeordnet; oben sind die Wochentage, links die Wochen und Monate, und im Inneren die Stationen seiner Begegnungen mit der NS-Justiz vermerkt. Seine Spalten setzen sich hoffnungsvoll nach unten fort, um einen Rahmen für eine Zukunft zu bieten, die nie eintreffen sollte. Jungmittag erlebte nicht einmal mehr den Dezember, den er auf dem Papier schon eingeplant hatte. Er hielt „5. Juni ver[haftet]" fest, und als erste Station die „Prinz-Albr[echt]-Str.", die heute als „Hausgefängnis" der Gestapo in Erinnerung ist. Seine zweite Station war „U[ntersuchungs-]Haft" in Brandenburg; dann „7. Sept. verurteilt" und ein Abschnitt III, ebenfalls in Brandenburg. Für jeden Tag, an dem er lebte, setzte er einen Nadelstich; der 19. November trägt den letzten, da er am nächsten Tag hingerichtet wurde. An dieser Stelle greift eine fremde Hand ein und vermerkt: „am 20. Nov. das Urteil vollstreckt", und weiter unten: „Aufzeichnung im Zuchthaus Görden von Willi Jungmittag". Dieses Dokument wurde Macnaghten später zusammen mit Jungmittags persönlicher Habe übergeben; sie, die nach eigenen Angaben zutiefst traumatisiert und am Ende ihrer Kräfte war, musste in den letzten Kriegsmonaten allein für sich und ihre beiden kleinen Kinder sorgen. Drei Monate lang arbeitete sie in einer Fabrik, bis diese im Februar 1945 so massiv bombardiert wurde, dass die Arbeit eingestellt werden musste. Sie überlebte das Kriegsende und kehrte, nach Monaten in verschiedenen Lagern für Displaced Persons, mit ihren Kindern nach England zurück.[45]

Vom Leben Willi Jungmittags als Fotograf und politischer Aktivist sind also nur wenige Spuren überliefert. Es gibt einen „Stolperstein" zur Erinnerung an ihn vor dem Haus Gubitzstraße 47a in Berlin; außerdem wenige Fotografien, von denen manche in den 1930er-Jahren in wichtigen Zeitschriften veröffentlicht wurden; schließlich einige Briefe, dazu die von der nationalsozialistischen Bürokratie angelegten Akten, der Kalender seiner letzten Lebensmonate und die veröffentlichten Erinnerungen seiner Witwe. Dieses kleine Archiv zu Willi Jungmittag erzählt die Geschichte, wie ein Bauhäusler und Mitglied des Kostufra-Kreises sein am Bauhaus entwickeltes, intensives politisches Engagement lebte. Es ist aber auch eine Geschichte über die Grenzen der Möglichkeiten in einer Diktatur, die keinen Dissens duldete. Jungmittag blieb entschlossen, gegen den Nationalsozialismus vorzugehen – koste es, was es wolle. Und genau dieser Idealismus hatte Jungmittag ursprünglich mit seinen lebenslangen Freunden aus dem Kostufra-Kreis am Bauhaus zusammengebracht.

Anmerkungen

Für Hintergrundinformationen und hilfreiche Gespräche möchte ich Anke Blümm, Magdalena Droste, Daniel Magilow, Patrick Rössler, Wolfgang Thöner und Andres Zervigon danken. Lesley Park, Archivassistentin, Cumbria Archive Service, Whitehaven, und Stewart Gillies, News Media Reference Team Leader an der British Library, leisteten ebenfalls unschätzbare Hilfe.

1 Siehe zum Beispiel Michael Siebenbrodt: Zur Rolle der Kommunisten und anderer fortschrittlicher Kräfte am Bauhaus. In: Wissenschaftliche Zeitschrift der Hochschule für Architektur und Bauwesen Weimar. 23 (1976), H. 5/6, S. 481–485; Gerhard Franke: Zwei Bauhäusler im Kampf gegen Faschismus und Krieg. In: Wissenschaftliche Zeitschrift der Hochschule für Architektur und Bauwesen Weimar. 26 (1979), H. 4/5, S. 313–316; Irena Blühová: Mein Weg ins Bauhaus. In: bauhaus 6. Leipzig 1983 (Galerie am Sachsenplatz Leipzig. Katalog 28), S. 7–9; Franz Ehrlich. Ein Bauhäusler in Widerstand und Konzentrationslager. Hrsg. von Volkhard Knigge und Harry Stein. Weimar 2009; Elizabeth Otto: Red Bauhaus, Brown Bauhaus. In: dies.: Haunted Bauhaus. Occult Spirituality, Gender Fluidity, Queer Identities, and Radical Politics. Cambridge/Mass., London 2019, S. 171–201; Schroeter & Berger: Max Gebhard. Bauhaus-Konzepte und Antifaschistische Aktion. In: 100 Jahre Bauhaus. Vielfalt, Konflikt und Wirkung. Hrsg. von Bernd Hüttner und Georg Leidenberger. Berlin 2019, S. 23–37.

2 Siehe Franke 1979 (wie Anm. 1); Gerhard Franke: Kommunistische und sozialdemokratische Bauhäusler für ein gemeinsames Ziel: Vernichtung der faschistischen Diktatur in Deutschland. In: Wissenschaftliche Zeitschrift der Hochschule für Architektur und Bauwesen Weimar. 33 (1987), H. 4/5/6 S. 325–327.

3 Siehe Gerd R. Ueberschär: Für ein anderes Deutschland. Der deutsche Widerstand gegen den NS-Staat 1933–1945. Frankfurt am Main 2006, S. 239.

4 Siehe Protest in Hitler's "National Community". Popular Unrest and the Nazi Response. Hrsg. von Nathan Stoltzfus und Brigit Maier-Katkin. New York, Oxford 2016, S. 1f. und 4.

5 Siehe bes. Franke 1979 (wie Anm. 1), S. 313–315.

6 In jenen Passagen, die sich auf sie als Jungmittags Partnerin und spätere Ehefrau in den 1930er- und 1940er-Jahren beziehen, wird sie im Folgenden „Macnaghten" genannt; ist sie als Autorin gemeint, verwende ich „Youngday".

7 Biddy Youngday: Flags in Berlin: An Account of Life in Berlin, 1928–1945. London 2012, S. 46 f. Aus dem Englischen übersetzt (auch im Folgenden) von Elizabeth Otto.

8 Siehe „Jungmittag, Willi", Datenbank der Forschungsstelle für Biografien ehemaliger Bauhaus-Angehöriger (BeBA), https://bauhaus.community/gnd/1213478502 (abgerufen 23. Mai 2022).

9 Siehe Internationale Ausstellung des Deutschen Werkbunds Film und Foto. Hrsg. von Karl Steinorth. Stuttgart 1929, Nachdruck Stuttgart 1979, S. 52.

10 Siehe Leila Mehulić: Ivana Tomljenović Meller. Zagrepčanka u Bauhausu. A Zagreb Girl at the Bauhaus. Zagreb 2010, S. 80 und 158; Bauhaus Ivane Tomljenović Meller. Radovi iz Kolekcije Marinko Sudac. Works from The Marinko Sudac Collection. Radnička Galerija. Zagreb 2012, S. 12; Etel Mittag-Fodor: Not an Unusual Life, for the Time and the Place. Ein Leben, nicht einmal ungewöhnlich für diese Zeit und diesen Ort. Berlin 2014 (Bauhäusler. Dokumente aus dem Bauhaus-Archiv Berlin. Bd. 3), S. 195 f.

11 Siehe Youngday 2012 (wie Anm. 7), S. 9 und 11–13.

12 Youngday schreibt, dass „Frau Moholy [...] eine Schule für Fotografie in Berlin hatte, und ich ging dorthin", Youngday 2012 (wie Anm. 7), S. 17. Lucia Moholy bot Ende der 1920er-Jahre in Berlin Fotografie-Kurse an und lehrte außerdem von November 1930 an ungefähr ein Jahr lang an der Itten-Schule. Siehe Eva Streit: Die Itten-Schule Berlin. Geschichte und Dokumente einer privaten Kunstschule neben dem Bauhaus. Berlin 2015, S. 221 f.

13 Siehe Youngday 2012 (wie Anm. 7), S. 16 f.

14 Siehe ebenda, S. 17; Mittag-Fodor 2014 (wie Anm. 10), S. 105 und 115.

15 Siehe Youngday 2012 (wie Anm. 7), S. 18–23.

16 Siehe zum Beispiel Franke 1979 (wie Anm. 1), S. 314; Koordinierungsstelle Stolpersteine Berlin, „Willi Jungmittag", https://www.stolpersteine-berlin.de/de/biografie/1597 (abgerufen 23. Mai 2022).

17 Siehe Youngday 2012 (wie Anm. 7), S. 18 f.

18 Mitteilung von Lesley Park, Archivassistentin, Cumbria Archive and Local Studies Centre, Whitehaven, Cumbria, E-Mail-Korrespondenz, 10. Februar 2022.

19 Siehe Youngday 2012 (wie Anm. 7), S. 19.

20 Siehe Franke 1979 (wie Anm. 1), S. 314.

21 Siehe Youngday 2012 (wie Anm. 7), S. 20 f.

22 Siehe ebenda, S. 21. Die Fotografie erschien in: The Daily Worker. 12. Oktober 1931, S. 4.

23 Siehe ebenda, S. 22 f.

24 Siehe ebenda, S. 23–25. Youngday nennt diesen Fotografen nur „Will" und gibt an, dass er der zweite Ehemann von Ursel Demle war, einer Freundin ihres Schwagers Peter Peri.

25 Brief von Brigitte Jungmittag (Macnaghten) vom 26. Juni 1945, Versorgungsakte Opfer des Faschismus, Landesarchiv Berlin, C Rep. 118–01, Nr. 2885 (gesichtet und dokumentiert 2015 von Anke Blümm).

26 Siehe ebenda.

27 Siehe Youngday 2012 (wie Anm. 7), S. 25 und 30.

28 Dass es sich bei diesem Baby um Ruth handelt erscheint am logischsten, weil die beiden anderen Kinder von Mentzel und Rothschild in Frankreich geboren wurden. Siehe auch Elizabeth Otto: Lotte Rothschild. In: Vergessene Bauhaus-Frauen. Lebensschicksale in den 1930er und 1940er Jahren. Hrsg. von Anke Blümm und Patrick Rössler. Weimar 2021, S. 70–75. Youngday erwähnt nie, dass sie und Jungmittag je eine Reise nach Frankreich unternommen haben. Man kann annehmen, dass sie dies angesichts ihrer tiefen Verbundenheit mit dem Land bestimmt erwähnt hätte (Youngday 2012, S. 59).

29 Mittag-Fodor 2014 (wie Anm. 10), S. 141.

30 Youngday 2012 (wie Anm. 7), S. 30.

31 Siehe ebenda, S. 31–34.

32 Siehe ebenda, S. 41 f.

33 Siehe ebenda, S. 39 f.

34 Siehe ebenda, S. 44 f. In den Berliner Adress-, Telefon- und Branchenbüchern wird sein Beruf 1938 noch als „Photogr[aph]", 1943 jedoch als „Zeichner" angegeben; siehe https://digital.zlb.de/viewer/berliner-adress-telefon-branchenbuecher/.

35 Youngday 2012 (wie Anm. 7), S. 70 f.

36 Siehe Gerhard Nitzsche: Die Saefkow-Jacob-Bästlein-Gruppe. Dokumente und Materialien des illegalen antifaschistischen Kampfes (1942 bis 1945). Berlin (Ost) 1957, S. 19 f.; Franke 1979

(wie Anm. 1), S. 314; Youngday 2012 (wie Anm. 7), S. 78.

37 Zit. nach Franke 1979 (wie Anm. 1), S. 314.

38 Youngday 2012 (wie Anm. 7), S. 78.

39 Ebenda, S. 81.

40 Karen Holtmann: Die Saefkow-Jacob-Bästlein-Gruppe vor dem Volksgerichtshof. Die Hochverratsverfahren gegen die Frauen und Männer der Berliner Widerstandsorganisation 1944–1945. Paderborn, München, Wien, Zürich 2010, S. 212.

41 Siehe Ueberschär 2006 (wie Anm. 3), S. 248.

42 Zum Ursprung dieser Kategorisierung siehe Raul Hilberg: Täter, Opfer, Zuschauer. Die Vernichtung der Juden 1933–1945. Frankfurt am Main 1992.

43 Siehe Primo Levi: The "Grey Zone". In: ders.: The Drowned and the Saved. New York 1988, S. 25–56, hier S. 33.

44 Siehe Youngday 2012 (wie Anm. 7), S. 84.

45 Siehe ebenda, S. 93–119.

Autorinnen und Autoren

Peter Bernhard ist außerplanmäßiger Professor für Philosophie an der Universität Erlangen-Nürnberg. Zu seinen Forschungsschwerpunkten zählen Ästhetik, Erkenntnistheorie sowie die Geschichte und Rezeption des Bauhauses. In der Reihe der Neuen Bauhausbücher gab er 2017 einen Band über die Gastvorträge am Weimarer Bauhaus heraus, anschließend war er betraut mit der wissenschaftlichen Redaktion des 2019 publizierten Sammlungskatalogs der Stiftung Bauhaus Dessau.

Regina Bittner ist Leiterin der Akademie und stellvertretende Direktorin der Stiftung Bauhaus Dessau. Sie studierte Kulturwissenschaften und Kunstgeschichte an der Universität Leipzig und wurde am Institut für Europäische Ethnologie der Humboldt-Universität zu Berlin promoviert. Regina Bittner ist Honorarprofessorin am Institut für Kunstgeschichte und Archäologie Europas der Martin-Luther-Universität Halle-Wittenberg. Sie forscht zu den Themen Architektur und Stadt, Moderne und Migration, Kulturgeschichte der Moderne und Heritage Studies.

Anke Blümm ist wissenschaftliche Mitarbeiterin im Fachbereich Bauhaus-Museum an der Klassik Stiftung Weimar. Sie studierte Kunstgeschichte und Germanistik an der Ruprecht-Karls-Universität Heidelberg und der Freien Universität Berlin und wurde mit einer Arbeit über das Thema „Entartete Baukunst" an der Brandenburgischen Technischen Universität Cottbus promoviert. Anke Blümm forscht zur Geschichte der modernen Architektur sowie zur Geschichte und Rezeption des Bauhauses.

Marcel Bois ist wissenschaftlicher Mitarbeiter an der Forschungsstelle für Zeitgeschichte in Hamburg. Er studierte Geschichte, Soziologie und Kunstgeschichte an den Universitäten Konstanz und Hamburg und wurde mit einer Arbeit zum Kommunismus in der Weimarer Republik an der Technischen Universität Berlin promoviert. Zu seinen Forschungsschwerpunkten gehören die historische Kommunismusforschung, die Sozial- und Politikgeschichte im 20. Jahrhundert und die Geschichte der Arbeiter/innenbewegung. Ferner arbeitet er zur Biografie der Architektin Margarete Schütte-Lihotzky.

Ute Brüning arbeitet als Webdesignerin und forscht zur Geschichte des Grafikdesigns. Sie arbeitet unter anderem zur Bildstatistik und Reklame von Joost Schmidt, zur Gebrauchsgrafik von Walter Funkat und Herbert Bayer und zu den Ateliers von László Moholy-Nagy. Sie war zunächst Kunsterzieherin und studierte dann Kunstgeschichte, Sozial- und Wirtschaftsgeschichte sowie Niederlandistik an der Philipps-Universität Marburg.

Magdalena Droste ist emeritierte Professorin für Kunstgeschichte an der Brandenburgischen Technischen Universität Cottbus-Senftenberg. Sie studierte Kunstgeschichte und Germanistik an der RWTH Aachen und der Philipps-Universität Marburg, wo sie mit einer Arbeit zur deutschen Wandmalerei im 19. Jahrhundert promoviert wurde. Nach Tätigkeiten an der Staatsgalerie Stuttgart und am Lenbachhaus in München arbeitete Magdalena Droste als wissenschaftliche Mitarbeiterin am Bauhaus-Archiv in Berlin und war dort von 1991 bis 1997 stellvertretende Direktorin. Sie forscht zur Geschichte und Rezeption des Bauhauses.

Laura Gieser ist Kunsthistorikerin und forscht zu den Themenbereichen Kunst und Literatur, Bauhaus und Design. Sie studierte Vergleichende Literaturwissenschaft, Kunstgeschichte und Romanistik an der Universität Augsburg und der Brandeis University (USA). Nach der Promotion an der Universität Paderborn war sie wissenschaftliche Museumsassistentin an den Staatlichen Museen zu Berlin und arbeitete anschließend für die Kunstbibliothek Berlin und die Kunstsammlungen Chemnitz. Von 2021 bis 2022 war sie wissenschaftliche Mitarbeiterin der Stiftung Bauhaus Dessau, wo sie das digitale annotierte Quellenverzeichnis „Bauhaus im Text" (1919–1933) erstellte.

Karoline Lemke war von 2020 bis 2022 wissenschaftliche Mitarbeiterin der Stiftung Bauhaus Dessau. Im Rahmen des Projekts „Bauhaus im Text" entwickelte sie dort unter anderem das editionsphilologische Konzept. Nach dem Studium der Germanistik, Kunstgeschichte und Komparatistik in Leipzig und Zürich war Karoline Lemke von 2016 bis 2019 wissenschaftliche Mitarbeiterin der Forschungsstelle Briefedition „Barlach 2020" an der Universität Rostock. Sie ist Mitherausgeberin der Kritischen Ausgabe der Briefe von Ernst Barlach.

Sandra Neugärtner ist wissenschaftliche Mitarbeiterin an der Leuphana Universität Lüneburg. Sie studierte Design, Kunstgeschichte, Volkswirtschaftslehre und Kulturwissenschaften an der Hochschule Anhalt in Dessau, der Humboldt-Universität zu Berlin und der Zürcher Hochschule der Künste. 2019 wurde sie mit der Arbeit „Das Fotogramm bei Moholy-Nagy als pädagogisches Medium. Von den optischen Künsten zu den optischen Medien" promoviert. 2017/2018 war sie Visiting Fellow am Departement für Kunstgeschichte und Architektur der Harvard University.

Elizabeth Otto ist Professorin für Neuere und zeitgenössische Kunstgeschichte an der University at Buffalo. Sie studierte Kunstgeschichte am Oberlin College (Ohio, USA) und an der Queen's University in Kingston (Ontario, Kanada). An der University of Michigan wurde sie mit einer Arbeit über Fotomontage und Kulturkritik in der Weimarer Republik promoviert. Ihre Forschungsschwerpunkte sind die Geschichte und Rezeption des Bauhauses, Frauen am Bauhaus und Gender Studies zum Bauhaus.

Patrick Rössler ist Professor für Kommunikationswissenschaft an der Universität Erfurt. Er studierte Publizistik, Rechts- und Politikwissenschaft an der Johannes Gutenberg-Universität Mainz und promovierte im Fachgebiet Empirische Sozialforschung an der Universität Hohenheim. Zu seinen Forschungsschwerpunkten zählen die Mediennutzungs- und -wirkungsforschung, die visuelle Kommunikation in historischer Perspektive und die Geschichte und Rezeption des Bauhauses.

Andreas Schätzke ist Architektur- und Städtebauhistoriker in Berlin. Nach dem Studium der Geschichte, Kunstgeschichte und Politischen Wissenschaft in Bonn und München war er unter anderem an den Staatlichen Museen zu Berlin und bei der Stiftung Bauhaus Dessau tätig. Er lehrte an der Technischen Universität Kaiserslautern und an der Hochschule Wismar und war Kurator mehrerer Architekturausstellungen. Zu seinen Forschungsgebieten zählen Architektur und Städtebau des 20. Jahrhunderts sowie Migration und Kulturtransfer auf dem Gebiet von Architektur und bildender Kunst.

Ronny Schüler ist an der Bauhaus-Universität Weimar tätig, wo er von 2014 bis 2020 wissenschaftlicher Mitarbeiter an der Professur Theorie und Geschichte der modernen Architektur war. Er studierte Architektur an der Bauhaus-Universität Weimar und am Illinois Institute of Technology in Chicago. Neben seiner Forschungs- und Lehrtätigkeit arbeitet er als freier Mitarbeiter bei der Klassik Stiftung Weimar. Zu seinen Forschungsinteressen zählen die Geschichte und Rezeption des Bauhauses, die Architekturmoderne und der Stildiskurs im britischen Mandatsgebiet Palästina sowie Kulturtransfer und Emigration.

Florian Strob ist wissenschaftlicher Mitarbeiter im Direktorat der Stiftung Bauhaus Dessau. Er studierte Germanistik und Geschichte in Bonn und Oxford sowie Architektur an der Technischen Universität Berlin. Er realisierte Ausstellungen und Publikationen zur Architektur und Literatur in Moderne und Gegenwart und zur zeitgenössischen Kunst. Sein aktueller Forschungsschwerpunkt liegt auf dem schriftlichen Bauhaus-Erbe; er initiierte und leitete das Forschungsprojekt „Bauhaus im Text" (2020–2022) und ist Herausgeber des Bandes *Architect of Letters. Reading Hilberseimer* (Bauwelt Fundamente Bd. 174).

Wolfgang Thöner war bis 2022 Leiter der Sammlung der Stiftung Bauhaus Dessau. Er studierte Kunsterziehung und Germanistik an der Humboldt-Universität zu Berlin und zeichnet, neben seiner akademischen Tätigkeit in Form von Gastvorträgen und -vorlesungen, als Kurator für zahlreiche Ausstellungen verantwortlich. Zu seinen Forschungsinteressen zählen die Bauhaus-Geschichte und -Rezeption (besonders in Ostdeutschland von 1945 bis 1990) mit einem Schwerpunkt auf Architektur, Funktionalismus, bildender Kunst und kulturgeschichtlichen Themen.

Namenregister

254

Abbildungsnachweis

Akademie der Künste, Berlin, Kunstsammlung,
Inv.-Nr. JH 2631 (© The Heartfield Community
of Heirs / VG Bild-Kunst, Bonn 2022): 151
Ariel Aloni: 208
Arbeiter-Illustrierte-Zeitung, 1931: 218/219, 236, 238
Archiv der Massenpresse Patrick Rössler, Erfurt: 42, 43
(© The Heartfield Community of Heirs / VG Bild-
Kunst, Bonn 2022), 45 (© The Heartfield Community
of Heirs / VG Bild-Kunst, Bonn 2022), 47, 48, 49, 50,
51, 52
The Art Institute of Chicago, Ryerson and Burnham Art
and Architecture Archives, Ludwig Karl Hilbers-
eimer Papers: 111
Bauhaus-Archiv, Berlin: 10, 41, 62, 90, 107, 130, 190
(© Hajo Rose / VG Bild-Kunst, Bonn 2022), 242
Bauhaus-Universität Weimar, Archiv der Moderne:
Vordere Umschlagseite, 228
bpk / IMEC, Fonds MCC / Gisèle Freund: 29
Bundesarchiv, Berlin: 23 (RY 1/3306), 24 (RY 1/3306),
97 (B 145 Bild-P046279)
The Daily Worker, 1931: 237
Dessauer Kalender, 1989: 166
Paul Éluard, Perspectives. Poèmes sur des gravures de
Albert Flocon. Paris 1949 (© Albert Flocon / VG Bild-
Kunst, Bonn 2022): 143
Maria Kahle, Deutsche Heimat in Brasilien. Berlin 1937: 65
Judit Kárász. Fotografien von 1930 bis 1945. Bornholms
Kunstmuseum, Randers Kunstmuseum. Bornholm
1994: 173 links
Kulturstiftung Sachsen-Anhalt, Kunstmuseum Moritz-
burg Halle (Saale) / Fotografie: Falk Wenzel: 89
Kulturwille, 1927: 119
Kunstsammlungen Zwickau, Max-Pechstein-Museum:
167
Wladimir Iljitsch Lenin: Über den historischen Materialis-
mus. Wien, Berlin 1931: 117
Mémorial de la Shoah, Paris: 189
Muzej grada Zagreba/Zagreb City Museum: 183
Muzej suvremene umjetnosti/Museum of Contemporary
Art, Zagreb: 174
Neiswestny architektor Bauchausa na Urale. Texte: Astrid
Volpert und Nina Obuchowa. Jekaterinburg 2002:
224
Het Nieuwe Instituut, Rotterdam: 109

Österreichisches Staatsarchiv – Archiv der Republik,
Teilnachlass Otto Neurath, Fonds 1433: 121
Privatsammlung: 240
Oded Rozenkier: 206
Sowjetskaja Architektura, 1933: 226/227
Staatliche Museen zu Berlin, Kunstbibliothek / Fotografie:
Dietmar Katz: 64, 72
Stadtarchiv Dessau-Roßlau, Sammlung Bauhaus: Hintere
Umschlagseite, 8, 74, 76, 92
Stiftung Bauhaus Dessau: 16 (© Hajo Rose / VG Bild-
Kunst, Bonn 2022), 60 (© Irena Blühova / Zuzana
Blüh), 63, 75, 82, 96, 134/135 (© Chanan Frenkel /
David Frenkel; © Otto Umbehr / Phyllis Umbehr /
Galerie Kicken Berlin / VG Bild-Kunst, Bonn 2022),
148/149 (© Gerhard Marcks / VG Bild-Kunst, Bonn
2022), 159, 168, 169 (© Irena Blühova / Zuzana Blüh),
173 rechts (© Irena Blühova / Zuzana Blüh), 175
(© Albert Hennig / Friedeburg Liebig), 177 (© Irena
Blühova / Zuzana Blüh), 180, 192
© Van Ham Kunstauktionen, Saša Fuis Photographie: 93
Yad Ya'ari: 205
Biddy Youngday, Flags in Berlin. London 2012: 243, 245